Maria Tumarkin

GEWISSHEITEN

Aus dem Englischen
von Claudia Voit

Hanser Berlin

Die englische Originalausgabe erschien 2018 unter
dem Titel *Axiomatic* bei Brow Books in Australien.

Die Übersetzerin dankt dem Deutschen Übersetzerfonds für
die Förderung der Arbeit an der vorliegenden Übersetzung.

1. Auflage 2021

ISBN 978-3-446-27111-1
© Maria Tumarkin, 2018
Alle Rechte der deutschen Ausgabe
© 2021 Hanser Berlin in der
Carl Hanser Verlag GmbH & Co. KG, München
Umschlag: Anzinger und Rasp, München
Satz: Sandra Hacke
Druck und Bindung: CPI books GmbH, Leck
Printed in Germany

MIX
Papier aus verantwortungs-
vollen Quellen
FSC® C083411

INHALT

Aus Gründen der Privatsphäre und der Sicherheit wurden einige Namen geändert (Vandas Mandanten in »Die Geschichte wiederholt sich«), mit Initialen abgekürzt (»Die Zeit heilt alle Wunden«) oder ganz weggelassen (»Wer sich seiner Vergangenheit nicht erinnert, ist dazu verdammt, sie zu wieder–«).

DIE ZEIT

HEILT

ALLE

WUNDEN

Fünf Jahre lang schrieb Frances nur über ihre Schwester. Sie hatte mal ein Talent für trockenen Humor gehabt. Was war daraus geworden, und aus ihrem Sarkasmus? Sie war siebzehn gewesen, Katie sechzehn. Früher hatte ihre Mutter die beiden immer im Partnerlook angezogen, meistens in Jeanskleidern. Man hatte sie oft für Zwillinge gehalten.

In der zwölften Klasse schrieb Frances in einem Englischaufsatz

als ich an jenem Morgen ihr Zimmer betrat, spürte ich, dass etwas ganz und gar nicht stimmte. Ihre Haltung wirkte unbeholfen, als würde sie der Schwerkraft trotzen.

Ein Jahr später an der Uni

kniend und vornübergebeugt, unfassbar reglos. Ich dachte, sie wäre in dieser schiefen Haltung eingeschlafen …

Mitten in einer Semesterabschlussarbeit im darauffolgenden Jahr

das Haar fiel ihr ins Gesicht und verbarg die Wahrheit. Überall auf ihrer Haut zeichneten sich blaue Adern ab, als würden sie ihren jungen Körper umklammern.

Nach fünf Jahren veränderte sich etwas. Die Fragen – Warum hat sie gerade mich angerufen und gebeten, sie zu wecken? Warum hätte sie sich wünschen sollen, dass ausgerechnet ich sie finde?, und die große Frage: War es Absicht? – brannten ihr nicht mehr auf der Zunge. Sie verwandelten sich für Frances allmählich in Aussagen.

SIE WOLLTE VON MIR GEFUNDEN WERDEN

ES WAR ABSICHT

Nach weiteren fünf Jahren hat Frances nicht mehr so oft das Bedürfnis, darüber zu sprechen, nur manchmal, mit manchen Menschen. Sie weiß, um welche Filme sie besser einen Bogen macht, und mit ihren Schwestern muss sie das Thema nicht mehr durchkauen. Hatte sich ihr Vater vielleicht ein Gespräch mit der ganzen Familie gewünscht, als er am zehnten Todestag »Auf Katie« sagte und alle das Glas hoben? Möglich. Sie wird ihn fragen.

Ich lerne Frances kennen, als die Veränderung gerade beginnt. Katies Tod drückt ihr nicht mehr ständig auf die Brust, rammt ihr nicht mehr das Knie in die Rippen und erschwert ihr jeden Atemzug. Ich war so verloren, als wir uns kennengelernt haben, erzählt sie mir später, so verwirrt und jung, vollkommen auf Katie fixiert.

Wir treffen uns, und ich frage Frances nach den Aufläufen. Jeder kennt diese Sache mit den Aufläufen. Jemand stirbt, und die Menschen, Nahestehende und praktisch Fremde, strömen scharenweise zum Haus des Verstorbenen und überreichen irgendeinen Auflauf. Manchmal gibt es sogar eine Liste, wer wann vorbeikommt. Dass die Aufläufe auf einmal auftauchen und ein paar Wochen später ebenso plötzlich wieder verschwinden, erinnert gewissermaßen an Vogelschwärme, die herabstoßen und wieder abheben. *Wusch*. In diesen Wochen und manchmal, wenn auch selten, Monaten ist die Familie oder wer auch immer sich in dem Haus befindet, lebendig begraben unter dieser geballten, pochenden und verzweifelten Aufmerksamkeit. Dann plötzlich nichts mehr. Schwer zu sagen, was schlimmer ist. Den Menschen, mit denen ich mich vor Frances unterhalten habe und die selbst einmal Aufläufe bekamen, ist die Nach-Auflauf-Zeit anscheinend lieber. In einer Straßenbahn auf der Elizabeth Street sprechen wir über die Wochen nach Katies Tod.

– *Welche* Phase? (Sie hat mich nicht verstanden; ich habe einen Akzent, und in der Straßenbahn ist es laut.)

– Die Auflaufphase.

– Ach, die war super. Hätte von mir aus noch viel länger andauern können. Die Auflaufphase wäre mir auch jetzt ganz recht.

All diese Menschen im Haus und kein Platz für noch mehr Blumen, das kam Frances vor wie das Gegenteil von brennender Einsamkeit. »Und dann«, sagt sie, »sind die Blumen verwelkt. Und die Leute gegangen. Und es blieb nichts, um die Leere zu füllen.«

Aus Frances' Aufsatz in der zwölften Klasse, den sie zwanzig Tage nach Katies Suizid abgegeben hat

Den Geschmack ihres Mundes werde ich nie vergessen. Noch immer schmecke ich ihren letzten Atemzug.

Die Schule war klein, rund fünfhundertfünfzig Mädchen von der Vorschule bis zur zwölften Klasse. Einundzwanzig Jahre lang war Ann dort Lehrerin. Sie unterrichtete alle vier Schwestern. (Früher waren es vier Schwestern. »Drei sind normal, vier sind was Besonderes«, sagt Frances.) Während unseres zweistündigen Gesprächs sieht man Ann – gelassen, Lehrerin mit Leib und Seele, robust, Mutter soundso vieler Söhne und mittlerweile im Ruhestand – nur einmal die Bestürzung deutlich an. Warum kann sie die Tränen nicht zurückhalten, als wir auf die Aufsätze aus jenem Jahr zu sprechen kommen? Auf Frances' Text und die Arbeiten zweier Mitschülerinnen, von denen eine in einer psychiatrischen Klinik lebt. »Wahrscheinlich, weil sie mich an ihrer Wahrheit teilhaben ließen. Ihren Eltern erzählen sie so etwas nicht. Oder ihren Freunden und Therapeuten. Solche Sachen machen sie mit sich selbst aus.«

Wenn man aus der osteuropäischen Fremde in diese Welt kommt (wobei es letztendlich kaum eine Rolle spielt, welche Fremde die Fremde ist), hat man nicht oft den Eindruck, als würden Worte in dieser australischen Welt viel Kraft besitzen. Das ist auch nicht weiter schlimm. Wir haben unseren Frieden damit gemacht, es fast schon dankbar akzeptiert, weil wir die (uns) wohlbekannte Alternative – eine Welt, in der Dichter und ihre Familien wegen zu bedeutender Worte verfolgt und getötet wurden – als wesentlich größeres Übel empfinden. Aber vielleicht hatte ich ein falsches Bild von dieser neuen Welt. Vielleicht habe ich an der falschen Stelle gesucht, nicht an Mädchen und Jungen gedacht, die über ihr Innerstes schreiben, über Dinge, denen Sprache ihrem Empfinden nach nicht gerecht wird, die ihr Herz in Schulaufsätzen ausschütten, aber alles unter Bergen der üblichen, hingeschmierten Belanglosigkeiten vergraben; ein Austausch vorbei am altbewährten Schulgrundsatz »Wörter gegen Noten«, denn was hier unerlaubterweise und im Verborgenen ausgetauscht wird, sind Geheimnisse, vertrauliche Nachrichten, Fragen und seelischer Schmerz. Und die Lehrkräfte, die die Worte ihrer Schülerinnen und Schüler mit sich herumtragen – auch an sie habe ich nicht gedacht. Und keiner weiß etwas davon. Natürlich nicht. »Den Elftklässlern raten wir: Wenn du eine wirklich besondere Geschichte zu erzählen hast, heb sie dir bis zur zwölften Klasse auf«, erzählt mir Ann. »Wenn du dann darüber schreibst, kommt die Botschaft an. Und daran halten sich tatsächlich die meisten.«

Ann ist klein, darum hat sie sich während ihrer Zeit an einer Jungenschule angewöhnt, leuchtende Farben zu tragen. (»Sonst sehen die dich nicht. Die rempeln dich einfach um.«) Sie hat sich angewöhnt, nicht im Sitzen zu unterrichten. Sie hat die Erfahrung gemacht, dass man manchen Schülern die Handynummer geben will, ganz egal, was die Schulregeln besagen, und dass man ihnen vertrauen muss, auch wenn man das manchmal bereut, und – jetzt kommt das Knifflige/

Offensichtliche – dass man vor den Schülern keine Angst haben darf.

Außer an Englisch bei Ann erinnert sich Frances an kein einziges Fach ihres Abschlussjahrs.

Damals nahmen sie *Look Both Ways* durch, einen Film darüber, dass das Leben aus zufälligen Begegnungen mit Tod und Trauer besteht, unter der Regie der (damals noch nicht) verstorbenen Sarah Watt, mit ihrem Mann William McInnes in der Hauptrolle. Jemand an der Schule kannte McInnes, und so wurde er eingeladen, mit den Zwölftklässlerinnen zu sprechen. Dann starb Katie, und es war zu spät, den Lehrplan zu ändern. Im folgenden Jahr, als Katies Klasse in die zwölfte Jahrgangsstufe kam, ließen sie von *Look Both Ways* gleich die Finger. Nach Katies Tod verstummte Frances' Klasse, niemand sprach über den Film. Das restliche Jahr über war Ann für das Reden zuständig. Sie sagte Frances, sie könne, wenn nötig, den Unterricht jederzeit verlassen: Steh auf, geh raus, aber bleib auf dem Schulgelände. Doch Frances ging nie. Sie saß einfach da, vor Ann, mit tränennassem Gesicht. Regungslos. Ann reichte ihr Taschentücher und unterrichtete weiter.

Monique, Lehrerin in einer anderen Schule in Melbourne, verlor einen Elftklässler, den sie seit der siebten Klasse unterrichtet hatte. Frances und Monique kennen sich nicht. Ann kennt Monique nicht. Es war nicht Monique, die Bryns Leiche fand. Ein anderer Lehrer rief sie an und informierte sie. Als derselbe Lehrer sechs Jahre später zum ersten Mal wieder bei ihr anrief, weil er nach der Telefonnummer von jemandem fragen wollte, schlug Monique sofort das Herz bis zum Hals. Als stürzte die Erinnerung auf sie ein, so hatte sich das angefühlt. Folgendes erzählt mir Monique über Bryn: Er war Schulsprecher in der Grundschule, »eine ziemlich starke

Persönlichkeit«, Einzelkind und einziger Enkel, hat die ersten Jahre seines Lebens bei buddhistischen Mönchen in Thailand verbracht. So clever, dass er sich vorher sogar von allen verabschiedete und eine Playlist für seine Beerdigung zusammenstellte.

»Schauen Sie mal, ich hab meine komplette Schuluniform an« war das letzte, was Bryn zu Monique sagte. Sie hatte ihn schon drei, vier Jahre lang nicht mehr in vollständiger Uniform gesehen. Nicht, dass ihr das wichtig gewesen wäre. Aber es war, als hätte er eine To-do-Liste. Als würde er eins nach dem anderen abhaken. Was stand auf der Playlist? »Mad World« von *Tears for Fears*.

HELLO TEACHER TELL ME WHAT'S MY LESSON?

LOOK RIGHT THROUGH ME

Monique kommt auf die Aufläufe zu sprechen. »Als Tochter eines Bestatters sollte ich zu den Menschen gehören, die leicht auf Trauerfall umschalten können. Eigentlich sollte ich eine von denen sein, die mit einem Auflauf bei dir auf der Matte stehen.« Sie sagt: »Man muss sich fragen: Was passiert eigentlich nach den Aufläufen? Die Anteilnahme der meisten reicht ungefähr zwei Wochen.« Dann hält die Welt nicht mehr den Atem für einen an. Alle gehen wieder zum Alltag über, aber man selbst kann das nicht. Mittlerweile sollte klar sein, dass Monique nicht der Auflauf-Typ ist. Ein paar ihrer Freunde hatten Todesfälle in der Familie, und sie schickte ihnen zwei Wochen nach allen anderen Blumen.

Mögliche Beschreibung eines Menschenlebens: Krautköpfige Jahre während unserer Blüte, Auflaufzeit, wenn's vorbei ist. Und für unsere Hinterbliebenen die Nach-Auflauf-Ewigkeit.

Monique ist gern mit Jugendlichen zusammen, sie mag ihre Ehrlichkeit. Als sie nach Bryns Tod vor seinen Mitschülern stand, schaffte sie es kaum, ihnen ins Gesicht zu sehen. »Ich kann euch nicht anschauen«, sagte sie, »sonst muss ich weinen. Ich fühle mich genauso hilflos wie ihr. Aber eins will ich euch noch sagen: Verurteilt auf der Beerdigung niemanden wegen seines Verhaltens. Sagt nicht, die anderen hätten ihn nicht gekannt und dürften deshalb nicht trauern. Sagt nicht, sie hätten nicht das Recht weiterzumachen.«

Wie schwer es sein muss, in der Highschool zu trauern: Jeder beobachtet jeden. Fast alle sind unglaublich zerbrechlich. Freunde verletzen einen häufiger und treffsicherer als Feinde. Nicht zwangsläufig, aber recht wahrscheinlich gibt es Cliquen, Hierarchien, enge Freundeskreise, lockere Freundeskreise, Kreise innerhalb von Kreisen. In Katies Jahrgang brach ein Streit darüber aus, wer jetzt, nach Katies Tod, ein Anrecht auf sie hatte und wer seine Trauer offen zeigen durfte. Auch darüber, wer dafür zuständig war, Katies Porträt im Chadstone-Shoppingcenter auf silberne Anhänger gravieren zu lassen. Und wer für die heliumgefüllten Ballons, an denen sie Briefe befestigten, um sie am Strand in der Vorstadt steigen zu lassen. Frances erinnert sich an nichts davon, nicht einmal an die Beerdigung. Und obwohl sie die zwölfte Klasse nachweislich gut abschloss, sagt sie, sie habe keine Ahnung, wie, außer – Moment, ihr unterhaltet euch schließlich nicht erst seit gestern (dieses Buch, dein Leben: wie verhext? Ein totaler Fehlschlag?), versuch dich zu erinnern.

In dem Jahr, in dem ihr euch kennengelernt habt, schrieb sie

Roboter schieben nichts auf, sie haben keine Gefühle, sie sind Maschinen und müssen einfach nur funktionieren.

»Hast du mal einen Stift?« Ich reiche ihr einen. Um uns herum sind Frances' Texte ausgebreitet. Mit dem Stift will sie die Aufsätze aus der Schule und aus der Uni durchgehen, die sie allesamt für mich ausgedruckt hat (alle über Katie). Sie will manche Stellen durchstreichen. Ich soll wissen, dass ihr klar ist, wie schlecht das alles geschrieben ist. »Mir ist vollkommen bewusst, dass Schreiben ein Handwerk ist. Die Technik finde ich spannend, was funktioniert, was nicht. Und diese Gedichte sind entsetzlich.«

Nach »entsetzlich« sagt sie »unecht«. An »unecht« bleiben wir hängen. Vielleicht das falsche Wort. Sie habe Katie schützen müssen, meint sie. Sie konnte nicht zulassen, dass man Katie für egoistisch hielt oder glaubte, ihr sei das Leid anderer egal gewesen. Die Leute sollten wissen, dass Katie nach dem Suizid ihres Freundes am Boden zerstört gewesen war und nicht ertragen hatte, dass man ihr die Schuld gab. Ich frage sie:

– Das Buch, das du später mal schreiben willst, soll das ein Sachbuch werden oder Belletristik?

– Bloß nicht Belletristik. Das ist gar nicht mein Fall. Da hatte ich immer die miesesten Noten. Mein schlechtester Schnitt an der Uni. Für mich kommt nichts anderes als Sachbuch infrage. Aber nicht einfach eine autobiografische Erzählung, kein Memoir, ich will den Bogen zu grundlegenderen Themen spannen.

– Zum Beispiel?

– Zum Beispiel will ich der Frage nach Familiengeheimnissen nachgehen. Und Beziehungen. Wie sie sich verändern. Mich interessieren Perspektivenwechsel. Verschiedene Erzählstimmen. Dritte Person, erste Person. Den Titel habe ich schon: *Was Katie zuletzt getan hat.*

Eine Zeit lang habe ich ihr von Büchern erzählt, die andere über ihre verstorbenen Schwestern und Brüder, Freunde und Kinder geschrieben haben. Als wir uns kennenlernen, sind diese Bücher noch selten, beinahe ein Geheimtipp, meistens hat man über irgendjemanden davon gehört, und sie sind wie eine Offenbarung: Es gibt also doch auch abseits von medizinischem Fachjargon eine Sprache, um das zu beschreiben, und es passiert tatsächlich auch in Familien *wie ihrer* (»Sieht nach einer intakten Familie aus, schönes Haus und alles, wirklich seltsam«, hat ein Polizist nach Katies Tod gesagt). Und Charles D'Ambrosio hat die Militärstiefel seines Bruders Danny, die, in denen er gestorben ist, mit Steinen befüllt auf seinem Schreibtisch stehen, und John Niven, dessen Bruder sich erhängte, vergleicht Suizid mit einer Atombombe, weil er »eine Kettenreaktion mit einer unglaublichen Halbwertszeit nach sich zieht«. Dann wird der Markt von Büchern dieser Art überschwemmt. Bis die Erzählungen über Suizid scheinbar überall sind. Das hat Vor-, aber auch Nachteile, mittlerweile muss Frances sich schützen – man kann nicht jedes Mal über glühende Kohlen gehen, wenn man im Supermarkt Hühnerbrühe holen will –, und so behalte ich meine Literaturempfehlungen für mich.

Es ist nicht so, dass sie wegsieht. Vielmehr entscheidet sie, wann sie hinsieht.

Ich weiß nicht, ob sie immer noch darüber nachdenkt, selbst ein Buch zu schreiben.

Als ich klein war, galten Kinder *gemischter* Herkunft als die schönsten. Frances ist europäisch-asiatischer Herkunft. Und ja, sie ist bildhübsch. Ich überlasse es gern Ihnen, sich ihre Haut, Augen, Wangenknochen und Haare vorzustellen. Ich wollte das nicht gleich erwähnen, weil es eine bestimmte Wirkung hat, wenn man erfährt, dass jemand so schön ist, dass er auch in einem Kartoffelsack gut aussehen würde, besonders wenn es sich um eine junge Frau handelt. Viel wurde zwar nicht gesagt, aber nun wissen wir irgendwie doch Bescheid und sind nicht mehr so wachsam, so neugierig. Diese

Information noch länger zu verheimlichen, wäre auch nicht richtig gewesen. In Frances' Augen war Katie die Schönste von ihnen. Wie schön? Sie musste sich nie schminken.

»Umwerfend, beliebt, unaufhaltsam und immer bei allem dabei; und wahnsinnig klug war sie auch«, sagt Frances, »und witzig. Eine Entertainerin. Eine Anführerin.«

Bryn, sagt Monique, freundete sich mit jedem Sonderling an. Nach seinem Tod wurde klar, dass er ein Hirte für die Einzelgänger seiner Schule gewesen war.

*

Am Tag nach dem Suizid von Katies Freund – und fünf Wochen vor ihrem eigenen – war Katie bei *Australian Idol* in der zweiten Casting-Runde. Sie machte Rückwärtssaltos und sang dabei das komplette Periodensystem der Elemente. Sie nahm das alles überhaupt nicht ernst, weder das Casting noch ob sie ins Fernsehen kam oder nicht. »Sie wollte in der Öffentlichkeit eine Lanze für die Wissenschaft brechen«, sagt Frances und lacht.

Der Freund war genau genommen ein Exfreund. Sechs Monate lang waren die beiden ein Paar gewesen. Er ging nicht mehr zur Schule, war älter und arbeitslos, ihre Eltern hielten nichts von ihm. Von den Drogen wussten sie da noch nichts. Die Beziehung muss sehr leidenschaftlich gewesen sein. Ihre Freunde erinnern sich an heftige Auseinandersetzungen und Liebesbeteuerungen schon wenige Minuten später. Frances zufolge liebte Katie ihn nicht. »Mit sechzehn geht's doch nicht um echte Liebe, da geht's ums Drama.«

An einem Abend im Mai ging Katie mit ihrem Freund zum Ball der elften Klasse, und hinterher machte sie mit ihm Schluss. Kurz darauf nahm er sich das Leben. Es sprach sich herum, dass Katie per Telefon die letzte war, die mit ihm gesprochen hatte. Die Familie des jungen Mannes (bis auf seine Mutter) gab ihr die Schuld. Sein älterer Bruder nannte sie eine *Mörderin*. Auf der Beerdigung durfte Katie keine Rede halten. Kein Wort über ihre Beziehung oder über sie; ihrer Trauer wurde kein Platz eingeräumt. Katie zerbrach an seinem Suizid. Damit sie sich nichts antat, wurde sie unmittelbar danach zu ihrem eigenen Schutz überwacht. Es sickerte durch, dass sie vor der Trennung einen Pakt geschlossen und versucht hatten, gemeinsam zu sterben. Katie hatte Frances versprochen, dass sie es nicht noch einmal probieren würde. »Schwesternehrenwort«, hatte sie gesagt. Dann versuchte sie, sich auf der Schultoilette zu erhängen. Aber es kam jemand, und sie musste ihr Vorhaben abbrechen. »Wie grauenvoll das gewesen wäre, wenn sie sich in der Schule umgebracht hätte«, sagt Ann. »Die Auswirkungen. Ein Haus kann man verkaufen, woanders weitermachen, aber eine Schule nicht.«

Beim Casting von *Australian Idol* waren die Kameras auf Katie gerichtet. Acht Stunden lang. Wie sie das Publikum in Stimmung bringt. Eine Mitschülerin erinnert sich noch an ihren Anruf bei Katie: »Und dann hat sie ›Hi‹ gesagt, und ich hab gefragt: ›Bist du beim Casting?‹, und sie: ›Ja, durch die erste Runde hab ich's geschafft, in ein paar Stunden muss ich vor die Jury‹, und ich: ›Oh, okay.‹ Und dann sie: ›Du weißt ja sicher, dass er gestorben ist‹, und ich: ›Ja, das hat man uns heute Morgen gesagt‹, und dann frag ich: ›Alles okay?‹, und sie bloß: ›Ja, klar.‹ Sie muss völlig unter Schock gestanden haben.«

Frances sagt: »Meine Schwestern waren alles für mich. Vier Schwestern: immer zusammen. Vier gegen den Rest der Welt.« In ihrer Kindheit wurden sie und Katie oft verwechselt – Frances hatte nie verstanden, warum. Wenn sie sich jetzt alte Fotos ansieht, fällt es ihr manchmal selbst schwer, sich und Katie auseinanderzuhalten. Außerdem: die Stimme. »Ich höre nicht gern Aufnahmen von mir, weil ich wie sie klinge. Ich habe dann den Eindruck, dass sie das ist.« Alle vier verband eine wunderbare, wahrhaftige Ähnlichkeit. Eine Freundin aus Katies Klasse erinnert sich, wie bei der Beerdigung Schwester Nummer zwei (Frances ist Nummer drei, Katie Nummer vier) den Raum betrat: »Das war zu viel für uns. Als würden wir einen Geist sehen.«

Kurz darauf passierte etwas Seltsames, »total verrückt«, meint Frances. Eine Frau, ein Stammgast in dem Café, in dem Frances und Katie gejobbt hatten, arbeitete bei Fremantle Media, der Produktionsfirma hinter *Australian Idol*. Ihr Bruder hatte sich einige Zeit vor Katie das Leben genommen. Als sie das mit Katie erfuhr, flog sie nach Sydney, schnitt aus acht Stunden Filmmaterial jede einzelne Einstellung mit Katie heraus und schickte die Aufnahmen an Frances und ihre Familie. Frances sah sich die Aufzeichnung einmal an, dann fünf Jahre lang nicht mehr. »Im Video ist sie nicht sie selbst, sie verhält sich da ein bisschen überdreht. Als hätte sie nur versucht, den Tag irgendwie durchzustehen.« Schwester Nummer eins (sechs Jahre älter als Frances) sah sich das Video im ersten Jahr täglich an.

*

Bryn hatte keine Geschwister, aber viele Freunde. S kam gegen Ende des siebten Schuljahrs an Bryns Schule und war seitdem sein bester Freund.

»Bryns Mutter hat angerufen und es mir gesagt. Oder sein Vater. Einer seiner Eltern. Sonntagmorgen. Ich war in der Küche, hab gerade eine Tasse Tee getrunken. Dann kam dieser Anruf und mir wurde gesagt, man habe Bryn tot aufgefunden. Kurzes Gespräch.«

In einem kleinen Park unter einem großen Baum sprechen S und ich leise miteinander, auf meiner Handyaufnahme sind die Vögel und Kinder lauter als wir.

Die Eltern von S waren nicht da. Er rief seine Großmutter an. Sie kam vorbei. Danach ist alles verschwommen, vor allem in den ersten Wochen. Er hätte nicht zur Schule gehen müssen, aber er ging trotzdem. Die Schule tat ihm gut. Seine Freunde waren dort und ein paar engagierte Lehrer. Im ganzen Jahr fühlte er sich nur einmal im Stich gelassen und war stinksauer, und zwar als der Direktor bei der Versammlung am Schuljahresende Bryn mit keinem Wort erwähnte. Im darauffolgenden Jahr machte Bryns Klasse den Abschluss, und Monique wurde gebeten, beim Abschiedsbankett eine Rede zu halten. »Die Schule wollte, dass bis dahin alles vergessen ist«, sagt sie, »das war mir klar. Und ich spreche überhaupt nicht gern vor großem Publikum. Aber ich stand auf. In dem Riesensaal mit den vielen Leuten. Ich habe Folgendes gesagt: In einer Sache bin ich wirklich gut, und zwar zur richtigen Zeit am richtigen Ort zu sein, und ich glaube, als wir Bryn verloren haben, war ich zur richtigen Zeit am richtigen Ort. Der Saal verstummte. Alle nickten. Es war richtig gewesen, etwas zu sagen, das wusste ich.«

Sein Jahrgang sei besonders gewesen, sagt S, sie hätten sich ungewöhnlich nahegestanden. In den ersten Jahren trafen sich einige von ihnen an Bryns Geburtstag. Manchmal picknickten sie draußen im Busch, wo seine Asche verstreut worden war, um über Bryn zu sprechen und zusammen zu sein. »Ich habe den Schülern gesagt: Wir sind anders, man hat uns das Herz gebrochen, das werden wir niemandem antun«, erzählt mir Monique. »Vergesst dieses Gefühl nie.«

S unterrichtet Englisch und Geisteswissenschaften an einer Highschool. »Ich habe gar nicht groß darüber nachgedacht, ob meine Entscheidung, Lehrer zu werden, mit Bryns Tod zusammenhängt.« Ungläubig sehe ich ihn an. »Ich versuche einfach, für die Schüler erreichbar zu sein«, sagt er, »und nahbar. Es soll ihnen leichtfallen, zu mir zu kommen und mit mir zu sprechen.« Ich hake nicht weiter nach. Es reicht, dass er da ist und es selbst weiß.

Wenn Moniques Schüler nach einem Jungen fragen, der sich vor Jahren das Leben genommen hat, erzählt sie ihnen von ihm. Angenommen, jemand kommt ins Klassenzimmer und verkündet leichtfertig: »Ich glaub, ich geb mir die Kugel«, dann flüstern die anderen: »Psst, doch nicht, wenn sie da ist.« Ihre Schüler wissen Bescheid.

Wohin man auch blickt, man sieht Löcher: freie Stühle, leere Tische, Lücken auf der Klassenliste. Spinde: Ständig blieb S' Blick an Bryns Spind hängen. Versuch zu vergessen, aber wie soll man vergessen? Noch war im institutionellen Gedächtnis von Schulen kein Platz für Suizid. Wenn der Verstorbene Schülersprecher gewesen war, wurde vielleicht eine Gedenktafel oder etwas ähnlich Unauffälliges aufgestellt. Ohne Hinweis auf die Todesursache. Ich weiß von einer Schule, die auf Drängen der Eltern einen Rosengarten angelegt hat. Ein Rosengarten auf dem Schulgelände ohne irgendeine Erklärung für seine Existenz, ein stilles, duftendes Denkmal.

*

»Lisa«, sage ich – Lisa war die erste, mit der ich über Schulen, die ihre Schüler verlieren, und mein Vorhaben, darüber zu schreiben, sprach, und mittlerweile sind wir befreundet –, »ist ein Suizid das Schlimmste, was einer Schule passieren kann?«

»Die Schule ist zwar eine Bildungseinrichtung, aber sie ist auch wie eine Familie«, sagt sie. »In loco parentis – an Eltern statt. Eine Selbsttötung zerstört eine Schule ebenso unwiderruflich wie eine Familie. Genau wie sie findet die Schule keine Ruhe mehr. Wie eine Familie fragen wir uns: Was haben wir nicht bemerkt, nicht getan, was hätten wir sagen sollen, und wie?«

»Aber, Lisa, wie kann eine Schule junge Seelen schützen, die sich selbst nicht kennen, die nicht begreifen, dass der Tod endgültig ist, die in Aufruhr sind und oft nicht wissen, wie sie um Hilfe bitten sollen?«, frage ich. »Kann eine Bildungseinrichtung so einer Anforderung überhaupt gerecht werden?«

Lisa unterrichtet immer noch Englisch und Literatur, aber nicht in Vollzeit und nicht mehr an Bryns Schule. Sie malt, schreibt, spielt in einer Band und sieht fünfzehn Jahre jünger aus. (Ungeschminkt, wie Katie.) Sie antwortet: »In Raimond Gaitas Essayband gibt es einen Ausschnitt aus einem Brief von Anne Manne, die ihrem guten Freund Rai rät, wenn er sich wirklich mit der Tragik der Selbsttötung seiner Mutter und den lebenslangen Folgen auseinandersetzen will, dann sollte er Mitleid für sich selbst als kleinen Jungen aufbringen.«

Mitleid. Das Wort lässt mich aufhorchen.

»Eine Schule sollte Mitleid für sich selbst aufbringen«, sagt Lisa, »und sich vergeben können.«

Zu Hause ziehe ich Gaitas Buch *Nach Romulus* aus dem Regal und lese noch einmal die Stelle, an der er aus dem Brief zitiert und sich dann an etwas erinnert, das er selbst einmal geschrieben hat: »Bei den Griechen schwang in Mitleid nie etwas Herablassendes mit, so wie das bei uns oft der Fall ist. Es ging um trauerndes Mitgefühl, das durch und durch von der Ehrfurcht vor unserer Verwundbarkeit gegenüber dem Unglück geprägt ist.«

»In der letzten Schule, von der ich gehört habe«, sagt Monique, »nahm sich der Schülersprecher einen Tag vor dem Abschluss das Leben. Wie konnte ihnen das entgehen? Wie konnte uns Bryn entgehen?«

Mitleid und Vergebung, ganz anders als die allgegenwärtigen, dröhnenden Phrasen: ungebrochener Geist, Zusammenhalt, das Unglück überwinden, Neuaufbau, gemeinsame Werte, Zukunftsvision. »Gemeinschaft« klingt irgendwie hölzern, wie aus einem Förderantrag.

Mehrere Jahre vor Bryn hatte sich an derselben Schule der Zehntklässler Stephen das Leben genommen. Sich an einem nahe gelegenen Bahnhof vor einen Zug geworfen. Aus Stephens Zeit sind nicht mehr viele an der Schule, aber die Italienischlehrerin Amanda, deren Stelle abgebaut wurde, noch bevor Bryn kam, war damals mit dabei, als der mittlerweile verstorbene Schulleiter bei einer Versammlung zu den Zehntklässlern sagte: »Eure Trauer ist selbstsüchtig und schamlos. Denkt an Stephens Eltern.«

Amandas Magen verkrampfte sich, als sie das hörte. Einige dieser Jugendlichen, denen gesagt wurde, Gefühle seien egoistisch, waren Stephens Freunde, andere hatten ihn schikaniert und auf dem Nachhauseweg am Abend zuvor auf dem Bahnsteig einen Spinner genannt.

»Ich musste zum Bahnhof gehen. Mich auf den Bahnsteig stellen. Mich fragen: Wie muss es einem gehen, dass man so etwas macht? Musste einem einfahrenden Zug zusehen«, sagt Amanda. »Ich habe versucht, dieses schreckliche Bild aus meinem Kopf zu verbannen.«

Im Klassenzimmer sprach sie mit den Schülern. »Eigentlich steht mir das nicht zu, aber ich muss es trotzdem sagen:

Natürlich empfindet ihr etwas. Dazu habt ihr jedes Recht.«
Sie ging zum Direktor und erklärte, es sei falsch gewesen,
was er in der Rede gesagt hatte. Oh, wie sich der alte Schulleiter über ihren Mumm ärgerte. Später würde sie ihre Sachen
packen müssen, doch diesmal konnte er sie nicht abweisen.
Er rief die Zehntklässler noch einmal zusammen und sagte:
»Ich habe einen Fehler gemacht.« Gefühle waren doch erlaubt.

Als Bryn seinem Leben ein Ende setzte, war ein anderer
Schulleiter im Amt, einer, der keine Angst vor Gefühlen hatte, weder vor seinen eigenen noch vor denen anderer. Die
Lehrerinnen und Lehrer verlasen in den Gruppenräumen
eine sachliche und nicht beschönigende Mitteilung über
den Vorfall. Das half, findet Lisa, die damals dabei war. Niemand schlenderte danach über den Schulhof und wunderte
sich über die Grüppchen von bedrückten, weinenden Jugendlichen. Dem alten Direktor rechnet Lisa den Sinneswandel
hoch an: ein Dinosaurier, der Einsicht zeigte und sich ein
Stück weit von seiner Dinosauriererziehung distanzierte.
Und auch außerhalb der Schultore veränderte sich die Einstellung. Und das Tabu erodierte nicht etwa nach und nach
über die Jahre. Der Bruch ging sehr plötzlich vonstatten. Ein
von der Psychologin Mardie Whitla herausgegebener australischer Schulratgeber trennte Suizid von dem allgemeinen Unglücksfall-Schrägstrich-Krisen-Berg. Als eigenständige Form der Krise bekam Selbsttötung ein eigenes Kapitel.
Für seine Zeit war Whitlas Buch progressiv. *Seine Zeit* –
2003 –, bei diesem Thema zählt jedes Jahr. Für Schulen stand
mehr auf dem Spiel als institutioneller Selbstschutz. Teen-
agergehirne in der Entwicklungsphase, fehlende Impuls-
kontrolle, Gruppenzwang, Selbstmordpakte, die Gefahr von
Suizidwellen und Nachahmungseffekten, romantische Vor-

stellungen vom Tod – welche andere Institution hatte schon mit so einer Kombination zu kämpfen? Jeder dieser Aspekte war real. Was die Mischung dieser Aspekte ergab, war real. »Man kann nicht so tun, als wäre nichts passiert«, erklärt mir Mardie Whitla. »Die Schulleitung muss Verantwortung übernehmen. Die Eltern müssen wissen, was die Schule jetzt vorhat.« Sie meint die Eltern der Lebenden.

Ein Schritt weg von der Heimlichtuerei. Weg davon, dass jede Schule glaubt, auf sich allein gestellt zu sein, sich in die Ecke gedrängt fühlt und sich so große Sorgen macht, die amoklaufenden Gefühle ihrer Schülerinnen und Schüler könnten zu viel Unruhe reinbringen. Weg davon, dass – und dies gilt besonders für teure Privatschulen – ein konservativ geprägter Schulleiter sich berechtigt sieht, Jugendliche fertig-zumachen, weil sie ihre egoistischen Gefühle nicht besser im Griff haben. Katie starb während einer seltsamen Gefühle-sind-okay-Übergangsphase, in der ein Suizid für eine Schule kein Makel mehr war, den es mit beiden Händen zu verdecken galt, sondern eher eine Narbe, mehr Schmerz als Schandfleck, und obwohl Bryn einige Jahre vorher starb, fiel auch sein Tod in diese Zeit des zurückhaltenden Kümmerns statt des (fieberhaften) Wegschrubbens. Trauer war gestattet. Aber sie erforderte »Management«.

Das Thema »Trauermanagement« zog sich durch alle Richtlinien des Gesundheitsministeriums, die drei Jahre nach Whitlas Buch herausgegeben wurden. Mit Blick auf die für das frühe einundzwanzigste Jahrhundert typische Wortwahl – *Schulen sollten die angemessene Beteiligung am Ausdruck der Anteilnahme ermöglichen, ABER* und andere verkrampfte, sperrige Konstruktionen – wird deutlich, wie sehr sich darin die Sorge vor Nachahmungssuiziden spiegelte. Und dass man Angst hatte vor Trauer, die sich ewig hinzog.

(Und wie soll demzufolge Trauer gemanagt werden? Mal sehen: Umlenken in ein neues Verständnis von der Kostbarkeit des menschlichen Lebens. Abfangen durch Routine im Schulalltag. Anerkennen, aber ohne einen Raum zu bieten, in dem sie sich ausbreiten und als etwas Dauerhaftes bestehen kann. Beratung – ja. Flaggen auf Halbmast, Gedenktische, besondere Konzerte, Fotos der Verstorbenen an den Wänden – nein.) Die Nachwirkungen eines Suizids waren wie das Aufblitzen einer anderen Welt mit Menschen ohne Haut, und genauso blitzschnell mussten sie wieder verschwinden.

Man konnte seine Schulzeit an einer Institution des Getuschels und der Gerüchte beginnen, den Abschluss an einer völlig transparent kommunizierenden Schule machen und in eine Welt hinausgehen, in der die Schlagzeile DIE GESCHICHTEN VON ÜBERLEBENDEN EINES SUIZIDVERSUCHS MÜSSEN ERZÄHLT WERDEN, SAGT DER AUSTRALISCHE BEAUFTRAGTE FÜR PSYCHISCHE GESUNDHEIT für keinerlei Aufsehen sorgt.

Das Wichtigste in den Richtlinien der neuen Welt ist Folgendes: »Suizid sollte nicht zu einem Tabuthema gemacht werden, Schülerinnen und Schülern muss gestattet sein, darüber zu sprechen.« Manches (»Äußern Sie sich nicht zu Einzelheiten der Art des Suizids oder des Suizidversuchs«) hat sich auch in den überholten Richtlinien nicht geändert.

Nach einer Selbsttötung versuchen Schulen oft verzweifelt, sich gerade den am stärksten Betroffenen gegenüber richtig zu verhalten, wie auch immer das aussehen mag, aber ihre Fürsorgepflicht gilt allen Schülerinnen und Schülern und im weiteren Sinne auch deren Familien. Lisas Schätzung zufolge waren 10 bis 15 Prozent der Schüler nach Bryns Tod am Boden zerstört, der Rest war bestürzt, aber nicht aufs

Äußerste, und »konnte die Sache einigermaßen beiseiteschieben«. Vermutlich wird es immer Diskrepanzen zwischen der Fürsorgepflicht gegenüber den 15 Prozent und den 85 Prozent geben. Am Ende machen womöglich gerade diese Diskrepanzen die Schule als Institution aus. Die 15 Prozent brauchen immer etwas anderes als die 85 Prozent, und auch die Bedürfnisse der 85 Prozent sind keineswegs einheitlich, und die Lehrkräfte geben sowieso schon 100 Prozent, und …

Einige Jugendliche in Amandas Italienischkurs hatten Krankheitsfälle in der Familie. Nach Stephens Suizid waren alle mit den Nerven am Ende. Einmal war ein Streit im Gange, als Amanda das Klassenzimmer betrat. Das war in einer Zeit, in der Lehrkräfte, die mit ihren Schülern über den Vorfall sprachen und rund um die Uhr für die nach Luft ringenden Jugendlichen verfügbar waren, weil sie es nicht für vertretbar hielten, die Gespräche auf speziell geschulte Spezial-Spezialisten auszulagern, ihren Job riskierten. Amanda betrat den Raum, und ein Junge, dessen Mutter im Sterben lag, holte gerade mit einem Stuhl aus. Amanda ging mit ihm raus. »Er fiel mir in die Arme und weinte.« Sie schwieg, umarmte ihn und ging wieder hinein. »Hört zu, wir müssen uns damit auseinandersetzen«, sagte sie zur Klasse. »Behaltet das für euch, aber wenn ihr am Ende des Schuljahrs *una pizza, una limonata* und *un gelato* bestellen könnt, dann habt ihr bestanden.«

Ein anderer Junge hatte seine Schwester verloren.

»Was wünschst du dir?«, fragte Amanda ihn.

»Ich will, dass sie mit mir sprechen.« Seit dem Tod seiner Schwester wichen die anderen ihm aus.

»Wärst du bereit, auf ihre Fragen zu antworten?«

Amanda ließ ihn vor die Klasse treten. Das restliche Jahr über taten sie nichts anderes, als miteinander zu sprechen.

Amanda, viele entsprechend qualifizierte Fachkräfte wür-
den dich zur Rede stellen und fragen: »Haben psychologische
Berater Ihnen diese radikale Vorgehensweise empfohlen?«
Nein. »Haben Sie im Nachhinein überprüft, ob jeder einzelne
Schüler langfristig psychologische Hilfe erhalten hat? Haben
Sie die Familien und andere Lehrkräfte miteinbezogen? Ha-
ben Sie darüber nachgedacht, welche Folgen es hat, wenn
Ihre Schüler regelmäßige Bildungserfahrungen und -erfolge
versäumen?«

Nein. Nein. NEIN. Du warst auf dich allein gestellt, und
diese Jugendlichen wurden verrückt vor Schmerzen, die sie
in sich selbst und im Bauch (wo lebt Schmerz eigentlich?) der
anderen spürten, und das konntest du nicht ignorieren. Wer
würde wohl den ersten Stein auf dich werfen, Amanda?

Eine Freundin, die in einem Außenbezirk von Melbourne
unterrichtet, hat vor kurzem einen Schüler verloren, den
vierzehnjährigen Lachlan:

Ich war kurz davor, auszuticken und den Schülern zu
sagen, ihr habt nur ein Leben, nicht drei wie die Helden
in euren Videospielen. Ich wollte, dass sie einen Vertrag
unterzeichnen. Uns wurde es aber verwehrt, für die
Jugendlichen da zu sein. Doch die haben dringend jemanden zum Reden gebraucht. Also hat die Schule
psychologische Berater kommen lassen. Was sollten die
schon machen? Die kannten die Schüler ja nicht. Die
kannten Lachlan nicht. Sie haben gesagt, es gehe um
psychische Gesundheit. Meiner Meinung nach steckt
mehr dahinter. Auf seiner Facebook-Seite hat er geschrieben, dass er beim Übertritt auf die Highschool
nicht das typische Problem hatte, seine Freunde zurück-
zulassen, weil er in der Grundschule ohnehin keine

Freunde gehabt hatte. Und darunter standen 150 Kommentare, so viele Jugendliche kannten das Gefühl der Freundlosigkeit.

Wenn eine Schule sich verschließt – das kommt immer noch vor, jede unglückliche Schule ist unglücklich auf ihre Weise (ODER: Nur glückliche Schulen sind einander ähnlich) –, dann kapselt sie sich nicht nur ab, sondern macht sich auch komplett von Außenstehenden abhängig. Von psychologischen Beratern und Experten. Sie fürchtet sich davor, Schüler und Lehrer miteinander reden zu lassen. Aber sie davon abhalten? Das funktioniert nicht. Das funktioniert einfach nicht, Punkt. Aber es wäre genauso falsch, wenn wir uns anmaßen würden, wir wüssten, was funktioniert. Wo zum Beispiel sollte Prävention ansetzen?

Liebe Kinder, bitte versteht, dass der Tod oft keinen Sinn hat.

Liebe Kinder, ein paar von euch werden tief in sich drin viel Wut und Trauer empfinden.

Liebe Kinder, die Erwachsenen in eurem Leben, eure sicheren Grundpfeiler, kommen selbst kaum klar.

Liebe Kinder, ihr müsst gar nicht so viel Angst haben, von Fremden oder Terroristen verletzt oder getötet zu werden, der Statistik und auch sonst jeglichem Maßstab zufolge ist eure Familie euer größtes Problem.

Ich habe mit Eltern gesprochen, die beunruhigt oder Schlimmeres waren, weil ihre Kinder zusammen mit der ganzen Klasse oder der gesamten Schule in gut gemeinte, von extern angeordnete Prävention-von-irgendwas-Programme gezerrt wurden, in denen man ihnen vom Tod oder Leid anderer Jugendlicher berichtete, mit denen sie nichts zu tun hatten, und bei denen sie an Ritualen und Aktivitäten teilnehmen mussten, die ihnen im besten Fall sinnlos vorkamen. Durch diese Erfahrung steigerte sich weder ihr Einfühlungsvermögen, noch gingen sie gestärkt daraus hervor, vielmehr wurden ein nagendes Unbehagen und eine schlimme Vorahnung geweckt. Schwermut. Oder schlicht Langeweile.

Einmal wendete sich ein Mädchen an Amanda. »Wieso ich?«, fragte Amanda. Sie war nicht auf Komplimente aus, sie wollte verstehen. Das Mädchen antwortete: »Weil ich dachte, Sie würde das nicht schockieren.« Wie geht das, sich nicht schockieren zu lassen? Das Mädchen wurde von einem Familienmitglied missbraucht. Amanda meint, man sollte angehende Lehrkräfte bereits in der Ausbildung mit den Zahlen und Fakten konfrontieren. »Als ich unterrichtete, kannte ich die Statistiken zu sexuellem Missbrauch«, sagt Amanda, »und sobald ich eine neue Klasse betrat, dachte ich: Fünf von euch, aber wer? Manchmal sieht man sie sofort, diese fünf. Neue Lehrer habe ich immer gefragt: Kennen Sie die Statistiken? Warum bringt Ihnen das denn keiner bei?«

Laut S war nichts davon Teil seiner Ausbildung.

Eigentlich muss ich sogar noch weiter gehen: Heutzutage mögen sich Schulen zwar aufrichtig bemühen, ihre Schülerinnen und Schüler vor Gefahren zu schützen, aber strukturell bedingt ist es ihnen unmöglich, das hundertprozentig umzusetzen. Das liegt in der Natur der Sache. In der Natur der menschlichen Natur. In der Natur des Heranwachsens und des Einpferchens von Jugendlichen in eine Bildungseinrichtung. Zu viele Sardinen in derselben fest versiegelten Büchse mit Ring-Pull-Verschluss. So ist das mit dem Jungsein (»jede Menge Persönlichkeit, null Erfahrung«, wie Inga Clendinnen denkwürdig formulierte), wenn man nicht immer erkennt, wie sich eine Grenzübertretung anfühlt, und man zur Orientierung weder eine Karte zur Hand hat noch eine halbwegs vernünftige Taschenlampe. Außerdem: Zwischen einem Schüler und einem Lehrer kann nie ein völlig gefahrloser Raum geschaffen werden. Das bringt das Machtgefälle mit sich, Macht kann sich auf alchemistische Weise wandeln, da ist immer eine Grauzone, 0,5 Prozent, 0,05 Prozent. Sex. Darum muss es nicht einmal gehen. Wenn man jung ist, ist Nötigung oft ein Wolf im kuscheligen Schafspelz.

Amanda, frage ich, hat sich nach der Schule dann alles andere wie der reinste Spaziergang angefühlt?

*

Ich arbeitete an diesem Buch, und ein Jahr verging, dann zwei, und zwei weitere (vergeblich sträubte ich mich dagegen, vom Kurs abzudriften), und in der Zwischenzeit hatte ich ganz vergessen, dass ich im Grunde genommen überhaupt nichts von Schulen halte. Meine Kinder erinnerten mich daran. Mum, du kannst Schulen doch gar nicht ausstehen. Oh ja, dachte ich, Schulen machen mich wahnsinnig, wie konnte ich das nur vergessen? Vielleicht macht ein Unglück etwas mit einer Schule, schält etwas ab, das ich vorher nicht verstanden habe.

In der Ukraine ging ich acht Jahre lang zur Schule Nummer 36, und als wir nach Australien kamen, versuchte ich mein Glück an zwei Highschools in Melbourne. Da gibt's nicht viel zu erzählen, außer dass ich alle drei Schulen in etwa gleich wenig leiden konnte. Ich werde jetzt nicht so tun, als würde ich Schulen mögen. Nein, ich mag sie nicht. Die jahrelange Anwesenheitspflicht und kein Ende in Sicht. Der militärische Touch: in einer Reihe aufstellen, die Besessenheit von Uniformen. Die Hand heben zu müssen, wenn man zur Toilette will. Im Innenhof an Grüppchen vorbeilaufen, die sich über Partys unterhalten, zu denen man nicht eingeladen wurde. Unausgereifte Lehrpläne oder unsinnig überreife. Zum ersten Mal die Erkenntnis, dass Angepasstheit und gutes Aussehen über alle Maßen belohnt werden. Und auf jede Monique, Ann oder Amanda kommen zehn mittelprächtige Lehrkräfte oder zehn, zu denen man keinen Draht hat. Und das ist das beste und ungefährlichste Szenario, ohne Gangs oder angehende Psychopathen, die das Sagen haben, ohne Missbrauch durch Lehrer, ohne eifriges Verbreiten von Rassismus und Homophobie, ohne Dealer, die Crystal und H zu Discountpreisen verticken, ohne Tyrannen, die nicht eher ruhen, bis ihre Opfer in Embryonalstellung zu Hause in ihren Zimmern liegen oder sich Muster in die Unterarme ritzen.

Und dann mischt auch noch das »innere Alter« mit, wie David Rakoff es ausdrückte. Was mich angeht, mag ich beim Umzug nach Australien in Kalenderjahren vielleicht fünfzehn gewesen sein, aber innerlich fühlte ich mich eher wie neununddreißig, noch immer Jahrzehnte entfernt von dem Zustand der Seligkeit, der Rakoff zufolge eintritt, »wenn Äußeres und Inneres in Einklang sind und Soma und Psyche bestmöglich ineinandergreifen«. (Rakoff starb mit siebenundvierzig an Krebs. Sein inneres Alter? Irgendwas zwischen siebenundvierzig und dreiundfünfzig, schätzte er.) Einige Menschen, möglicherweise sogar viele, stellen sich beim Kindsein sehr gut an. Ich: nicht so. Etwas sonderlich Schlimmes ist nicht vorgefallen. Nur: Machtlosigkeit, Wahllosigkeit, Abhängigkeit, immer nach den Regeln anderer spielen. Ich konnte kaum erwarten, dass das vorbei ist. Jetzt ist es vorbei. Mittlerweile watschle ich auf das mittlere Alter zu (fast hätte ich Mittelalter geschrieben), und jetzt ist mein Sohn an der Reihe (meine Tochter hat das hinter sich) und dann, so

Gott will, deren Kinder. Ihnen dabei zuzugucken ist eine Qual für sich.

Im Gegensatz dazu fand Frances es furchtbar, von der Schule abzugehen. Für sie war das Bachelorstudium schrecklich. In der Schule hatte sie sich unterstützt und sicher gefühlt, sie war von Menschen umgeben gewesen, die sie kannten und denen sie wichtig war, in der Uni hingegen wurde hemmungslos getrunken und Party gemacht. Sie hatte das Gefühl, dass sie das alles schon vorher getan hatte – vor Katie. In den drei Jahren Studium freundete Frances sich mit niemandem an. Später machte sie einen Master, das war besser; sie fand Leute, mit denen sie sich identifizieren konnte. Ich sage ihr, ich habe mich während des Bachelors auch so einsam gefühlt. Von meiner Einsamkeit in der Schule erzähle ich nichts.

*

Wenn eine Lehrerin verkündet: »Heute sprechen wir über Antigone« (Frances ist das passiert) – kann man das dann überhaupt ernst nehmen, wenn die eigene Schwester sich vor ein paar Monaten erhängt hat?

Oder vielleicht ergibt Schule auch im Angesicht des Todes am meisten Sinn.

Das Mildura College – 800 Schülerinnen und Schüler – verlor sechs Jugendliche und öffnete seine Tore für alle außer für den Kamera schwingenden Abschaum (genau als solcher werden die lauernden Presse- und Fernsehleute den Menschen in Erinnerung bleiben). An einer Kreuzung war ein Kombi in eine Gruppe von Jugendlichen gerast. Barb, eine befreundete Lehrerin, besuchte eine der Überlebenden im Krankenhaus. Im Po des Mädchens hatten sechsundneunzig Kiessplitter gesteckt, die sie später in einem Glas aufbewahrte.

Die Schüler waren am Straßenrand entlang zu einer Party gelaufen.

Das Unglück geschah an einem Samstag. Alle Schulen in der Region machten viel Wind um die Tatsache, dass Montag ein Schultag war. Ehemalige Schülerinnen und Schüler, Freunde von anderen Schulen und die Eltern der Verstorbenen wurden eingeladen, an diesem Montag in die Schule zu kommen. Die Kantine wurde zum Trauersaal. Die Schule unterstützte die Familien, die keinen engen Bezug zur Kirche hatten, bei der Vorbereitung der Beerdigung. Die Trauerfeier wurde vom Geistlichen der Schule geleitet. In den Wochen und Monaten nach dem Tod von Shane, Abby, Stevie-Lee, Cassandra, Cory und Josephine wurde die Schule das Zentrum der zerfallenden Welt – das Zentrum, das der Belastung standhalten konnte. Es war 2006. Noch Jahre später scheint etwas in Barbs Worten fortzubestehen, wie ein Fleck, der bleibt, etwas Zeitloses.

Ich denke an die Pfleger und Krankenschwestern nach Dienstschluss, die sich gegenseitig anriefen, eine Betreuung für ihre Kinder organisierten und in der Nacht ins Krankenhaus fuhren, um die Leichen zu waschen, bevor sie den Familien gezeigt wurden. Ich denke daran, wie wir Lehrerinnen und Lehrer am Montagmorgen vor der Klasse standen und die Anwesenheitslisten durchgingen, auf denen noch die Namen der Verstorbenen waren. Ich denke an die Medien und ihre Skrupellosigkeit und daran, wie mein Chef über den Sportplatz marschierte und die Kameraleute des Schulgeländes verwies. Ich denke daran, wie froh ich war, dass wir so einen großen Pausenhof hatten und die Kinder in Ruhe hinter den großen Mauern trauern konnten.

»Nach einer Woche, vielleicht auch ein bisschen später, kam ich zur Arbeit und stieg aus dem Auto«, sagt Barb. »Aus der Schule tönte wieder Lärm. Ein wunderschönes Geräusch. Wie Vögel, die nach dem Winter im Norden zurückkehren.«

Probeklausuren, richtige Klausuren, Elterngespräche, Unterricht, Dinge, die in ihrer willkürlichen, starren Belanglosigkeit absurd erscheinen, tauchen möglicherweise als unerschütterlich und wichtig wieder auf.

Startzeit der Erdbeben-Tsunami-Nuklearkatastrophe in Japan 2011: 14:46 Uhr. Die meisten schulpflichtigen Kinder des Landes waren gerade … [na, wo wohl?]. Kaum bekannt ist, wie viel Schutz Schulen der betroffenen Bevölkerung während des natürlichen und zugleich menschengemachten Unglücks boten. In Turnhallen wurden Hilfspakete ausgegeben. Die Wände wurden zu Schwarzen Brettern. Viele Schüler kümmerten sich um die Verteilung von Nahrungsmitteln und Medizin, das gab ihnen eine Aufgabe und Struktur. Schließlich wurden aus den Schulen wieder Schulen, und erneut machten die Schüler eine Wandlung durch. Ein Schulleiter aus Ishinomaki sagte, ihm sei nie bewusst gewesen, wozu Bildung imstande sei, bis er gesehen habe, wie sich Kinder von den Trümmern abwandten und wieder in ihren Schulalltag eintauchten. Und als Julie Pozzoli, die damals gerade einmal seit acht Wochen Direktorin der Innisfail State High in North Queensland war, nach dem Zyklon Larry der Kategorie 5 vor den Ruinen ihrer Schule stand, legte sie die Priorität instinktiv darauf, die Tore möglichst schnell wieder zu öffnen. Weil »wir Kinder hatten, die darauf angewiesen waren, zur Schule zu gehen. Für sie mussten wir alles so normal wie möglich machen.« Zur Normalität zurückkehren – eine allgegenwärtige Floskel, aber vielleicht ist sie gar nicht so oberflächlich und nichtssagend, wie sie klingt. Wie ein mittelalterlicher Marktplatz kann eine örtliche Schule der Dreh- und Angelpunkt einer Gemeinschaft sein. Solange sie da ist und funktioniert, kann man um sie herum die restliche Gesellschaft gestalten.

»Uns wurde aufgetragen«, erzählt mir Barb, »eine Art Gleichgewicht zu erhalten, so etwas wie Harmonie. Nein, nicht Harmonie. Ruhe. Wir haben uns wirklich Mühe gegeben. Wir haben einfach weiter unterrichtet. Wir haben darauf geachtet, nicht vor den Kindern zu weinen, denn geweint wurde schon genug.« Am schlimmsten war es, nach der letzten Beerdigung den Trauersaal abzubauen. Botschaften und Gedichte aus dem Saal wurden zu kleinen Päckchen geschnürt und konnten von den Eltern abgeholt werden. Die sechs Spinde wurden das restliche Jahr über nicht benutzt. Die Blumen, Notizen und Dekorationen wurden entfernt, die Schließfächer blieben leer und unberührt. Genau wie das von Katie. Den Abbau des Trauersaals wegzustecken war schwer, sagt Barb; die Schule schaltete wieder auf Normalbetrieb, und die Schüler und Lehrer suchten nach Möglichkeiten, der sechs zu gedenken. »Wir haben sie bei uns getragen, am Handgelenk« – Silikonarmbänder in den Schulfarben Gelb und Blau. Manche Schüler nahmen sie zwei Jahre lang nicht ab. Barb sagt, bei allem, was los war – der Schmerz und Verlust, ja, aber auch Anhörungen, eine gerichtliche Untersuchung und Medienberichte, dieses unablässige Kratzen an der Wunde, »da war es manchmal fast eine Erleichterung, einfach zur Arbeit zu gehen und zu unterrichten«.

Als der öffentliche Diskurs sich langsam ändert, aber noch nicht klar ist, in welche Richtung, nehmen Frances und ich an einer Podiumsdiskussion zu Reaktionen auf Suizid teil. Wir sitzen wartend in der ersten Reihe, Stift und Zettel auf dem Schoß, Frances flüstert.

– Glaubst du an Posttraumatische Belastungsstörung?

– Nicht so richtig.

Auf der Bühne sitzt eine bunte Mischung aus Historikern, Künstlern, Wissenschaftlern, psychologischem Fachpersonal, Journalisten, Menschen, die wissen, wie es ist, in den Selbstmord getrieben zu werden, und anderen, die das Gefühl kennen, zurückgelassen zu werden. Sie sind der lebende Beweis, dass sich etwas verändert und die Sprache sich entwickelt. Ein guter Abend, da sind wir uns einig. Als wir hinterher auf die Straßenbahn warten, sagt Frances:

– Aber eins hat mich wütend gemacht. Ich war richtig sauer. Dieser eine Zeitungsfritze, dieser Journalist, fandst du den auch so schrecklich? Hast du nicht gesehen, wie toll er sich vorkam, als er die Suizidgeschichte aus seiner Jugend ausgepackt hat? Was für ein Held und ach so traumatisiert. Ist dir aufgefallen, wie sehr ihn die Suizide von diesen jungen Menschen fasziniert haben? Der war total gefesselt.

– Ich fand ihn ein bisschen narzisstisch. Als würde er die Tiefe seiner eigenen emotionalen Reaktion bewundern.

– Ja, narzisstisch, ganz genau.

Früher sah man in der Berichterstattung über Suizid von Jugendlichen eine Art Brandstiftung: Als würde man ein Feuer legen und dann weglaufen. Journalisten ließen die Finger davon. Als *Four Corners* 2006 einen sachlichen, sorgfältig recherchierten Bericht über die Auswirkungen des Sprungs des siebzehnjährigen Campbell Bolton von einem Hoteldach zeigte, sagte der Redaktionsleiter der Sendung, Bruce Belsham, er habe in seiner gesamten Laufbahn noch nie so schwierige redaktionelle Entscheidungen treffen müssen – das Thema sei heikler als Crystal Meth, Zwangsprostitution, die Rekrutierung von Terroristen im Inland und die Australier im Todestrakt in Bali, alles Reportagen, die im selben Jahr bei *Four Corners* ausgestrahlt wurden. Später verhinderte die Organisation beyondblue, die über Depression aufklärt, die Ausstrahlung eines Beitrags bei *60 Minutes* über vier Suizide in einer Schule in Geelong, 2009. Die Gründe? Dieselben, die schon so lange angeführt werden und von derart hohen Stapeln an Forschungsarbeiten untermauert werden, dass ein paar einzelne Stichwörter ausreichen: unverantwortlich/gefährlich/Nachahmung/Werther-Effekt.

Dann, an einem Montagabend im Jahr 2012, berichtete *Four Corners* über eine Suizidwelle in den Außenbezirken von Melbourne – zwölf Schülerinnen und Schüler, die meisten hatten sich vor einen Zug geworfen. In Albury-Wodonga brachte *Border Mail* auf der Titelseite vier Monate lang Geschichten über den Suizid von Jugendlichen. Zufällig hatte ich den Fernseher an, als der Herausgeber und sein Team für die Kampagne END SUICIDE SILENCE als Gewinner des Walkley Awards verkündet wurden. Die Kamera fing ein, wie sie bedächtig vor- und zurückschaukelten, auf dieselbe rhythmische, beruhigende Art, die man manchmal auf Beerdigungen beobachtet.

Eins der letzten gesellschaftlichen Tabuthemen, geknackt wie eine reife Walnuss? Oder, weniger spektakulär, die Offline-Welt holt die Online-Erfahrungen der Menschen ein?

Ein anderer Abend. Im Fernsehen läuft eine Talkshow, heutiges Thema: Trauer und wie lange sie anhält. Menschen mit breitem australischem Akzent und ohne besondere Fachkenntnisse über Traumata sagen das, was große Werke der Kunst quasi schon immer sagen. Dinge, die wir in den letzten rund hundert Jahren absichtlich vergessen haben. »Das ist keine Krankheit. Darüber komme ich nicht hinweg. Ich werde damit leben müssen« – Mutter eines verstorbenen Mädchens.

Was ich sagen oder ehrlicherweise lieber herausschreien will: Vergesst nicht, dass diese wiederauflebende Offenheit, diese Furchtlosigkeit so neu ist, dass man den ersten Anstrich noch riechen kann.

Versuchen, vorstellen. Erwägen, begehen (gruseliger Fachausdruck), betrauern, gedenken. In den sozialen Medien wird seit jeher über Suizid diskutiert, der Tod ist (neben Sexualität) nach Sigmund Freud einer der beiden Grundtriebe des menschlichen Lebens, und so fließen sie wie zwei Megaflüsse, Tod und Sex, der Nil und der Amazonas der Online-Welt.

Bryn und Katie sind Teil des Anbruchs dieser Ära. Im Internet findet man keine Spur von Bryns Leben oder Sterben, und von Katie gibt es nur noch das MySpace-Profil, wo Frances eine Woche nach Katies Tod ihren Abschiedsbrief fand und wo diejenigen, die sich als ihre Freunde betrachteten, am Geburtstag oder zu diversen anderen Anlässen Nachrichten im Plauderton posteten, obwohl sie tot war, z. B.

> Happy Birthday, Katie. Haben uns echt viel zu lang nicht mehr gesehen, Katie. Ich hoff, du bist heute bei der Französischklausur bei mir!! Du warst ja in Französisch immer besser, vor allem bei Gedichten ☺. Hoffentlich bist du glücklich, wo immer du auch bist. Hab ein Praktikum gemacht, und da war so eine Studentin, die hat mich vooooll an dich erinnert.

Ist die Banalität rührend? Wie viele dieser Nachrichten an Katie sind eine ichbezogene Performance: affektierte, naive Ignoranz gegenüber der Endgültigkeit ihres Todes? Ein Nichtschlucken-Wollen seiner Unwiderruflichkeit. Katie dies, Katie das. Ich habe einmal eine Rechtsmedizinerin, die Leichen junger Menschen untersucht, sagen hören, Jugendliche könnten *Endgültigkeit* nicht begreifen. Ist man mal tot, bleibt man tot – wie erklärt man, dass sich manche Dinge nicht löschen oder rückgängig machen lassen, wenn in diesem Alter praktisch alles aus Versuch und Irrtum besteht? Vielleicht sollte man für einen Irrtum beten. Die Mutter einer Jugendlichen, die von einem Zug überrollt wurde, erinnert sich daran, dass die Freundinnen ihrer Tochter ständig auf dem Smartphone des Mädchens anriefen und Nachrichten schickten, als wäre das Handy ein Portal zur Unterwelt oder ein Ersatz für ihren nicht mehr vorhandenen Körper (wie die Hostie für den Leib Christi), oder aber sie spürten, dass sie das Handy dabeihatte. An dem Ort, an dem der Akku nie leer wird.

Nachdem Katies Freund sich das Leben genommen hatte, postete sie Nachrichten auf seinem MySpace-Profil. Auch sie sprach ihn direkt an. *Du hast nicht auf mich gewartet. Wir sehen uns schon sehr bald wieder* – an diese Worte erinnert sich eine Freundin.

»Vielleicht gibt es auf Facebook mehr Mobbing, aber Facebook ist hell und direkt, MySpace war düster«, sagt Monique.

Mir gefällt dieser Gedanke von Stacey Pitsillides: Wenn die Archäologen der Zukunft nach den Spuren des einundzwanzigsten Jahrhunderts suchen, »finden sie im Internet Ähnliches wie unter der Erde: hauptsächlich Gräber und Müll«.

In Online-Kondolenzbüchern werden die Toten angesprochen und nicht, wie es einst üblich war, die Hinterbliebenen. Wir im Westen haben lange Zeit nur im stillen Kämmerlein mit den Verstorbenen gesprochen. Täten wir das nun mit gewisser Regelmäßigkeit am helllichten Tag in der Öffentlichkeit, würde man bei uns womöglich eine Trauerstörung oder Schlimmeres diagnostizieren. Sich aber online mit den Toten unterhalten, sie auf dem Laufenden halten, sie wissen lassen, wie sehr sie vermisst werden, in Erinnerungen schwelgen und sie um Hilfe bitten, das wiederum ist nachvollziehbar. Diese asynchrone, einseitige, öffentliche Art der Unterhaltung wirkt natürlich. So kommuniziert man eben im Internet. Die Facebook-Profile der Toten, auf denen sich diese Gespräche abspielen, sind alles andere als die abgedrehten Schattenseiten der Online-Welt. Wie Régine Debatty (Kuratorin, Kritikerin und Bloggerin) es ausdrückt, liegen sie irgendwo zwischen »dem Grabstein und dem Zimmer des Teenagers, das man unverändert lässt«. Unsere Rituale verändern sich, und Debatty glaubt, wir nehmen uns in Sachen Trauer, aber nicht nur da, Jugendliche zum Vorbild.

Bis vor kurzem war in unserer westlichen, anglophonen Kultur kein Platz für ausufernde, nicht verdrängbare Trauer. Für große Trauer. Lange Trauer. Kein Platz für die Trauer von Ceres, der Göttin der Erde, der Ernte und des Ackerbaus, die unaufhörlich um ihre Tochter Proserpina trauerte, wie Ovid in den *Metamorphosen* beschreibt, und da »schilt sie die Gegenden alle, Undankbare sie nennend, nicht wert der verliehenen Feldfrucht«. Sie trauerte, und die Welt litt. Sie trauerte, und die Erde lag brach.

*

Ach, Katie, du hast deinen Abschiedsbrief an dein eigenes MySpace-Profil geschickt. Das war noch, bevor Facebook mit MySpace das Gleiche gemacht hat wie Coca-Cola mit Pepsi. Frances zufolge stand in der Nachricht:

> Hi Frances, wahrscheinlich liest du das und wahrscheinlich bin ich tot bla bla. Vermiss euch.

44

Hast du dir die Möglichkeit offengelassen, es dir im letzten Moment noch einmal anders zu überlegen?

Ich sitze deiner Schwester gegenüber in einem beinahe leeren Café, in dem locker ein halbes Dutzend Weihnachtsfeiern gleichzeitig stattfinden könnten, und sehe den Tränen zu, die ihr von den Wangenknochen heruntertropfen. Sie wirken endlos, obwohl sie nicht herausströmen, sondern ruhig rollen wie Perlen. »Lächerlich, wie oft ich weinen musste«, sagt Frances. Weinen musste. Vergangenheit. Es ist schon so einige Adventszeiten her, dass wir diesen Kaffee zusammen tranken. Sie sieht alterslos aus, wenn sie weint, Schwester Nummer drei.

Genaue Wiedergabe der letzten beiden Sätze des Abschiedsbriefs:

wenn IRGENDWER glaubt, es wäre seine Schuld, sag ihm, ich hab gesagt, das STIMMT NICHT. Sogar ich weiß jetzt beim Schreiben nicht, ob der Brief in Zukunft gelesen wird oder ob ich ihn lösche.

Katie, hast du dir eine Welt ohne dich ausgemalt – oder mit dir, aber tot? Hast du, als du noch am Leben warst, versucht, von einem Ort aus zu sprechen, an dem es dich nicht mehr gibt?

Im dritten Studienjahr schrieb Frances in einem Seminar zu kreativem Schreiben

Und auch so viele Rechtschreib- und Grammatikfehler, als hätte sie sich beim Schreiben nicht viel Mühe gegeben, und als hätte sie nicht geglaubt, dass jemand den Brief liest oder sie ihn tatsächlich braucht.

Der Abschiedsbrief, den Campbell Bolton auf seinem Bett hinterlassen hatte, war lang und wohlüberlegt. »Bitte geht nicht davon aus, ihr wüsstet, warum. Ich bin mir nicht einmal selbst ganz sicher. Es ist einfach das Beste, was ich tun kann. Der Mechanismus, der mich davon abhält, mich umzubringen, ist kaputt.«

Katie, dein Brief war wie eine Welle, die nur so aus dir herausbrach; war es zu schmerzhaft, etwas anderes zu schreiben? Oder hast du festgestellt, dass du zwar meintest, du wärst gern tot, aber nicht ernsthaft an das Gelingen deines Plans glauben konntest? Das Diktum des alten Freud: »unser Unbewußtes glaubt nicht an den eigenen Tod, es gebärdet sich wie unsterblich«.

(Man könnte Bryns Abschiedsbrief klassisch nennen. Er verabschiedete sich, insbesondere von seinen Eltern, und entschuldigte sich bei dem, der ihn finden würde. An S schrieb er: »Du bist ein toller Freund.«)

*

S erzählt mir:

– Eine Zeit lang habe ich Bryn Briefe geschrieben.

– Auf Papier?

– Ja, auf Papier. *Darüber habe ich nachgedacht. Das war bei mir los.*

– Was hast du mit den Briefen gemacht?

– Direkt nach dem Schreiben verbrannt.

Um der Toten zu gedenken, werden in China Opfergaben aus Papier verbrannt: Papiergeld, Häuser, Autos, Kleidung, Papierversionen der neuesten Blockbuster. Symbole der Dinge, von denen man meint, die Toten bräuchten sie im Jenseits. Natürlich haben die Toten Bedürfnisse, sie haben Ansprüche, und man will sie nicht enttäuschen. Katie starb in der Woche, in der der letzte Harry-Potter-Band erschien. »Meine Mum sagte, *sie hat nicht mal auf Harry Potter gewartet.*« Jetzt lacht/

weint Frances. »Ich habe das Buch in einer Nacht durchgelesen und gleich wieder alles vergessen.« Frances' Mutter ist Chinesin. Buddhistin. Sie bat Frances, Katie eine Nachricht zu schreiben, sie in das Buch zu legen und es zu verbrennen. Ihre Großmutter verbrannte ein kleines Haus aus Papier. Frances verbrannte *Harry Potter und die Heiligtümer des Todes*, mehr für ihre Mutter als für Katie. (In einem Interview sagte J. K. Rowling, sie habe schon früh die Grundsatzentscheidung getroffen, dass Magie die Toten in ihren Büchern nicht wieder zurück ins Leben holen kann. Die Toten bleiben tot.)

»Ich weiß, warum wir versuchen, die Toten am Leben zu halten«, schreibt Joan Didion in *Das Jahr magischen Denkens*. »Wir versuchen sie am Leben zu halten, um sie bei uns zu behalten. Ich weiß auch, dass, wenn wir selbst leben wollen, irgendwann der Punkt kommt, an dem wir die Toten auslöschen müssen, sie gehen lassen, sie tot sein lassen müssen.«

Einmal in der Woche kam eine Putzhilfe. Dann versteckte Frances' Mutter immer sämtliche Fotos von Katie und entfernte alles, was darauf hindeutete, dass sie nicht mehr da war. Dieses Zimmer lassen Sie, wie es ist, sagte sie der Reinigungskraft, meine Jüngste muss lernen, selbst Ordnung zu halten.

Liebevolle Strenge und so.

mir hast du gesagt, die Putzhilfe solle nicht wissen, dass jemand im Haus gestorben war, aber ich kannte den wahren Grund: Jede Woche konntest du drei Stunden lang so tun, als wäre Katie noch am Leben. (»Ein Geständnis an meine Mutter«, kreatives Schreiben im dritten Studienjahr)

Joan Didion brachte es nicht übers Herz, die Schuhe ihres Mannes wegzugeben. Er würde sie brauchen, falls er zurückkam. Die klügsten Köpfe der Welt warten auf die Rückkehr der Verstorbenen. Jede Nacht lag Frances wach. Ihr Zimmer war neben Katies. »Ich zwang mich, aufzustehen und an ihrem Zimmer vorbei ins Bad zu gehen. Immer wieder war da die anfängliche Angst, sie noch einmal zu finden.« Mindestens zehnmal stand Frances jede Nacht auf – zehnmal jede Nacht vor zehn Jahren, verstehen Sie. »Eigentlich musste ich gar nicht zur Toilette. Und mir steckte eine ungeheure Angst in den Knochen.« Als hätte sie sich bestraft, weil sie nicht da gewesen war, als ihre Schwester sich das Leben genommen hatte, oder als hätte sie gehofft, immun zu werden, indem sie den Dämon durch beharrliche Wiederholung zermürbte. Man hielt Frances für stoisch, sie selbst hielt sich für feige. Wenn sie dann endlich einschlief, kamen die Träume. Darin versuchte Katie, sich an verschiedenen Orten zu erhängen, meistens an einem Baum in einem Park in der Nähe der Schule, und Frances rannte verzweifelt hin, weil sie Katie retten und anderen den Anblick ihrer toten Schwester ersparen wollte. Manchmal erschien Katie Frances »gesund und munter« in einem Traum, und Frances wurde von einer Euphorie erfasst, die sie so noch nie erlebt hatte.

»Leid, so stellt sich heraus, ist ein Ort, den von uns niemand kennt, solange wir nicht dort sind« – Didion.

In der Trauer lernte Frances ihre Eltern von einer völlig neuen Seite kennen. Wenn du erkennst, dass deine Eltern menschlich sind, dass sie Gefühle haben und einen unglaublichen Schmerz in sich tragen, dann ist das wie eine Offenbarung, sagt sie. Der Anblick ihrer weinenden Mutter an Katies Bett an jenem Morgen …

als ich dich zusammengerollt auf Katies Bett liegen sah, hast du mich an ein wimmerndes Kleinkind erinnert; ein hilfloses Kind, nicht die unerschütterliche Mutter, die du immer warst.

Der Schmerz und die Einsamkeit ihres Vaters …

er hat nichts als seine Kinder und Bücher. In unserem Haushalt werden Bücher mit Respekt behandelt. Helle Regale mit großen Romanautoren lassen unser Zuhause erstrahlen, und jede Seite hat den Atem meines Vaters gespürt.

(Diese Zeilen las Ann im Englischunterricht der zwölften Klasse vor, und Frances las sie ihrer Mutter vor. Normalerweise liest Frances' Mum ihre Texte nicht, Englisch lesen fällt ihr schwer. Doch der Satz mit den hellen Regalen gefiel ihr sehr gut.)

Zum Einschlafen ließ Frances *Friends* laufen, eine Serie, die aus heutiger Sicht furchtbar aufgesetzt wirkt, damals aber, das dürfen wir nicht vergessen, über zehn Staffeln hinweg ein Riesenerfolg war. »Nach ihrem Tod habe ich alle Folgen von *Friends* angeschaut. Fünf Jahre lang konnte ich nur einschlafen, wenn *Friends* lief. Hast du eine Ahnung, wie oft ich jede einzelne Folge gesehen haben muss? Die Stimmen haben meine Gedanken übertönt.« *Friends* abzustellen war ein gewaltiger Schritt. Danach waren die Träume zwar immer noch da, aber sie kam ohne das Hintergrundgeräusch klar.

*

Ich bin die Mutter einer jungen Frau. Seit einer Weile geht es meiner Tochter seelisch (und körperlich) nicht gut. Ich kann nicht anders – ich habe tierisch Schiss. Ich habe Interviews von Eltern gelesen und angesehen, deren Kinder sich umgebracht haben. Alle sind vom Schock wie ausgebrannt. Keiner von ihnen hätte sich in seinen finstersten Träumen ausmalen können, dass er einmal sein Kind zu Grabe trägt. »Wenn jemand wie Chanelle so etwas macht, kann man einfach nichts dagegen tun«, sagte Karen Rae. Der Suizid ihrer Tochter ist der vierte innerhalb von sechs Monaten an der gleichen

Highschool in Geelong. »Weil sie die letzte war, der man so etwas zugetraut hätte.« *Die letzte, der man so etwas zugetraut hätte.* Können Eltern diesen Satz hören und ihn an sich vorbeischwirren lassen, ohne dass er sie sticht? Ein Vater sagte: »Ich dachte immer, da müsse es ein größeres Problem geben, wie Alkoholmissbrauch, Stiefeltern, Kindesmisshandlung … Aber dann ist es bei uns passiert.«

Wenn einen das nicht in Angst und Schrecken versetzt, was dann?

Frances und Katie schlichen sich nachts immer heimlich raus. In der Nacht bevor Katie ihrem Leben ein Ende setzte, war sie bis in die frühen Morgenstunden unterwegs gewesen. Ich spreche mit meiner Tochter. Sie sagt: »Ach so, ja, das machen viele.«

Als meine Tochter noch zur Schule ging, sagte sie: »Mach dir keine Sorgen, Mamotschka, unsere Wohnung ist zu klein und mein Fenster zu schmal.«

Später, als wir umzogen – da war sie schon erwachsen –, hatte ihr Zimmer zufällig ein Fenster, das sich nicht öffnen ließ.

Ich weiß nicht, wie man die Angst abstellt und ob es überhaupt wichtig ist, dass ich es versuche. Kinder und Eltern führen immer ein Doppelleben, dieses Getrenntsein, das gegenseitige Ausweichen ist so was wie eine strukturbedingte Notwendigkeit, und ja, ich wusste, wann und wo meine Tochter ihren ersten Joint rauchte (und was sie und ihre Freunde dafür bezahlt hatten), und? Nix und. Teile von uns bleiben dem anderen immer verborgen – sie müssen es sogar.

In der Phase zwischen Kindheit und Erwachsenenalter verdreifacht sich das Verborgene. Dann spulen wir oft unwillkürlich ein Programm ab, um »die Natur und Folgen der

Sterblichkeit, der Entropie, des Kummers, der Gewalt, des Scheiterns, der Feigheit, Falschheit, Grausamkeit und Trauer« zu erkunden. »Der Forschende lernt die Geschichten und bitteren Lektionen, bis er sie in- und auswendig kennt.« So formuliert das – oben und unten – der amerikanische Schriftsteller Michael Chabon (möglicherweise relevant: vierfacher Vater), und besser kann man es nicht ausdrücken. Beim Erkunden entdeckt der Forschende, dass

die Welt seit Menschengedenken kaputt ist, und er hat Schwierigkeiten, diese Tatsache mit dem Schmerz der allumfassenden Sehnsucht in Einklang zu bringen, die von Zeit zu Zeit im Herzen des Forschenden aufkeimt: eine Ahnung der vergangenen Pracht, der verlorenen Ganzheit, eine Erinnerung an die heile Welt. Die Zeit, in der dieser Schmerz erstmals aufkommt, bezeichnen wir als »Adoleszenz«.

Der Schmerz, über den Chabon schreibt, wird gern als Entwicklungsstufe betrachtet, wie die Windelphase, ohne jegliche tiefer gehende moralische Ernsthaftigkeit. Wenn die großen Gedanken und Gefühle der Adoleszenz ernst genommen werden, dann in der Regel mit gesundheitspsychologischem Jargon.

Frances schickt mir ein Gedicht von Katie, das sie im Schülerkalender ihrer Schwester gefunden hat:

Gedanken überfluten
und vergiften mich,
bist meinem Griff entglitten,
nun verlierst du dich.
Schatten quälen mich,

Schuld folgt jedem Lachen,
mein Leben war erfüllt,
jetzt ist es zerbrochen.

In ihrem Schulplaner steht neben dem Datum, an dem ihr
Freund starb: *er hat gesagt, er würde niemals vor mir gehen. er*
hat versprochen, dass er immer auf mich wartet. er hat's ver-
sprochen ... Versprechen sind einen Scheiß wert.

Als Melanie Woss' Familie sich wegen einer möglichen
Veröffentlichung von Melanies Arbeiten an Pan Macmillan
wandte, war Fiona Giles dort Lektorin. Sie war dreizehn gewesen, als ihr siebzehnjähriger Bruder sich mit Gas das Leben genommen hatte. »Ich habe mich gewissermaßen mit
meinem Bruder identifiziert, zumindest teilweise«, erzählt
mir Fiona. »Und mit Melanie auch.« Melanie besuchte das
Methodist Ladies' College in Perth, wo sie mit unbestreitbar
herausragenden Leistungen glänzte und an dem Versuch
scheiterte, sich im Chemiesaal mit Gas zu vergiften. (»Ich
klebte mir die Nase ab, sodass ich nicht atmen konnte, nahm
das Brennerrohr eines Bunsenbrenners in den Mund und
klebte es fest. Ich drehte den Gashahn auf und legte mich
dann einfach auf eine Bank.«) 1989, kurz vor ihrem achtzehn-
ten Geburtstag, gelang es ihr schließlich doch, ihrem Leben
ein Ende zu setzen. Ihr Buch – die gesammelten Werke von
Melanie Woss, zusammengestellt und herausgegeben von
Fiona Giles – ist der Beweis, dass aus Melanie eine großartige
Schriftstellerin hätte werden können. Erstaunlich ist, dass das
Buch 1992 veröffentlicht wurde, in einer Zeit, in der man in
der Literatur (und überall sonst) einen großen Bogen um den
Suizid von Jugendlichen machte.

Nach dem Tod ihres Bruders litt Fiona an einer schweren
Depression. Im Vorwort von Melanies Buch bezieht sie sich

auf Julia Kristeva: »Depression ist weniger eine Krankheit, sondern vielmehr eine Sprache, die man verstehen muss.« Das Vorwort ist alles andere als wissenschaftlich fundiert, das Buch soll kein abschreckendes Beispiel sein und keine Zurschaustellung von Frühreife, aber es wird Melanies Einzigartigkeit und Klarheit gerecht. Was für ein Glück, dass es auf Fionas Schreibtisch landete.

Melanie wollte nicht erwachsen werden. Sie hatte Angst, die Schule abzuschließen. Heranwachsen bedeutete für sie Furcht und Erschöpfung. »Als Kind wurde ich in den Arm genommen und umsorgt, als Erwachsene werde ich in den Arm nehmen und umsorgen, aber jetzt, dazwischen, habe ich den Eindruck, sowohl aus der Kindheit als auch aus dem Erwachsenenalter das jeweils schlechteste Los gezogen zu haben.« Sie hatte das Gefühl, die Erwachsenenwelt lasse die Kinder im Stich. In einem Brief an einen ehemaligen Lehrer sechs Monate vor ihrem Tod steht:

Können tote Kinder miteinander sprechen?
Gibt es ein Wort dafür, wenn du richtig traurig und unglücklich bist und weinen willst, aber nicht kannst?
Kann man zu klug sein? […]
Was lässt ein Baby einen neuen Gehversuch starten, wenn es einmal hingefallen ist?
Woher wissen wir, dass das, was passiert, wirklich passiert?
Kann ich wahnsinnig werden und mich aus Versehen umbringen?

»Bryn war ein Überflieger«, sagt Monique. »Ein paar Jugendliche waren sauer. *Wie kann Bryn uns das antun und so berechnend sein?* So war er. Wirklich, eins a.«

Hochintelligente Jugendliche, die in fast allem gut sind, jede Menge Freunde haben, deren Talente und Erfolge anerkannt und gefeiert werden und die oft aus privilegierten Familien stammen, bringen sich um.

Fionas Bruder war Schulsprecher.

Frances glaubte, Katie sei aufgrund einer nicht diagnostizierten Depression gestorben. Das zu glauben verlieh Katies Tod einen Sinn und gab Frances eine Sprache, in der sie reden und nachdenken konnte.

Katies Dad denkt, es waren Drogen. Mum denkt, es lag am Freund.

So ist das mit dem Heranwachsen; weder sich noch anderen kann man richtig vermitteln, warum man manches zulässt. Es dauert Jahre oder länger, sich darüber klar zu werden. Sex, schikaniert werden oder schikanieren, Freundschaften, Verrat, wie weit man vielleicht geht, um das Gefühl zu haben, dazuzugehören, die ganzen Erfahrungen, die man nicht abgelehnt hat, nicht laut genug, nicht überzeugend genug. Beschämt sein. Unterschätze nie die Macht von Scham und ihre kakerlakenartige Eigenschaft, alles zu überleben. Die amerikanische Wissenschaftlerin Brené Brown untersucht Scham. Ständig tauchen Highschools in ihren Forschungen auf, so oft, dass Brown Highschool als *die* Metapher für Scham betrachtet. Meine Tochter erinnert mich daran, dass eine der Konstanten des Heranwachsens ist, nicht zu wissen, was in einem selbst vor sich geht. Und infolgedessen auch nicht, wozu man fähig ist. Man ist wie ein Gemälde, das über das Papier hinausreicht. Meiner Tochter beim Nicht-Wissen zusehen … mir ist bestimmt schon ein paar Mal das Herz stehen geblieben. Wie muss das erst für sie sein, und für all die anderen?

*

Als Kind hatte ich eine beste Freundin. Vor kurzem erzählte sie mir, sie habe vor nicht allzu langer Zeit beschlossen, sich von einem Hochhaus zu stürzen. Sie ging durch die Stadt (unsere gemeinsame Stadt, die ich an genau jenem Samstag verlassen hatte, an dem sie sechzehn geworden war) und stieg auf das Dach irgendeines beliebigen Gebäudes. Sie hatte ein Tuch um den Kopf gewickelt. Für sie gab es nichts, wofür es sich zu leben gelohnt hätte. Dann sah sie eine Katze. Die Katze kam auf sie zu. Sie hatte etwas an sich – Bedürftigkeit, einen Blick, die Wärme ihres Körpers, *irgendetwas*. Jedenfalls holte das meine Freundin von dem Gebäude herunter.

Mit der Zeit gelangte Frances zu der Auffassung, dass sich für Katies Tod keine plausible Erklärung finden ließ. In so jungen Jahren ist der Auslöser nicht eine einzelne Sache, sondern alles zusammen; die einzelnen Teile schlagen und prallen aufeinander, jedes Teil, alle Teile, reagieren mit jedem anderen in genau diesem einen Augenblick, und fünf Minuten später hätte die Geschichte ganz anders ausgehen können.

*

Boori Pryor, dessen Vater Nachfahre der Birri-Gubba ist und dessen Mutter zur Gesellschaft der Kunggandji gehört, schrieb das Buch *Vielleicht morgen*, in dem er dokumentiert, was für eine große Lücke der Suizid in seiner Familie hinterlassen hat. Sein Bruder Nick erhängte sich, als ihr Grundbesitz von einem Bauunternehmen in Besitz genommen, entweiht und verkauft wurde. So schmerzhaft war das. Suizid von indigenen Australiern gilt als höchst existenziell. Er steckt voller Bedeutung. Er kann eine Forderung nach Respekt sein, der einem im Alltag nicht gewährt wird, oder das Bestehen auf Autonomie in einem Leben, das von Machtlosigkeit geprägt ist. Er kann Ausdruck von Wut sein. Ein immerwährender Kreislauf von Kummer kann ihn umringen. Er kann von einem Kulturverlust ausgelöst sein und von innerer Leere. Im Hintergrund: pochender Rassismus, Entfremdung. Womöglich ist er eine vernünftige Reaktion auf das Leben (Leben = eine zu grauenhafte Situation).

Ein anderer Bruder von Boori, Paul, kam nicht damit klar, ein Schwarzer Mann in einer weißen Welt zu sein – ein erfolgreicher Schwarzer Mann: ein Schauspieler und Geschichtenerzähler. Ihre Schwester Kimmy fand »keinen Ort, an dem ihr Körper frische Luft atmen konnte«. Sie war Künstlerin. Sie hatte sich von Schatten heimgesucht und verfolgt gefühlt. »Es ist unmöglich, unvernünftig und unmoralisch«, schreibt Colin Tatz in *Suizid von Indigenen in Australien ist anders*, »›psychische Erkrankungen‹ weiterhin als die Hauptursache von Selbsttötungen von indigenen Australiern zu betrachten.«

Neun von zehn Suiziden in Australien stehen Hochrechnungen zufolge mit einer unbehandelten Depression oder einer anderen psychischen Erkrankung in Verbindung, und wenn man dieser Statistik glaubt, lautet die Lösung: frühere Diagnosen, mehr Dienstleistungen im Bereich der psychischen Gesundheit, mehr Bewusstsein für psychische Erkrankungen. Leben wurden gerettet. Familien: gerettet. Trotzdem fallen immer noch Menschen durchs Raster, die Versorgung ist nicht flächendeckend, monatelang wartet man auf einen Termin, die Umsetzung scheitert an der Finanzierung. Wenn man der Statistik glaubt, brauchen wir mehr Geld, mehr Anlaufstellen, einfach mehr.

Ich unterhalte mich mit Erminia Colucci, die schneller spricht als jeder andere Mensch, den ich kenne. Sie hat die

Haltung gegenüber Suizid und Suizidgedanken von jungen Menschen in Italien, Australien und Indien untersucht. (Für ihre Länderauswahl gibt es wissenschaftliche Gründe. Aber auch schöne, schlichte: »Ich bin Italienerin. Ich liebe Australien. Indien fasziniert mich.«) Ihr fiel auf, dass man in Australien viel schneller auf Depression oder psychische Gesundheit als Erklärung zurückgreift als in Indien und Italien. Ich frage mich, weshalb. »Das Konzept ist westlich«, erklärt Erminia. Sie unterbricht sich. »Eigentlich ist der Begriff ›Westen‹ schwammig. Gehört Italien dazu? Ich meinte, dieser Blick auf Suizid ist typisch für den angelsächsischen Kulturraum.« Erminias Sichtweise auf Suizid ist existenziell. Man kann sich nicht mit dem WESEN von Suizid auseinandersetzen, ohne über die tief menschliche Sinnkrise zu sprechen, über die Was-soll-das-Ganze-Fragen, die gestellt werden und schmerzhaft unbeantwortet bleiben.

Es ist nicht etwa so, dass der angelsächsische Blick die Seele ausklammern würde. Unsere Kultur begreift, dass das, was David Foster Wallace »üble Sache« nennt, im Grunde das ist, was Jenny Diski folgendermaßen zu Papier gebracht hat: »Ein Ort, der keinen Sinn ergibt, dessen Sinn sich mir nicht offenbart, aber der absolut ist, wenn ich erst dort bin … die Dunkelheit und Hürden werden immer mehr.« Doch wenn Gespräche über Suizid auch Kultur, Chemie, Krankheit, Bedeutung und die Seele einbeziehen, dann »wird eine Unterhaltung über Suizid schier unmöglich«, sagt Erminia.

Mit psychischer Gesundheit lässt sich das Gespräch in Schach halten.

»Das Konzept von psychischer Gesundheit ist kein Gesetz«, so Erminia. »Keine Religion, kein Glaubenssatz.«

Über Depression, mentale Gesundheit, Suizid und die Natur des Menschen kann es keine totalitären Theorien geben.

Vor lauter Pathologisierung übersieht man leicht, wie viel Kummer und Schmerz über die Welt ein Mensch in sich tragen kann. Man mag ein privilegiertes, sicheres, weißes Leben führen, aber das macht einen nicht dagegen immun, an der Welt zu verzweifeln. Das bedeutet nicht, dass die Gefühle nicht so intensiv sein können, dass der Alltag – To-do-Listen, Pläne – zumindest zeitweise unerträglich wird. Fionas Bruder wuchs während des Vietnamkriegs auf. Ihm graute davor, einberufen zu werden. Seine Familie protestierte gegen den Krieg. Ihm war, als wäre die große, weite Welt vor seinem Fenster aus den Fugen geraten. Auch Bryn machte der Zustand der Welt schwer zu schaffen. »Damals fand der Einmarsch in den Irak statt«, sagt S.

Frances will den Entwurf dieses Kapitels nicht zu Ende lesen. Zu emotional, das waren ihre Worte. Ich glaube, was sie meint, ist, dass sie nicht mehr in der Phase des Wissen-Wollens steckt.

PTBS, Straßenbahnhaltestelle, die Podiumsdiskussion, der Narzisst – »Ich war richtig sauer« (Frances [damals]).

Ich habe mir (damals) notiert: *Leidenden Menschen bringt ihr Zorn Klarheit, er bringt uns der Wahrheit näher, wütet gegen euphemistischen Blödsinn und verachtet die Leute, die einen Kick bekommen aus den starken Gefühlen, die der Tod eines jungen Menschen auslöst.* Damals schien das erkenntnisreich, jetzt scheint es offensichtlich.

Die fünf Phasen des Denkens, vom Geistesblitz bis zum Oje.

»Na ja, die Leute sind halt sauer«, sagt meine Freundin Wendy, frisch zurück vom Morgentee für den verstorbenen Schulsprecher (Suizid) an einer Partnerschule der Highschool ihrer Tochter, wo sie in die genervten und verärgerten Gesichter der Eltern geblickt hat. »Sie sind sauer, wenn der Verkehr auf der West Gate Bridge zum Erliegen kommt, weil jemand von der Brücke gesprungen ist. Sie sind sauer, wenn Züge ausfallen, weil sich jemand auf die Gleise gelegt hat.«

Frances sagt, sie hätte eine frühere Version des Kapitels gelesen und – Maria, schon in Ordnung, das ist deine Interpretation. Sei's drum.

> Alles hat seine Grenze,
> auch die Trauer.

Nein, die Trauer nicht. Die hat keine Grenze.

> So schnüffelt das Dromedar
> empört an den Gleisen.
> Die Leere öffnet sich wie
> eine Portiere.
> Und was ist denn Raum,
> wenn nicht gleiche
> Abwesenheit eines Körpers,
> in jedem Punkt sich
> bewährend?
>
> *(Joseph Brodsky)*

Wenn das Leben weitergeht, merkt es dann, dass früher oder später der Radius des Schmerzes allmählich schrumpft und die Zeit wie Desinfektionsmittel in den Wunden wirkt, wie warmes Wasser, mit dem man sie auswäscht, wie ein großes Baumwollhandtuch, mit dem man die Wunden trocken tupfen kann?

Der beste Freund von Amandas Bruder erschoss sich an einem Wochenende. Amanda war sechzehn. Sie sagt, sie habe mittlerweile gelernt, dass es den Punkt nicht geben wird, an dem sie darüber hinweg ist. So ist das eben.

Als Fiona Melanies Buch lektorierte, fuhr ihr Vater – schon lange von ihrer Mutter geschieden und mit einer anderen Frau verheiratet – gegen einen Baum.

Wendy glaubt, jegliche Art von Verarbeitung eines Suizids kann erst stattfinden,»wenn die Auflaufphase vorbei ist«.

»Unzählige unserer Schüler sind später Wissenschaftler oder Architekten geworden, aber an die meisten erinnere ich mich nicht«, sagt Monique. »Vielleicht würde ich mich an einen Präsidenten erinnern. Aber diejenigen, die wir verloren haben, die werde ich nie vergessen.«

Mark Costello sagte einmal über seinen engen Freund und ehemaligen Mitbewohner David Foster Wallace:»Es gab nicht genug Klettverschluss, um Dave auf diesem Planeten zu halten.«

Jean Améry zufolge ist die einzige moralische Haltung des Menschen,»dass er gegen das Verschwinden der Vergangenheit in der biologischen Dimension der Zeit rebelliert«. Améry, Überlebender von Auschwitz, Buchenwald und Bergen-Belsen, aber nicht von dem, was er als den Bann betrachtete, den die Zeit auf die Menschen und Gesellschaften legt, die unbedingt an ihre Heilkraft glauben wollen. So lange war ich von Amérys Worten überzeugt.

»Zeit«, sagt Frances. »Das sage ich, wenn mich jemand fragt. Das ist das einzige.«

Der Teil von ihr, der Katie zugewandt ist und ihr dauerhaft zugewandt bleiben wird, nimmt nicht mehr den größten Platz in Frances ein. Ihr ist nicht neue Haut über die Wunde gewachsen, ihr sind vielmehr neue Teile gewachsen.

*

Vor Jahren war Frances an einem Nachmittag auf eine Tasse Tee bei mir. Da höre ich auf einmal meine Tochter im Bad »Gloomy Sunday« singen. Die Version von Billie Holiday. Ein Lied über Suizid. Vielleicht das schönste über dieses Thema. *Dearest, the shadows I live with are numberless.* Von allen Liedern, die meine Tochter singt, geht mir dieses am tiefsten unter die Haut. An manchen Stellen schnappe ich immer noch nach Luft und bin erstaunt, was das Lied mit mir machen kann und jedes Mal wieder macht. Zuerst ist es mir peinlich, als ich die Stimme meiner Tochter höre, weil auch Frances sie hören könnte. Wie ausgesprochen gedankenlos von uns. Was sind wir denn für eine Familie? Trampel. Dann denke ich: »Obwohl, eigentlich …«, und dann: »Ach, scheiß drauf.« Also bitte ich meine Tochter, ins große Zimmer zu kommen und hier zu singen. Die Welt ist weit und größtenteils ist sie nicht von Schmerz erfüllt und sie hat ein Katie-förmiges Loch. Frances sitzt aufrecht auf dem Sofa. Meine Tochter Billie schließt die Augen, als sie das Lied ihrer Namensvetterin anstimmt. »Das war wunderschön – und erschreckend«, sagt Frances danach.

Fünf Jahre nach Katies Tod schrieb sie

Ich weiß noch, wie ich im Stillen verhandelt habe. Ich würde eine Querschnittslähmung in Kauf nehmen, wenn ich sie zurückhaben darf … Ich würde mir die Lippen zunähen lassen und kein Wort mehr sagen … Ich hätte diesen Gedanken nie für möglich gehalten, aber ich wünsche sie mir nicht mehr zurück. Ich kann mir ein Leben mit ihr nicht mehr vorstellen, früher war für mich ein Leben ohne sie unvorstellbar.

*

»Hey, Maria«, schreibt mir Frances. »Ich werde dich mit Seiten aus Katies Schülerkalender bombardieren. Sie haben mich traurig gemacht.«

Ich setze mich hin und lese. Was steckt in diesen Seiten? Leben und Tod und Zeit (Leben ist da noch das banalste in dieser Trias), alle durcheinandergeworfen wie Tupfer und Skalpelle nach einer Operation.

Japanisch. Zahnarzttermin.
Wir leben nicht an einem perfekten Ort.
Es gibt keinen Frieden.
Chemiebuch
Nicht in dieser Welt oder
gar in uns selbst.
Kickboxen 6:00.

Weiter unten

Es ist so leicht, Tinte oder eine Aufnahme zu löschen.
Ich wusste nicht, dass es so einfach sein könnte,
ein Leben zu löschen, du warst nicht mal ein Fehler.
Methodik (Tech) 8.30–10.45

WER SICH
SEINER
VERGANGENHEIT
NICHT ERINNERT,
IST DAZU
VERDAMMT,
SIE ZU
WIEDER−

Beginn eines Zeitungsartikels. »Das Paar, das seinen Enkel entführt und in einer Art Kerker versteckt gehalten hatte, trat gestern seine Haftstrafe an.«

Beide sind zwischen fünfzig und sechzig und kommen aus Polen. Der Richter erklärt, die Großmutter, diese Frau, sei in der Angelegenheit DER FÜHRENDE KOPF gewesen. Sie wird zu fünfzehn Monaten Haft verurteilt und muss mindestens fünf absitzen. Ihr Mann bekommt zwölf auf Bewährung. Im Gerichtsprotokoll wird die Frau als Künstlerin bezeichnet – und das ist sie auch.

Der KERKER befindet sich am äußersten Stadtrand von Melbourne und hat die Länge eines Einzelbetts.

Außer dem Bett gibt es einen Fernseher, einen kleinen Tisch, einen Stuhl, ein oder zwei Bilder an der Wand, keine Fenster. Während der, wie der Richter es nennt, VIERMO-NATIGEN TORTUR liest der zwölfjährige ENKEL, sieht fern und schreibt. In diesem Kämmerchen, das hinter einer einge-zogenen Steinwand liegt, hält er sich nur auf, wenn die Poli-zei bei seinen Großeltern ist. Also mindestens zwölfmal seit jenem Septembernachmittag, an dem er aus einer örtlichen Grundschule verschwand. Die Polizei weiß, dass der ver-misste Junge mit seinem Vater und seinen Großeltern in dem Haus gelebt hatte, seit er ein paar Monate alt gewesen war, bis sein Vater starb und seine – inzwischen entfremdete – Mutter das Sorgerecht einklagte. Das Sorgerecht einklagte und gewann. Die Polizei stellt das ganze Haus auf den Kopf. Einmal hat sie einen Seismografen und Endoskopkameras dabei, ein anderes Mal bohrt sie Löcher, während die vielen Hunde im Haus laut und lange bellen.

Der zuständige Detective Senior Constable, ein resoluter Mann, setzt eine Kriminalreporterin, die einzige bei ihrer Zeitung, auf die Story an. Sie beschreibt ihn als jemanden, der »nur für seine Fälle lebt«. Er hat getan, was er konnte, aber jetzt will die Polizei, dass die Geschichte in die Medien kommt. Das alles passiert vor dem Anbruch des Internetzeitalters, die Zeitungen erfreuen sich noch bester Gesundheit und nehmen die Sache in die Hand. Die Geschichte hat das Zeug zur Titelstory. Mutmaßliche Kindesentführung, möglicherweise auf internationaler Ebene – es gibt Spekulationen, die Familie väterlicherseits könne dem Jungen die Haare färben, dafür sorgen, dass er zunimmt, und ihn aus dem Land schaffen. Der Detective und die Reporterin arbeiten nicht zum ersten Mal zusammen. »Er vertraute mir den Fall an«, sagt sie. »Er vertraute darauf, dass ich nichts überdramatisiere.« Der Kriminalreporterin gefällt, dass der Detective Senior Constable sich bei Fällen mit Kindern besonders ins Zeug legt. Jetzt will er einfach nur den vermissten Jungen zu seiner Mutter zurückbringen. Die Berichterstattung in der Zeitung hat Erfolg. Irgendwann im Januar alarmiert jemand bei einer Autovermietung in einer anderen Stadt den Notruf und gibt einen Hinweis.

Als die Frau festgenommen wird, steht ihr Enkel neben ihr, und sie gibt den Namen ihrer Mutter an. Auch der Ausweis, den sie der Polizei zeigt, gehört ihrer Mutter. Auf ihren Gemälden wirkt ihre Mutter wie eine Aristokratin (die Farbpalette ist pastellig, beinahe durchsichtig) in eleganter Kleidung aus einer anderen Epoche; die Gewänder sind zu groß für den kleinen, starken Körper. Zu verschiedenen Gelegenheiten und im Gespräch mit verschiedenen Leuten wird die Frau ihre Mutter als »einen der mutigsten Menschen, den ich kenne«, bezeichnen. Zu mir wird sie sagen: »Meine Mutter war so unglaublich stark. Ihr ganzes Leben lang. Wenn andere die Last nicht mehr tragen konnten, machte sie weiter. Ihr zuzusehen machte mich noch stärker. Ich wurde eine Meisterin der Stärke.«

Die Kriminalreporterin trifft sich mit der Mutter des Jungen, als er immer noch vermisst wird. Die Mutter wirkt verzweifelt. Weihnachten steht vor der Tür, und ihren Sohn über Weihnachten nicht bei sich zu haben sei schwer, sagt sie. »Über die Jahre wurde ich von so einigen Müttern abgewiesen«, erzählt mir die Kriminalreporterin, »aber von ihr nicht.« Die Mutter bittet die Reporterin, den Namen ihres Verlobten nicht zu veröffentlichen. Ein ungewöhnlicher Wunsch – die meisten haben nichts dagegen, ihren Namen in der Zeitung zu lesen –, aber die Reporterin denkt nicht weiter darüber nach. »Hätte ich den Nachnamen gekannt«, sagt sie jetzt, »dann hätte ich recherchiert. Aber ich wusste nicht, wer er war.«

Nur ein Journalist von einer anderen Zeitung veröffentlicht den Nachnamen des Mannes, als der Fall bereits vor Gericht ist. In einem einzigen Satz bringt er den Mann in Verbindung mit dem Entschluss des Jungen, wegzulaufen und bei seinen Großeltern Schutz zu suchen. Ein weiteres Mal wird sein Name nicht erwähnt.

Danach lebt der Junge bei seiner Mutter, nicht nur bei ihr, sondern auch bei seinem Bruder und seiner Halbschwester; alle Geschwister leben zusammen, die Halbschwester ist ein paar Jahre älter, der Bruder ein paar Jahre jünger, und auch der »Verlobte« der Mutter, der Vater der Halbschwester, lebt nach mehr als zehn Jahren in der Division A des Pentridge-Gefängnisses bei ihnen im Haus. Die Mutter bedankt sich bei den Medien und der Polizei dafür, dass sie den Jungen nach Hause gebracht haben. Tränen etc. Der Junge wird intensive

Therapie benötigen, sagt die Mutter. Journalisten – nicht die Kriminalreporterin, sie ist mit der Story fertig, aber die Kollegen bei ihrer Zeitung, die über zerbrechende oder wieder zusammenwachsende Familien berichten – schreiben, dass der Junge mit dem Fahrrad durchs Viertel düst. Das Fahrrad, bei voller Geschwindigkeit, ist ein Zeichen, dass alles wieder in bester Ordnung ist. Kind, Mutter, Bruder, Schwester, Stiefvater, Haus, Fahrrad.

Die Frau wird wegen Kindesentführung ihres Enkels angeklagt und verbringt zwei Monate im Deer Park Women's Correctional Center in Untersuchungshaft. Der Detective Senior Constable, der Kinder immer in Sicherheit wissen will, lehnt ihren Kautionsantrag ab, aber nicht den ihres Mannes. Der wird nach zehn Tagen freigelassen. Er sei, so der Detective Senior Constable, zufrieden gewesen mit der Regelung, dass die Mutter das Sorgerecht hatte und den Großeltern alle zwei Wochen ein Besuch zustand. Die Großmutter jedoch habe den Enkel einer GEHIRNWÄSCHE unterzogen. »Alles, was schiefgelaufen ist«, wurde der Detective zitiert, »ist direkt auf die Großmutter zurückzuführen.« Das Gericht erfährt, dass der Junge und seine Großmutter zwei Jahre lang immer wieder an das Department of Human Services geschrieben und gebeten haben, den Jungen wieder in die Obhut seiner Großeltern zu geben. Die schriftlichen Bitten, die von dem DHS und vom Familiengericht abgelehnt wurden, sind laut dem Detective ein Beweis für die Fixiertheit der Großmutter auf das Sorgerecht. Dass der vermisste und mittlerweile wiedergefundene Junge einer solchen Gehirnwäsche unterzogen wurde, scheint die Antwort auf eine ganze Palette von Fragen zu sein: Warum verließ er ganz allein die Schule? Was veranlasste ihn, diese Briefe zu schreiben? Warum hat er seine Großeltern um Hilfe gebeten?

Eine Besucherin, eine Geistliche, sucht die Frau im Deer Park auf und stellt fest, dass sie die meiste Zeit malt. »Niemand wird gern eingesperrt«, sagt mir die Geistliche. »Das ist ein richtiger Schock. Aber so eine privilegierte Gefangene wie sie habe ich noch nie gesehen. Sie hat Leinwände bekommen, Farben und ein Zimmer.« Die Frau malt eine Werkserie, die im Old Melbourne Gaol ausgestellt wird, als die Kaution schließlich durchgesetzt werden kann. Ihre Gemälde sind, so die Geistliche – die einzige jüdische in Victoria –, »überschwänglich, alternativ, abstrakt und wunderschön. Und richtig bunt. Und sehr sinnlich.« Die Frau hat ein Talent, Quälendes in Lebenskraft umzuwandeln, schreibt der für den Artikel im Ausstellungskatalog verantwortliche Kritiker. Das andere Talent ist Farbgebung. Eine Wucht.

»Im Gefängnis hatte ich meine Augen und Ohren überall«, erzählt mir die Frau Jahre später. »Ich hatte Angst, dass mir die Zeit davonläuft. Warum sollte man irgendwo rauswollen, wo einem so viel Material zur Verfügung steht? Verrückt, das zu sagen. Das sollte ich nicht. Aber so fühlte es sich eben an.«

Neun Monate nach der Kaution kommt die Urteilsverkündung. Die Frau und ihr Mann plädieren auf schuldig – dazu hat ihnen die erfahrene Strafverteidigerin geraten, die sie engagiert haben. Die Gründe für ihre Tat werden vor Gericht ans Licht kommen, sagt die Strafverteidigerin.

Doch dazu kommt es nicht. Anders als versprochen wurde, verschiebt sich die Aufmerksamkeit nie weg von den Großeltern und hin zum Wohl des Enkels.

»Wenn ich Anwältin wäre«, sagt die Frau, »und vielleicht liege ich auch falsch, denn ich bin nur Malerin, aber dann würde ich die Gründe wahrscheinlich vor Gericht herausschreien.«

Mittlerweile ist die Strafverteidigerin an Krebs gestorben, daher kann *sie* nicht erklären, warum sie nichts dagegen tun konnte, dass die Sache so schiefging.

Der Rechtspsychologe, der ein Gutachten über die Frau erstellen sollte, informiert das Gericht, dass die Frau um ihren plötzlich verstorbenen Sohn trauert, ihr einziges Kind und Vater des Jungen. Zweieinhalb Jahre zuvor kam er bei einem Motorradunfall ums Leben, aber die Trauer ist noch immer akut. Dem Rechtspsychologen zufolge ist die Frau weder psychotisch oder schizophren noch suizidal und hat auch keine Zwangsstörung. Diese Gerichtssachen macht der Rechtspsychologe schon seit einer halben Ewigkeit: Magistrate's, County, Supreme, Family, Children's Court. Zwei Stunden lang ist er bei ihr. »Ich war nicht ich selbst«, erzählt mir die Frau. »Ein geschlagener Hund ist nicht mehr er selbst.« Die Trauer, auf die sich der Rechtspsychologe allem Anschein nach versteift, ist vorhanden, keine Frage, sie wird immer vorhanden sein, doch dass die Frau überzeugt ist, ihr Enkel sei in der Wohnung seiner Mutter in Gefahr, wird nur am Rande erwähnt.

Indessen interessiert sich niemand für einen Mann, auf dessen Konto ein bewaffneter Raubüberfall und ein besonders schwerer Fall von Diebstahl gehen, der weitere Vorstrafen hat und drinnen wie draußen dealte; und so geht niemand den Aussagen der Frau über ihn nach. Er hat über zehn Jahre gesessen, und jetzt ist er in einem Haus mit drei kleinen Kindern und scheinbar unsichtbar, ein Geist, und die Frau, die bald wieder ins Gefängnis zurückmuss, kann nichts tun, um ihn sichtbar zu machen. Stattdessen sehen alle nur sie: verschroben, verwirrt, überfürsorglich, scheinheilig, fremd. Die Medien machen vor allem mit Schlagzeilen zu Kerkern, stickigen Kellern, Gehirnwäsche und haarsträubenden Entführungen Furore. Die Strategie dahinter: die Empörung und

Feindseligkeit auf die Spitze treiben. Die Story ist gut, großartig sogar, und sie kommt direkt von der Polizei, quasi aus erster Hand, außerdem hat man zum Recherchieren ohnehin nie genug Zeit, und warum sollte man auch, wenn alles so hübsch zusammenpasst? »Wir schreiben und veröffentlichen ein Zehntel der Geschichten da draußen«, erzählt mir die Kriminalreporterin. »Einmal hatte ich siebzehn Minuten für die Titelstory.«

Die Kriminalreporterin hält die Frau nicht für eine Verbrecherin. Ihre Tat war »eine extreme Reaktion auf etwas, das viele Familien durchmachen«. Extrem? Der Frau zufolge war es die einzig mögliche Reaktion auf den Anruf, den sie von ihrem Enkel erhielt, nachdem er das Schulgelände verlassen hatte. Ich gehe auf keinen Fall zurück in dieses Haus, hat er gesagt. »Davor war ich eine vollkommen gesetzestreue Bürgerin«, erzählt mir die Frau. »Nicht einmal gegen eine Verkehrsregel habe ich verstoßen.« Kaum dass sie selbst Kinder hat, wechselt die Kriminalreporterin das Ressort: Mit Familie ist der Job zu gefährlich. Sechs Jahre später geht der Richter in den Ruhestand, wird Reserve Jugde. Die Frau glaubt, er sei dazu gedrängt worden und ihr Fall habe dabei eine große Rolle gespielt.

Das Urteil:

Der Richter berücksichtigt, dass die Großeltern nicht vorbestraft sind und sich Sorgen um die Sicherheit des Jungen gemacht haben. Erklärt, er habe keine andere Wahl, als eine Haftstrafe zu verhängen. Das Vergehen sei zu schwer, ein Anklagepunkt die Entführung eines Kindes unter sechzehn, ein weiterer die Falschaussage, die SCHAMLOSEN LÜGEN, urteilt der Richter und bezeichnet die Tat der Großeltern als abscheulich, manipulativ, weitreichend, wohldurchdacht und ausgeklügelt. Eine INTRIGE, sagt er. Der Junge sei das Opfer eines BEDAUERLICHEN TAUZIEHENS, das ihn verwirrt und aufgewühlt habe. Ob die Sorgen der Großeltern um das Kindeswohl berechtigt sind oder nicht, lässt der Richter unkommentiert. Er hält eine flammende Rede über das Leid der Mutter des Jungen und darüber, dass sie monatelang nichts über den Verbleib ihres Sohnes wusste und beinahe verrückt geworden wäre vor Angst. Unerwähnt bleibt – weiß er das nicht? –, dass die Mutter ihren Sohn beinahe zehn Jahre nicht gesehen hatte. Unerwähnt bleibt auch – das kann er nicht wissen –, dass der ehemalige Pentridge-Insasse jetzt mit einem Messer durchs Haus läuft. Eines Tages wird auch die Tochter des Richters mit einem Messer herumlaufen, sich Frauen mit Kindern, Babybauch oder altem Gesicht in den Weg stellen und sie zwingen, ihre Geldbörsen zu leeren, damit sie ihre Heroinabhängigkeit finanzieren kann. Aber das liegt noch in ferner Zukunft, für den Richter unvorstellbar. Jetzt, hier im Gerichtssaal, ist er nicht zu bremsen.

Die Frau, die kurz vor dem Haftantritt steht, hat mehrere Theorien, weshalb ihr Fall den Richter derart in Rage bringt, und eine davon ist, dass er sich über die Vorstellung (in seinem Kopf eine Tatsache) echauffiert, sie versuche ihren verstorbenen Sohn durch ihren Enkel zu ersetzen. Von der Mutter hört das Gericht, dass die Frau, die Großmutter, angeboten habe, den Jungen zu adoptieren. Das stimmt. Die Asche des Sohnes der Frau wird erwähnt. Dass sie auf ihrem Kaminsims steht. »Ich wollte meinen Sohn nie ersetzen, mein Sohn ist nicht ersetzbar«, sagt sie mir. Was immer den Richter sonst noch beschäftigt, er reagiert offensichtlich stark auf die Liebe, die die Frau vor ihm für ihren zwölfjährigen Enkel empfindet. Aus Sicht des Richters hat diese Liebe, gepaart mit Verlust, eine Grenze überschritten, die nicht überschritten werden darf. Sie wurde gefährlich und unmoralisch.

Der Stein:

Die Frau, Großmutter, Künstlerin, Drahtzieherin oder wie auch immer man sie nennen mag, sagt nichts, sondern sitzt während der Rede des Richters einfach teilnahmslos da. Ihr Schweigen entgeht den anwesenden Journalisten nicht. Einer beschreibt ihre Miene als versteinert. Ein anderer, der zu psychologischen Einblicken neigt, verweist auf ihre Kindheit in Warschau, als sie in einem Versteck den Holocaust überlebte. Sie versteckt sich noch immer, schreibt er im letzten Satz. Niemandem im Gerichtssaal, am allerwenigsten dem Richter, fällt auf, dass das Schweigen der Frau kein Zeichen von Betroffenheit ist, sondern von Abscheu. »Vielleicht ist Ihnen aufgefallen«, sagt sie mir Jahre später, »dass die Medien berichteten, ich hätte nichts gesagt und keine Gefühle gezeigt. Wenn mich jemand gefragt hätte, warum ich nichts gesagt habe – das hat niemand getan, aber wenn –, dann hätte ich geantwortet, *ich hatte niemanden, mit dem ich reden konnte.* Und wenn jemand zu mir sagt, warum hast du dieses oder jenes nicht angesprochen, dann sage ich, *da war niemand, dem gegenüber ich das hätte ansprechen können.* In dem Gerichtssaal, was soll ich sagen … Mir war, als würde ich darübersteehen. Über allem. Ich habe Selbstgespräche geführt. Ich habe den Richter angeschaut und gedacht, du kleines Schwein. Ich hatte nichts zu sagen.«

Die Frau wurde im April 1943 in Warschau geboren. Zu dieser Zeit kam in Warschau nichts und niemand Jüdisches zur Welt. Das Ghetto stand in Flammen. Alle Menschen wie sie waren tot oder so gut wie. Ihre Großeltern, ihr vier Jahre älterer Bruder, ihr Vater: ermordet. Sie aber lebte, versteckt mit ihrer Mutter in einer tiefen Grube, in der man im Winter zum Schutz vor Frost Kartoffeln lagerte. Die Grube war mit Stroh und Sand bedeckt. Die Polin, eine Ärztin und Katholikin, die sie versteckt hielt, warf ihnen Vorräte hinunter und entsorgte die Exkremente. Die Körperwärme der Mutter bewahrte das Baby vor dem Erfrieren. In der Grube hatte die Mutter keine Minute Ruhe, sie war überzeugt, man könne sie jeden Moment finden und töten. Das war das erste Lebensjahr der Frau. Danach Auschwitz.

Im australischen Gefängnis lässt sich die Frau nicht als jüdisch registrieren. Jüdisch sein an einem Ort, an dem keine Freiheit herrscht, ist das letzte, was sie will. In vierundzwanzig Berufsjahren hat die Geistliche noch keinen Fall von Antisemitismus im Gefängnis erlebt; dadrin gibt es ziemlich viele Kulturen, aber das weiß die Frau nicht. Kontakt zur Geistlichen nimmt sie über eine andere jüdische Insassin auf, die sie auf Hebräisch die Tehillim, das Buch der Psalmen, lesen sieht. Lange unterhalten sich die Frau und die Geistliche über Religion, ihre Familie und Gerechtigkeit. Aber ein Gefängnis ist eben ein Gefängnis, kein spiritueller Rückzugsort; die Häftlinge sind bunt zusammengewürfelt. »Man kann eine Mörderin sein«, sagt die Geistliche, »oder seine Strafzettel nicht bezahlt haben.« Oder in Drogengeschichten verwickelt sein – das trifft auf mindestens die Hälfte der Frauen zu. Während der Haftstrafe der Frau stirbt eine Dreiundvierzigjährige eines natürlichen Todes. Eine andere Insassin erhängt sich. Manche Frauen, vor allem Neuzugänge, bekommen im Gefängnis solche Angst, dass ihre Beine unkontrolliert zittern und die Geistliche sie festhalten muss. Aber nicht die Frau – ihr scheint es nicht schlecht zu gehen. Umgeben vom Leid der anderen will sie beobachten und alles aufsaugen. Wie gehen Menschen mit ihrem Schmerz um? Was, wenn der Schmerz unerträglich wird? Wann hat man keine Wahl mehr? Wie kann man sich hinter Gittern in sich selbst zurückziehen?

Eins ihrer Bilder heißt *Poetry of the Jail*. Zehn nackte, geisterhafte Gestalten, geschlechtslos und nicht voneinander zu unterscheiden, zusammengedrängt und von Stacheldraht umzäunt, sie denken – erinnern sich – an Freiheit. Freiheit, das ist rotes Haar, das den halben Himmel ausfüllt. Freiheit sind deine Brüste, die leuchten wie Vollmonde und glänzen wie vom Monsunregen gewaschene Melonen. Im Ausstellungskatalog wird Marc Chagall angeführt, und nicht nur wegen der Farben. (»Wenn Matisse stirbt«, hat Picasso einmal gesagt, »wird Chagall der einzige Maler sein, der noch weiß, was Farbe ist.«) Auch wegen der Beharrlichkeit der menschlichen Gestalten in ihrem Werk, unabhängig von der Symbolik und dem wilden Spiel mit Form und Farbe. »Werft mich in einen Abgrund«, sagt die Frau, »und ich finde menschlichen Ausdruck und Erfahrungen zum Malen.«

Die Farben ihrer Gefängnisarbeiten: pinkstichige Rottöne, lidschattenartige Blau- und Lilatöne (Typ Teenagermädchen, prä-sophisticated), Zitronengelb und verhüllendes Weiß.

»Ich weiß noch, wie ich darüber nachdachte«, sagt die Geistliche, »dass sie ins Gefängnis musste, weil sie ihren Enkel versteckt gehalten hatte, wo doch ihre Schwiegertochter und die Leute, mit denen sie zu tun hatte, Verbrecher und Drogendealer waren. Sie hatte ihren Sohn verloren. Ich konnte so gut nachvollziehen, warum sie es gemacht hat. Die ganze Situation war absurd. Mir ist das unbegreiflich.«

Die Geistliche fährt zum Haus der Frau. Ihre Kinder sind noch klein. Sie haben ein koscheres Picknick und Plastikteller dabei und freunden sich mit der Mutter und dem Mann der Frau an – »eine schöne, sanfte Seele«. Seit der Zeit im Versteck hat die Mutter der Frau eine kaputte Lunge. In diesem Haus, inmitten von Bäumen und fernab vom Verkehr, kann sie besser atmen. Das Haus, denkt die Geistliche, ist wie aus einem Film. »Mit Keller und Dachboden, am Wald und ohne Heizung.« Die Auffahrt ist so steil, dass sie sich nicht trauen, mit ihrem alten Van bis vor die Haustür zu fahren. Sie parken unten und gehen zu Fuß. Die Geistliche will den Raum sehen, in dem der Junge versteckt gehalten wurde. Sie ist überrascht: Sieht aus wie ein normales Kinderzimmer. »Die Tür sah aus, als wäre sie ein Teil der Wand. Ein bisschen wie bei den Verstecken im Krieg«, sagt sie. »Aber ansonsten einfach ein hübsches Zimmer mit Holzwänden.« Eine Psychologin, die über Kinder forscht, die den Holocaust in einem Versteck überlebten, sieht das Zimmer, als sie die Frau für ihre Doktorarbeit interviewt. Sie findet die Parallelen unheimlich und schreibt: »Dieses Haus in einem entlegenen Teil von Melbourne zu betreten, wo sie mit ihrem Mann und ihrer alten Mutter lebte, das war wie eine Zeitreise nach Polen während des Naziregimes. Für diese Assoziation gab es keinen offensichtlichen Auslöser, und doch drängte sich das Bild angesichts der Atmosphäre förmlich auf.«

Auch die Psychologin war wegen der steilen Auffahrt verunsichert. Oje. Das war wirklich nur was für unerschrockene Fahrer.

Die Großeltern dürfen ihren Enkel neun Jahre lang nicht sehen, bis er einundzwanzig ist und selbst entscheiden darf. Sie haben keine Mittel und Wege mehr, gegen den richterlichen Beschluss vorzugehen. Die Frau versucht, der Mutter des Jungen gegenüber »Wut zu entwickeln«, aber das ist leichter gesagt als getan. Sie war diejenige, die die Mutter überhaupt erst gesucht hat, als der Vater noch lebte. Einem Kind die eigene Mutter vorzuenthalten ist lächerlich, dachte sie und machte sich auf die Suche. Die Mutter eines Kindes mag vielleicht abwesend sein, in Schwierigkeiten stecken oder ein Drogenproblem haben, aber versuchen muss man es dennoch. Die Mutter der Frau ist ihre größte Heldin. Das Band, das sie seit dem ersten Tag verbindet, ist heilig. »Meine Mutter hat mutig überlebt«, sagt sie. »Auch mein Vater war ein überaus mutiger Mann, aber er hat es einfach nicht geschafft. Meine Mutter wurde achtundneunzig, und sie hätte ohne weiteres noch zehn Jahre leben können. Sie hatte Krebs, aber wegen ihres Alters haben sie ihr die Chemo verweigert. Das kann ich ihnen nicht verzeihen.«

Die Mutter des Jungen kann sie nicht hassen: »Mein Sohn hat gesagt, sie sei nicht die Hellste. Der Mann hätte sie problemlos umbringen können. Nur einmal einen Schlag mehr, und sie wäre tot gewesen. Sie hat ihre Zähne verloren. Ihre Kinder mussten die Blutlachen aufwischen, nachdem ihre Mutter zu Brei geschlagen worden war.« Diese Mutter war auch ein Opfer, aber nein, ihre Söhne hat sie nicht beschützt, konnte sie nicht beschützen (soweit die Frau weiß, hat der Mann seine Tochter verschont und in Ruhe gelassen, aber sicher kann man sich nicht sein). Die Mutter sei in »Not versunken«, sagt die Frau. Ja, man kann wirklich in *Not versinken.*

Hätte die Frau doch nur gewusst, dass der Mann wieder auf freiem Fuß war, als sie nach der Mutter des Jungen suchte. Ja, sie hat angeboten, den Jungen zu adoptieren, und zwar bei der Beerdigung ihres Sohnes. Das schien nahezuliegen: Der Junge hatte schon immer bei ihnen gelebt, so war er in guten Händen und in Sicherheit, er konnte mit ihrer Geschichte und ihren Gewohnheiten aufwachsen und nach ihrem Tod das Haus erben. Das »Tauziehen« begann erst einige Zeit nach dem Motorradunfall. Ein Faktor – über andere kann man spekulieren – war der Schadenersatzanspruch, ein nicht unbeträchtlicher Betrag, der an jedes Kind eines Verunglückten ausgezahlt wird.

Den Zorn, den sie der Mutter des Jungen gegenüber nicht aufbringen kann, empfindet sie gegenüber den Institutionen, die eigentlich alle Kinder schützen sollten, und gegenüber dem australischen Staat: »Ich bin in dem Glauben in dieses Land gekommen, die Gesellschaft hier sei zivilisiert. Was für ein Irrtum. Hier geht es zu wie im Wilden Westen. Ein modernes Land voller Barbaren. Wie sonst hätte so eine schreckliche Ungerechtigkeit geschehen und meine beiden Enkel von den Gesetzgebern dieses Landes in Lebensgefahr gebracht werden können?« Der andere Enkel hatte schon immer bei der Mutter gelebt, die Frau teilt keine besondere Geschichte mit ihm, hat keine tiefere Verbindung. Nur Liebe und das Gefühl himmelschreiender Ungerechtigkeit.

Im Leitartikel eines längst eingestellten Indie-Magazins sind Fotos von der Frau im Wald nahe ihrem Haus abgedruckt. Sie sieht in den Himmel, zu Boden, in die Ferne oder in die Kamera. Auf einem Bild steht sie neben ihrem Mann, er im Anzug, sie in einer weißen Bluse, einen Hund an sich gedrückt. Die Mutter der Frau lebt noch, sie sitzt vor ihnen und hält eine Fotografie des Jungen mit angesteckter Fliege in den Händen. Im Hintergrund sieht man die Arbeiten der Frau. Aufrüttelnd, groß, wie ein Strudel.

»Was mir passiert ist, ist doch nicht normal, oder?«

Als wir zum ersten Mal telefonieren, überrascht mich ihre Stimme. Jung, mädchenhaft und mit einer Schwingung, die ich nicht erwartet habe, einer Fraulichkeit. Nach ein paar Minuten klingelt es an der Tür, sie entschuldigt sich (»Tut mir schrecklich leid, Maria«) und geht von Hundegebell begleitet nachsehen, wer da ist. Zehn Minuten lang kommen die Hunde nicht zur Ruhe. Ich denke an die Polizei. Wie sie ins Haus stürmt. Wir wohnen in derselben Stadt, und doch ist sie gefühlt so weit weg. Ich sage ihr, ich weiß, dass sie sich Sorgen um ihre Enkel macht, und verspreche, keinen Schaden anzurichten und sämtliche persönlichen Details aus allem, was ich über sie schreibe, zu tilgen. »Machen Sie sich keine Sorgen um mich, Maria. Ich bin eine Überlebende, ich bin stark genug«, sagt sie. »Eine Überlebende zu sein ist eine außerordentlich mächtige Sache. Ich mag eine kleine Frau sein, aber meine Willenskraft ist gigantisch. Ich musste mit so vielem fertigwerden. Für andere: zu viel. Für mich nicht.« Der Enkel ist mittlerweile erwachsen und lebt wieder in dem Haus, aus dem die Polizei ihn einst unbedingt hatte retten wollen. Mit ihm werde ich nicht sprechen. Er ist noch nicht so weit, sagt sie. »Er muss noch lernen, ein Überlebender zu sein.«

Die Frau erzählt mir, Warschau habe nach dem Krieg in Schutt und Asche gelegen. Ständig sei irgendwas in die Luft geflogen. Dort herumzulaufen war sehr gefährlich. Wir gingen durch dieses Trümmerfeld, sagt sie, und ich hatte eine kleine Tasche mit Schätzen dabei, Glasscherben und derlei. Und da fand ich eine Puppe. Meine Mutter war entsetzt, so hässlich war sie, aber ich liebte sie von ganzem Herzen. Ich drückte sie fest an mich. Ich meine, wie hoch war die Wahrscheinlichkeit, dass ich, ein jüdisches Mädchen, den Krieg überlebe, in Warschau überlebe und diese Puppe finde?

In dem Gemälde der Frau, das diesen Nachkriegsmoment festhält, trägt das Kind ein Häubchen, und das Haar ist sorgfältig in Locken gelegt, als stamme es aus einer Welt, in der Kinder reizende Wesen waren und aussahen wie herausgeputzte Putten. Und nicht vergast, aus kurzer Distanz erschossen, gegen die Wand geworfen, ausgehungert und für medizinische Experimente weitergereicht wurden. Das Gesicht der Puppe ist unterhalb ihres Kehlkopfs. Das Mädchen hält sie fest umklammert. Die hässliche, dreckige, schlaffe Stoffpuppe.

Wir verabreden uns. Es gibt ein Missverständnis, ich bin zur richtigen Zeit am falschen Ort, und sie hat kein Handy. Ich mache mich auf den Rückweg und denke, que sera sera, als wegen eines Feuers an einer nahe gelegenen Haltestelle alle Züge ausfallen – es ist das zweite Mal, dass mir das in meinen fünfundzwanzig Jahren in Australien passiert. Ein Taxi nach Hause würde zweihundert Dollar kosten. Ich steige in einen Bus, der zu einer Station mit einer anderen Bahnlinie fährt. Nach zwei Haltestellen klingelt mein Handy. Es soll doch noch zu unserem Treffen kommen. Sie ist sehr klein.

Ich kannte mal eine Frau, die den Völkermord im Bosnienkrieg miterlebt hatte und sich eine ganze Weile dagegen sträubte, sich ein Handy anzuschaffen. Für mich bedeutet ein Handy in der Tasche zusätzlichen Schutz. Für sie war es das Gegenteil. Vielleicht kann man sich nach gewissen Erfahrungen einfach nie wieder sicher fühlen, sondern bestenfalls unerreichbar. Versteckt. Die Frau trinkt Kaffee aus einem Pappbecher von einem Café in der Nähe des Ortes, wo wir uns schließlich treffen. Mein Multivitaminsaft hat einen orangefarbenen Deckel. Sie sagt, ihr Kaffee ist so schlecht, dass er schon wieder gut ist. Ich sage, mein Saft schmeckt wie erwartet. Wir können uns unterhalten, aber aufnehmen darf ich nicht. »Die sagen, ich hätte etwas Abscheuliches getan. Aber was sie gemacht haben, war tausendmal abscheulicher. Gäbe es eine Medaille für Abscheuliches, dann ginge der Preis an die.« Die: Richter, Detective Senior Constable, die Medien, das Department of Human Services, das Familiengericht, County Court, die Öffentlichkeit Australiens, der Staat Australien.

Sie glaubt, irgendein Glied in der Kette sei käuflich gewesen, ich bin mir da nicht so sicher. Sie will wissen, wer wen bezahlt, wer wen eingeschüchtert hat. In der Welt von misshandelten und vernachlässigten Kindern halte ich einen Justizirrtum für so normal wie Läuse in der Grundschule. Teil des Problems ist, wie die Kriminologin Kerry Carrington schreibt, dass der »Verwaltungsapparat der Jugendgerichte nicht zwischen vernachlässigten und straffälligen Kindern und Jugendlichen unterscheidet.« Kinder werden weggenommen, obwohl sie in den Familien bleiben sollten, sie werden in Pflegefamilien und Einrichtungen misshandelt, in der gefährlichen Obhut ihrer Familie gelassen, anderen aufgezwungen, herumgereicht und fallen gelassen wie eine heiße Kartoffel. Außerdem würden die meisten Kinder sich eh für ihre Familie entscheiden statt für Sicherheit. Das ist also in jeglicher Hinsicht schwierig. Dass die Notlage des Jungen ignoriert wurde, war zum Teil sicher strukturell bedingt, bürokratisch, das System ist überbeansprucht und halbherzig, nein, ich will es anders formulieren: Das System verarscht viele Kinder, das ist nichts Persönliches.

Ich frage ein paar Leute, die teilweise mitbekommen haben, was vor sich ging, wie es letztlich so kommen konnte. Vier Monate lang sucht man mit Feuereifer einen Jungen, nur um ihn dann den Wölfen zum Fraß vorzuwerfen. Als Antwort bekomme ich: (a) das Justizsystem ist kaputt und macht einen Haufen Fehler, (b) die Medien wollen einfach eine gute Story, (c) wahrscheinlich war der Richter ein alter konservativer australischer Kauz, und konservative Käuze mögen keine Ausländer, erst recht keine, die sich unserem System nicht anpassen, (d) bestimmt hat sich der Polizist, der den Jungen gesucht hat, auf den Schlips getreten gefühlt, und (e) wir kennen nicht die ganze Geschichte. Ich würde gern den Detective befragen (unwahrscheinlich, dass er viel preisgeben würde), aber das geht nicht. Ich habe versprochen, nichts zu unternehmen, was dem Jungen oder der Familie schaden könnte.

Die Frau sieht im Detective Senior Constable einen Feind fürs Leben.

Ein pensionierter Journalist erzählt mir, die Polizisten seien stinksauer auf die Frau gewesen – sie hätte sie zum Narren gehalten, mehrfach gelogen und das Gesetz gebrochen. Mehr als stinksauer, genug, um sich gegen sie zu wenden. Was den Richter betrifft, so wussten die Journalisten von seinen familiären Problemen, und es gab eine stille Übereinkunft, sie außen vor zu lassen, sowohl aus Mitgefühl als auch um ihn nicht zu verärgern.

»Er ist nicht korrupt«, sagt der Journalist. »Es gibt kein schmutziges Geheimnis.«

Außerdem wäre da noch (f), was niemand erwähnt: *sie*. In diesem Land spielen Großmütter – nur zu, hören Sie sich um – mit der Polizei nicht Katz und Maus, sie haben in ihren Häusern keine Zimmer, die sich mit speziellen Endoskopkameras nicht aufspüren lassen, sie zeigen bei einer Festnahme nicht den Ausweis einer anderen, und sie führen die Beamten vor Gericht nicht in die Irre, wenn sie nach dem Aufenthaltsort ihrer Enkel gefragt werden (ich beziehe mich hierbei auf eine Aussage unter Eid im ersten Monat des »Verschwindens« des Jungen, dass die Frau und ihr Mann keine Ahnung hätten, wo er sei).

Ihre Fremdheit. Aber für die interessiert sich niemand. Die Hälfte der Bevölkerung hier hat einen Elternteil aus einem anderen Land – der Elternteil-aus-einem-anderen-Land-Statistik zufolge, die ich bei meinen Reden über kulturelle Vielfalt immer zeige. Doch manche Arten von Fremdheit lösen sich nicht in der milden australischen Luft auf. Sie bleiben stabil und sind ausschlaggebend dafür, was mit den entsprechend geprägten Menschen passiert, wenn sie mit den harten Oberflächen von Banken, Gerichten, Polizeirevieren, Universitäten und der Arbeitswelt in Berührung kommen und mit den weicheren (poröseren?) Oberflächen von Geschäften, Zügen und den Straßen in der Stadt. In keinem Staat auf dieser Erde ist das nicht der Alltag. Trotzdem muss man sich fragen: Wieso hat ihre Tat hier so fremd, so grauenhaft gewirkt? Kinder, die ihren Familien weggenommen werden, und Familien samt Großmüttern, die wahnsinnig werden vor Angst und ihre Kinder vor den Behörden zu verstecken versuchen (im Busch, unterm Haus, bei anderen Familien, unter einer schlammbedeckten Haut) – wie fremd ist diese Geschichte? Wie weit liegt sie jenseits des leicht Vorstellbaren? Sicherlich ist sie auch in diesem WILDEN WESTEN eine der wichtigsten Geschichten.

> Großmütter sehen sich ihren Enkeln gegenüber in der Verantwortung und Pflicht, und diese Verantwortung wird uns entrissen. Großmütter heben die Hand und machen auf sich aufmerksam. Meistens haben sie sich ebenso um die Kinder gekümmert. Sie waren Hauptbezugspersonen für die Kinder und werden übergangen … Diese Frauen sind gebildet, sie haben Universitätsabschlüsse, keine Vorstrafen, weder Drogen- noch Alkoholprobleme, aber sie werden übersehen. Sie ziehen monatelang vor Gericht … Und dann entscheiden sich das Department und die Richter gegen sie. So läuft das.

So heißt es bei Radio National in einem Interview mit einer Sprecherin von Grandmothers Against Removals, einem Netzwerk von Großmüttern, die sich gegen die systematische Wegnahme indigener Kinder aus ihren Familien durch, in ihren Worten, »Institutionen zum Kinder*schutz*, Polizei und Jugendstrafanstalten« einsetzen. Es ist Februar 2015.

Die Eltern der Psychologin waren während des Zweiten Weltkriegs Kinder, jüdische Kinder, die beide in einem Versteck überlebt haben. Dieses Thema – versteckte jüdische Kinder – begleitet sie ihr Leben lang. Als sie die Frau für ihre Doktorarbeit interviewt, fällt ihr auf, dass die Frau das Jahr in der Kartoffelgrube beinahe so beschreibt,»als wären die Erinnerungen der Mutter ihre eigenen«. Immer wenn die Mutter der Frau früher über das Geschehene gesprochen hatte, war das für die Frau tatsächlich, als wären die Erfahrungen der Mutter ihre eigenen. Nach dem Krieg hatte ihre Mutter ihr verschiedene Orte gezeigt: wo sie geboren wurde, wo ihr Vater und ihr Bruder ermordet wurden, wo die Mutter ohnmächtig wurde und die katholische Ärztin sie entdeckte und anschließend versteckte. Die Kartoffelgrube war nicht mehr da, aber den Rest konnte sie sehen. Die Psychologin, die einen Großteil ihres Erwachsenenlebens in die Geschichten von Kindern vertieft war, die den Holocaust überlebt hatten, wird während des gesamten Gesprächs einen gewissen Eindruck nicht los, »das unheimliche Gefühl, dass sich die Geschichte wiederholt«.

»Nein, nein, ich habe ihn nicht versteckt«, sagt die Frau der Psychologin.

Aber dann etwas später: »Für mich geht der Holocaust im Kleinen weiter.«

»Sie war noch so jung, als sie versteckt wurde«, erklärt mir die Psychologin, »dass ihr noch keine Sprache zur Verfügung stand. Wenn Erfahrungen und Gefühle noch vor dem Spracherwerb liegen und daher nicht mit Wörtern verknüpft werden können, wandern sie in unseren Körper, aber wir sind uns ihrer nicht auf dieselbe Weise bewusst.«

Folgendermaßen lassen sich die Teile zusammenfügen – die Kindheit der Frau und der improvisierte Kerker, die Grube und das Deer Park Women's Correctional Center, ein anderer Kontinent und ein halbes Jahrhundert später. Mit einer bestimmten Sichtweise auf Trauma passt das alles zusammen. Wende zunächst den Blick von dem ab, was dem Jungen zugestoßen ist, und konzentriere dich auf die Frau: wie der Richter, der Rechtspsychologe und der Detective Senior Constable. Akzeptiere, dass die Frau immer noch von den Kriegserfahrungen traumatisiert ist (etwas anderes wäre undenkbar) und entsprechend gehandelt hat. Angesichts der Gefahr gräbt sie mitten in einem australischen Außenbezirk eine Kartoffelgrube für ihren Enkel. In der Polizei sieht sie eine SS-Gruppe. Der Richter ist so was wie, keine Ahnung, ein hochrangiger Nazifunktionär. Hinter ihm die Maschinerie des mitschuldigen Staats, die läuft wie geschmiert. Die Mutter des Jungen ist wie eine von diesen Polen, die ihre jüdischen Nachbarn aus Angst und Gier denunziert haben, nicht aus Sadismus oder weil sie an einer Ideologie festhielten. Mit anderen Worten: Das Verhalten und das Urteilsvermögen der Frau sind durch das Trauma beeinträchtigt. (»Beeinträchtigt« klingt zu hart? Dann eben »stark beeinflusst«.) Hätte der Rechtspsychologe bei der Verhandlung über den Krieg gesprochen statt über ihre Trauer, dann wäre das Urteil des Richters womöglich nicht so hart ausgefallen.

Den Krieg erwähnen.

Oder nicht.

»Dass ich mit so viel Abscheu über das sogenannte Rechtssystem spreche«, sagt die Frau zu mir, »liegt nicht etwa daran, dass ich ein armes, traumatisiertes Opfer wäre, das als Kind den Holocaust überlebt hat, und diese Geschichte nur noch eins draufsetzt. Nein, mit meinem alten Trauma hat das nichts zu tun. Ich sage Ihnen, hier in Australien ist etwas absolut Entsetzliches und Tragisches passiert, und das Rechtssystem hat es zugelassen, ja, überhaupt erst möglich gemacht.«

Verstehen Sie, was sie sagt? Benutzt nicht die Schrecken meiner Kindheit, um von dem abzulenken, was meinem Enkel passiert ist, verschleiert mit meinem Trauma nicht die gewaltige, vielschichtige Ungerechtigkeit, die meine Familie zerstört hat. Hier, in diesem Land. Kaschiert mit meinem Unglück nicht euer moralisches Versagen. Wenn die Frau sagt, wie sie es mehrfach tut, der Krieg sei für sie nicht vorbei, dann kann man das entweder so verstehen, dass sie in der Vergangenheit, in dem alten Krieg festsitzt, den sie eigentlich nicht hätte überleben sollen, oder aber man betrachtet KRIEG als Begriff dafür, dass ihr Enkel zurück zu seinem Peiniger geschickt und sie selbst ins Gefängnis gesteckt wurde. Im Namen der Gerechtigkeit, juchhe! Der Krieg ist das fast zehnjährige Warten der beiden bis zu ihrem Wiedersehen.

Am allerwenigsten geht es ihr um die Haftstrafe.

Sie sagt: Mein kleiner Bruder wurde ermordet, indem man ihm den Kopf auf dem Straßenpflaster zertrümmerte. Die können mir nicht mehr wehtun, weil ich schon so verletzt bin. »Was können die mir schon anhaben?«, sagt sie. »Wie lange können sie mich ins Gefängnis stecken? Hundert Jahre?« Bis auf meine Mutter habe ich meine ganze Familie im Holocaust verloren, sagt sie.

Ihr geht es um den Jungen.

Sie holt ein Foto aus der Tasche. »Sehen Sie sich seine Augen an. Mit einundzwanzig kam er zu uns zurück. Da war er schon Alkoholiker. Er hat so viel durchgemacht. Das meiste hat er mir gar nicht erzählt. Er kann nicht darüber sprechen. Sobald er etwas nur andeutet, ist er nicht mehr er selbst. Er erträgt es nicht, diese Dinge anzusprechen.«

Wenn es in irgendeiner Weise um sie geht, dann in dem

Sinne, dass sie sich nicht an das Versprechen ihrem Sohn gegenüber halten konnte, sein Kind zu beschützen und das zusammenzuhalten, was von der Familie noch übrig war.

Nach allem, was ihre Mutter getan hatte, um sie zu beschützen.

In Australien steht alles kopf – wer im Gefängnis sitzt und wer nicht, was als Verbrechen gilt, den Guten gegenüber kennt man keine Gnade, den Bösen klopft man mit dem Staubwedel auf die Finger. Mein Mann, sagt sie, ist über siebzig. Er arbeitet Zwölf-Stunden-Schichten und zahlt Steuern, damit der Mann, der ihren Enkel misshandelt hat, »im Gefängnis eine schöne, erholsame Zeit und anständige Mahlzeiten« genießt. Und »im Fernsehen die ganzen Filme anschauen kann, in denen sich die Leute gegenseitig umbringen und aufschlitzen und essen, und er kann sich in aller Ruhe entspannen, gesund und munter werden und sich auf seine Freilassung vorbereiten und darauf, meine Enkel zu terrorisieren«.

»Halten Sie mich für eine Verbrecherin, Maria?«

Loïc Wacquant bezeichnete Haftanstalten als »Verbrecherinstitutionen«. Er sagt, sie würden dort »zwangsläufig und regelmäßig« genau jene gesellschaftlichen Regeln missachten, die sie vermeintlich aufrechterhalten und durchsetzen. Das lernt man wahrscheinlich im Einführungskurs Soziologie oder im Grundlagenseminar der Kriminologie, aber für mich ist das neu. »Eigentlich«, sagt die Frau, »ging es im Gefängnis zivilisierter zu als in diesem ganzen System hier draußen.« Sie meint zivilisierter als im Rechtssystem. »Wissen Sie, einmal bei meiner Falschaussage, als sie ihn noch nicht gefunden hatten, habe ich den Richter angeschaut, und wir haben uns mindestens zwei Minuten lang in die Augen gesehen. Ich wollte ihm nämlich sagen, konnte aber nicht, dass kein Gericht und kein Richter der Welt das Recht hatten, diesen kleinen Jungen in so eine schrecklich bedrohliche Lage zu bringen.« Der Richter, dem sie damals in die Augen gesehen hatte, war ein anderer. Nicht der, der sie ins Gefängnis gesteckt und den Jungen zurück zu seiner Mutter geschickt hat. »Weil ich wusste, dass auch anderswo sogenannte zivilisierte Menschen Gräueltaten begangen haben«, sagt sie, »hat mich das nicht überrascht.«

In der denkbar schwersten Zeit geboren zu werden, was macht das mit einem? Und dann zu überleben? Die Ärztin, die sie versteckt hielt, musste ein paar Tage weg. Die Mutter der Frau hielt die Kartoffelgrube nicht mehr für sicher und kletterte mit ihr hinaus. Sie wurden entdeckt und nach Auschwitz deportiert, aber da war der Krieg schon beinahe vorbei, das Baby war mittlerweile ein Kleinkind, und obwohl noch immer Menschen vergast wurden, konnten Mutter und Tochter entkommen. Sie fanden die Ärztin und wohnten bei ihr, diesmal über der Erde. Die Jahre vergingen. Die Frau heiratete einen der Söhne der Ärztin (die Ärztin hatte Zwillinge). Irgendwann verließen die Frau, ihr Mann, ihr kleiner Sohn und die Mutter der Frau Polen. In Polen war zu viel Blut vergossen worden; zu viel Hass, der sich nicht aus der Welt schaffen ließ, und am Antisemitismus hatte sich nichts geändert. Auch die Schwiegereltern waren höchst antisemitisch: Die Ärztin, die ehrenhafte Retterin, war, wie sich herausstellte, genauso schlimm wie ihr Mann, der Juden ganz offen und leidenschaftlich hasste. (Das nur als kleine Fußnote für alle, die denken, ein Krieg sei vorbei, wenn es danach aussieht. Oder dass Menschen sich für eine Seite entscheiden und ihr dann treu bleiben. Oder dass wir wie unsere Eltern werden. Der Sohn der Ärztin, der die Frau geheiratet hat, wurde nicht wie seine Mutter oder sein Vater.) Erst zogen die vier nach

Israel, schließlich landeten sie in Australien. Australien war ihre Rettung vor Polen und den Schwiegereltern, vor Antisemitismus und Krieg.

Manche Menschen in und aus Australien helfen der Frau. Einen Politiker, einen späteren State Liberal Minister, betrachtet die Frau als Freund. Sie glaubt, er habe sie während der Zeit im Gefängnis im Auge behalten. Sie denkt auch, er war derjenige, der den Richter zum Rücktritt gedrängt hat. In seinen Memoiren dankt der Politiker seinen Eltern, dass sie sich kein einziges Mal in seiner Anwesenheit gestritten haben und immer darauf achteten, dass die Kinder »ihre weniger schönen Gefühlsäußerungen nicht mitbekamen«. Er lebt nicht mehr. Sie denkt oft an ihn. Auch der Gefängnisdirektor ist einer von den Guten. Später wird auch er irgend so ein großer Gefängniskonzernchef. Eine Cousine des Mannes, der aus der Division A des Pentridges entlassen worden war, war im selben Gefängnis wie die Frau, und für jemanden, der sich in dieser Welt auskannte, sah es ganz so aus, als sei das Leben der Frau in Gefahr. Also setzte der Gefängnisdirektor zu ihrem Schutz zwei Wachen ein, erzählt die Frau. Gute Menschen gibt es überall, sie hat schon viele gesehen und getroffen.

Das Problem ist das Scheitern des Systems, das Scheitern der Kultur. Das Ignorieren. Als hätte es das zwanzigste Jahrhundert hier nicht wirklich gegeben, jedenfalls nicht in gleicher Weise, ein Jahrhundert, das zumindest in seinen letzten Jahrzehnten ganze Gesellschaften durch Unmenschlichkeit, Gewalt und Fanatismus von innen und außen in Angst und Schrecken versetzte. Denn jetzt wusste man, wie knapp diese Dinge unter der Oberfläche brodelten und wie wenig es brauchte, um sie freizusetzen, und dass sie, sobald sie frei waren, massenhaft die »Strukturen einer zivilisierten Gesellschaft« zerstörten, wie Tony Judt schrieb, »Regeln, Gesetze, Schulen, Polizei, Gerichte«, und dabei informelle Strukturen des Gebens und Nehmens sowie des Vertrauens mit sich rissen. Nicht, dass europäische, asiatische oder afrikanische Länder, die sich erinnern, was ein Krieg anrichtet, dagegen gefeit wären oder es besser wüssten – Jugoslawien! – oder dass manche Dinge über die Generationen nicht in Vergessenheit geraten würden – Kambodscha! – oder man die Erinnerung an den Krieg jemals ganz von der schmutzigen Politik der Gegenwart lösen könnte – Russland! –, und nicht, dass das Erinnern immer automatisch gut wäre, aber trotzdem.

Die Frau spricht über den Zweiten Weltkrieg, erwähnt ihn immer wieder, betont mit Leib und Seele, wie wichtig es ist, das Thema auch siebzig Jahre nach Kriegsende auf den Tisch zu bringen, vor allem in diesem Land, das, wie sie sagt, *voller Barbaren* ist. Könnte sie da vielleicht an etwas dran sein? Der Akt ihres Erinnerns, den die Welt um sie herum als das die Oberhand gewinnende Trauma identifiziert, als den Aufschrei des Geschwürs auf ihrer Seele – braucht dieses Land vielleicht genau diese Art des Erinnerns? Nicht mit viel Tamtam, Blaskapelle und der Hand auf dem Herzen, sondern mit dem Schrecken, der ganz tief in einer Kultur sitzt und sie krank macht vor Sorge, wo sie hinsteuert und was sie missen könnte.

Als Tony Judt schrieb, im einundzwanzigsten Jahrhundert seien die Vereinigten Staaten, die vergessen hatten, »was Krieg heißt« – die mit Sicherheit wichtigste geschichtliche Lektion aus dem vorherigen Jahrhundert –, ein Sonderfall, da hatte er Australien nicht im Blick, wo Krieg in doppelter Hinsicht vergessen wird. Zum einen vergisst man den Krieg im eigenen Land, *auf dessen Boden kein Krieg ausgetragen wurde*: der einhundertvierzig Jahre andauernde, allgegen-wärtige Grenzkonflikt, der schon so lange zwischen Erinnern und Vergessen schwelt, wird zwar mittlerweile ab und zu ins Gedächtnis gerufen, aber offiziell immer noch nicht als KRIEG anerkannt. Die zweite Art des Vergessens entspricht eher dem, was Judt meinte: Kriege, bei denen man aus der Ferne beobachtet, was sie mit den Menschen anrichten und mit allem, was sie lieben und aufbauen.

Die Frau wünscht diesem Land samt seinen Leuten nichts Schlechtes, sie nimmt es ihm nicht übel, verschont geblieben zu sein. In Australien hatte man nicht lernen müssen, dass »der Mensch innerhalb von drei Wochen zur Bestie wird – unter Schwerarbeit, Kälte, Hunger und Schlägen« (Warlam Schalamow, Schriftsteller, Gulag-Überlebender). Natürlich ist es ein Segen, wenn einem diese Lektion des einundzwan-zigsten Jahrhunderts erspart geblieben ist. Natürlich ist die einzig angemessene Reaktion auf diesen Segen unendliche Dankbarkeit. Aber sie darf kein Deckmantel für Ignoranz sein. Oder für Gleichgültigkeit. Verschont geblieben zu sein heißt, sich beim Erinnern doppelt anstrengen zu müssen. Aber wann passiert das schon? Zwei Wörter: »menschliche Natur«. Sie weiß Bescheid.

Zwanzig Jahre später werden die Frau und ihr Mann den Papierkram erledigen, das Haus dem jungen Mann und sei-nem jüngeren Bruder überschreiben und aus Melbourne wegziehen. Keiner wird ihnen auf die Schulter tippen und sa-gen: »Verzeihen Sie uns, dass wir Sie so missverstanden ha-ben. Letzten Endes waren Sie gar keine Verbrecher, sondern rechtschaffene Leute. Sie waren keine Verbrecher, sondern hingebungsvolle, liebende Großeltern. Sie hätten gar nicht anders handeln können. Sie haben genau so gehandelt, wie man es von zivilisierten Menschen erwartet.« Auch bei dem jungen Mann wird sich niemand dafür entschuldigen, dass er sich nicht selbst hatte retten dürfen (er hatte getan, was er konnte, und wo hatte ihn das hingeführt?). Niemand, nicht einmal Gott.

*

(g) »Inzwischen weiß ich etwas, das ich bei unserem letzten Gespräch noch nicht wusste«, sagt die Frau. »Der Richter wurde bestochen.«

»Der Detective Senior Constable war in Vertuschungen und Verbrechen verstrickt.«

»Mein Sohn wurde ermordet.«

»Man hat mir eine Falle gestellt.«

»Die wussten, dass ich für meinen Enkel alles tun würde.«

Die Frau trägt eine weiße Bluse und eine graue Hose. Ich habe sie immer nur mit einem weißen Oberteil gesehen. Ihr Mann mäht den Rasen. Er macht langsam, legt Pausen ein, aber er schafft das. Wollen wir einen Tee trinken, während wir uns unterhalten? Nein. Ja. Nein. Zu viel zu erzählen.

Ihre Augen.

»Ich kann zwischen den Zeilen lesen«, sagt die Frau. »Mir ist klar, für wen mein Enkel sich entscheiden würde, obwohl er weiß, dass ich seine beste Freundin bin.«

Selbst bis zum Rand mit Tränen gefüllt schöpfen sie die Welt ganz aus und sehen noch in den entlegensten Winkel. Selbst beim Weinen lächeln sie über die Unerschöpflichkeit dessen, was ein Mensch ertragen kann.

Die Frau und ihr Mann haben außerhalb von Melbourne zwei Zimmer und eine kleine Veranda. Den Garten und dessen Pflege teilen sich drei Familien. Sie malt und hat das Gefühl, dass für sie womöglich eine ganz neue Zeit beginnt. »Beim Malen geht es darum, durch die Perspektive eine Illu-

sion von Tiefe zu erzeugen. Darum, die Menschen hineinzu-
ziehen. Ich aber arbeite daran, das Bild herauszuheben.«

Was ihrer Familie in Australien widerfahren ist, hielt die
Frau schon immer für kriminell – nicht nur kriminell im
Sinne von »Ist das nicht unerhört?« oder »Da hat also das
Rechtssystem wieder mal versagt«, sondern so richtig kriminell im klassischen Sinne –, und nun ist sie sich absolut
sicher. Richter. Detective Senior Constable. Gekauft. Blutbe-
fleckt. *Alles nur wegen eines Hauses.* Mittlerweile zwar Millionen wert, aber trotzdem. Habgier: Wer hätte gedacht, dass
von den sieben Todsünden (immer noch sieben?) ausgerechnet diese ihrer Familie zum Verhängnis werden sollte? So
eine sinnlose, kleine Bosheit im Vergleich zu dem, was sonst
noch vor sich geht. Australien … Australien …

Am liebsten würde ich ihr sagen, ich kann nicht fassen,
dass sie damit leben muss, nie mit Sicherheit zu wissen, was
passiert ist. So viel von ihren neuen Informationen lässt sich
nicht überprüfen, ohne den Fall noch einmal groß aufzurol-
len, was wohl wieder Polizei und Justiz bedeuten würde. Und
die Wahrscheinlichkeit, dass das jemals passiert? Verschwindend gering. Ich sage nichts. Die Frau ist überzeugt, dass sie
den Leuten vertrauen kann, die sie vor kurzem aufgesucht
und ihr bestätigt haben, dass ihr Sohn ermordet wurde und
man ihr eine Falle gestellt hatte. Ihr Bauch hatte das schon die
ganze Zeit gesagt, und ihr Herz löst sich nun allmählich von
ihrem Enkel – die Liebe zu ihm ist unverändert, aber um seine Rettung geht es nicht mehr. Jemand anderes muss ihn vor
dem Haus schützen. Vor der Versuchung, sie auszurauben.
Oder vielleicht wird er auch nicht gerettet. *Die Untergegangenen und die Geretteten,* wie Primo Levi damals geschrieben
hat. »Je härter die Unterdrückung, um so verbreiteter ist unter den Unterdrückten die Bereitschaft, mit den Machthabern

zu kollaborieren. Auch diese Bereitschaft ist in unendlich vielen Schattierungen und Beweggründen abgestuft.«

»Der Bereich der Entscheidungen (vor allem der moralischen) reduzierte sich auf ein Nichts.«

Er weiß zwar noch nichts davon, aber irgendwann wird ihr Enkel herausfinden, dass das Haus, in dem er und sein Bruder leben, eigentlich nicht ihr gehört und ihm daher auch nicht überschrieben werden kann. Ihnen. Und dann fängt der Rest seines Lebens an. Und er wird es hassen, und die Frage, was er daraus macht, wird seine Lebensaufgabe. Sie und ihr Mann haben ihren Beitrag geleistet. Sie will alt werden und malen. In Australien wird sie nie sicher sein, aber woandershin kann sie auch nicht. Sie verreist nicht einmal gern außerhalb von Australien. Ihr Sohn ist hier begraben. Und ihre Mutter.

Sie hat noch einmal die Thora und den Talmud gelesen. Ihr Sohn war religiös (»Das wussten Sie nicht? Oh doch, sehr sogar.«), und sie versucht, seiner Weltsicht so nah wie möglich zu kommen. Die Thora zu lesen bedeutet, viel über Eva nachzudenken. Ist Eva Adam nicht haushoch überlegen? Ein kosmisches Wesen. Finden Sie nicht auch, Maria?

Modern Mona Lisa heißt eines ihrer neuesten Werke. Sie wird es mir beim nächsten Mal zeigen. Vielleicht ist ihr da etwas gelungen, ein Durchbruch. »Ich habe zu Leonardo gesagt: *Du hast das nicht geschafft, aber ich schaff es.*«

Wir umarmen uns wie zwei Menschen auf einem Bahnsteig – Fremde, die sich lieben, aber mit einer Liebe, die nicht ihnen gehört, sondern der aus der Bahn geratenen Welt um sie herum.

Seine Augen.

Seine Augen, als ich mit dem Auto aus der Einfahrt zurücksetze.

DIE
GESCHICHTE
WIEDERHOLT
SICH

An diesem Morgen, jenem Morgen, blicken in meinem Waggon zwei Männer auf; beide sind Mitte fünfzig und tragen schlichte Seidenkrawatten. Es macht Klick, als wäre jemand geblitzt worden, und noch bevor die nächste Haltestelle angesagt wird, neigen sie sich einander lachend zu. Wie lange ist es her? Bestimmt schon vierzig Jahre. Was ist in der Zwischenzeit passiert? Sie gehen ihre Klassenkameraden durch: zweimal Krebs (einer mitten in der Chemo, der andere verträgt sie nicht), ein Immobilienbetrug, ein Typ (die Gegenpartei in einer langwierigen Schlichtung) mit zu vielen Ex-Frauen (blöder Mistkerl, die verdienen einander). Stille. Sag bloß nicht, das war's schon. Betrug, Krebs, schlechte Partnerwahl, erwischt werden, davonkommen, zufällige Begegnungen in der Melbourner Metro. Erinnerst du dich noch, wann sich das Leben zum letzten Mal lang und schön angefühlt hat, so als würde es dir und mir gehören?

Mein Handy vibriert: nur einmal, eine Nachricht. »Denk daran, keine Schere, Nagelfeile und auch sonst nichts Scharfes.« Von Vanda. Danke, Vanda.

Schsch.

Vor mir liegt Zeit. Die Zeit ist kein Fluss. Sie ist zwei Fremde in einer Bahn, deren Aktentaschen sich berühren, während sie sich umarmen. Zwei Männer, die nie wieder in derselben Bahn fahren werden.

Ich erinnere mich weder ans Aussteigen noch ans Gehen. Doch irgendwie erreichte ich das Gerichtsgebäude in der William Street, wo meine Tasche kontrolliert wurde – nichts Scharfes drin –, und das Bauwerk, das von außen trist und riesig gewirkt hatte, ein Gebäude ohne Eigenschaften, war innen braun und lebendig: Schokoriegel wurden ausgepackt, Türen zugeschlagen und andere geöffnet, ein paar Jugendliche in Schuluniformen standen herum, die nicht etwa Zeugen eines mysteriösen Nachbarschaftsverbrechens waren, wie ich gedacht hatte, sondern gelangweilte Schüler auf Exkursion. Mehrere Richter sahen aus wie Karl Marx. Im Aufzug stand ich neben einem Anwalt mit dem Gesicht eines Menschen, der manchmal vergisst, dass er doch noch nicht alles gesehen hat. Ich schaute ihn an. Er schaute auf die Bügelfalte seiner tüchtigen Hose.

Was trägt die Justizangestellte in Gerichtssaal 8 heute? Einen orangefarbenen Blazer, alles klar, mutige Wahl für den gegebenen Anlass. Welches Geräusch ist momentan in Gerichtssaal 8 am lautesten? Mein Fineliner, während ich mir Notizen über die Stille im Raum mache. Eine solche Stille in einem Raum voll geschäftig wirkender Menschen schmerzt beinahe in den Ohren. Dann erscheint der Richter – sobald er sitzt, ist es mit der Stille vorbei – und sagt zu einem Mann auf der Anklagebank, dessen zweites Verfahren wegen Alkohol am Steuer der erste Fall des Tages ist: »Ich kann Ihre Vergangenheit nicht außer Acht lassen.« Und es ist, als würde sich unter dem für alle hörbaren Gespräch eine zweite, untergründige Diskussion entfalten, dass zu leben bedeutet, in dem einen oder anderen Netz gefangen zu sein. »Mir ist bewusst, dass Ihr letzter Verstoß zwanzig Jahre zurückliegt, aber Ihre Vorgeschichte löst sich nicht einfach in Luft auf. Wenn die Polizei Sie anhält, müssen Sie einen Alkoholtest machen.« Der Richter meint: Das ist Ihre letzte Chance, Ihre Manschettenknöpfe werden Sie nicht retten, und die Steuern, die Sie zahlen, auch nicht. Außerdem meint er: Nichts ist menschlicher als das Gefühl, in der Falle zu sitzen. Und alles ist eine Falle, die eigene Vergangenheit, die Familie, die Gene,

Suchterkrankungen, Einsamkeit und das Gefühl, alle anderen galoppierten glücklich voran, während man selbst rückwärtskriecht wie ein Hummer oder ein krabbelndes Baby.

Den ganzen Morgen warte ich auf etwas, aber viel passiert nicht. Nach dem Mann mit Trunkenheit-am-Steuer-Verstoß Nummer zwei kommt eine Filialleiterin aus Elwood, die trinkt, weil ihre künstliche Befruchtung nicht klappt. Danach ein gut gekleideter Mann aus Somalia, der gegen die Anschnallpflicht verstoßen hat, in Begleitung eines gut gekleideten Dolmetschers für Somali. Anschließend ein türkischer Taxifahrer, der in einer 8oer-Zone 105 gefahren ist. Ich gehe in einen anderen Gerichtssaal. Dort wohne ich einer Vernehmung zu einem schweren Fall von Einbruch bei. Dann weiter in einen Saal, in dem ein Meth-Syndikat verurteilt wird (mehr Anwälte, als ich heute sonst irgendwo gesehen habe). »Es gibt kein Verbrechen, das ich mir unter bestimmten Voraussetzungen nicht selbst zutrauen würde.« Das soll Goethe gesagt haben. *Homo sum: humani nil a me alienum puto.* »Ich bin ein Mensch, nichts Menschliches, denke ich, ist mir fremd«, das hat der römische Dramatiker Terenz gesagt. »Ein Ende wie im Märchen gibt es nicht.«

Das sagt Vanda. Warum nicht, frage ich sie.

»Weil Menschen sind, wie sie sind.«

Manche tragen im Gericht UGG-Boots. Eines Tages ertappt man sich vielleicht dabei, wie man auf den Boden eines Gerichtssaals starrt und neben einem Paar UGG-Boots die hochhackigen, Beine verlängernden Lederpumps einer Anwältin entdeckt, und dieser Anblick erweckt womöglich den Eindruck, es gäbe klar gesteckte Grenzen und man wüsste immer, wer auf welcher Seite steht. Lassen Sie sich nicht täuschen. Manchmal mag der Eindruck stimmen, manchmal aber ganz und gar nicht.

An jenem Morgen, diesem Morgen, laufe ich auf dem Weg zurück zur Haltestelle an dem Café vorbei, in dem mir Deputy Chief Magistrate Jelena Popovic vor einer Woche erzählte, sie habe erst nach Jahren als Richterin endlich begriffen, dass vor ihr im Gericht größtenteils weder Täter noch Opfer der eigenen Umstände stehen, sondern vielmehr Menschen am Zenit einer Krise. Die Krise sei ein Grund zur Hoffnung. »Für mich hat sich das während einer Heroinepidemie in den späten Neunzigern allmählich herauskristallisiert. Ich hatte das Gefühl, wir taten nichts, um den Menschen zu helfen, dabei hätten wir diese Krise wirklich sinnvoll nutzen können.« Aus ihrem Mund klang das Wort edel und gewichtig. Beeindruckt dachte ich darüber nach, wie dieses Wort, »Krise«, dem Kaputtsein eines Menschenlebens eine neue Form verleihen kann. Aus der halb leeren Nachmittagsbahn nach Hause erscholl kein Gelächter, niemand fiel einem Freund um den Hals. Jeder von uns war allein. Mit unseren Taschen, Jacken, tropfenden Regenschirmen, unsteten Blicken und den großen, nicht klingelnden Handys, an denen wir herumfingerten.

Mich hat es schon immer vor Filmsequenzen gegraut, in denen das Leben eines Menschen – ein normales, langes, nicht durch Krankheit oder Krieg verkürztes Leben – in wenigen symbolhaften Szenen verdichtet dargestellt wird. Ein sorgloses, unschuldiges Kind wird ein junger Erwachsener mit glänzenden Augen und hat in null Komma nichts selbst ein Kind, dessen Augen bald glänzen werden, und wenn er das nächste Mal auf dem Bildschirm erscheint, ist er noch derselbe, aber mit grau meliertem Haar und trübem Blick und breiterer oder vielleicht auch schmalerer Statur, als würden Gestalt und Inneres auseinanderdriften, und man weiß, worauf das hinausläuft, worauf auch sonst, und obwohl die

Figuren fiktiv sind und diese »Vom Leben zum Tod in drei Minuten«-Sache nur ein filmisches Mittel irgendeines dahergelaufenen Regisseurs ist, ist es unerträglich mitanzusehen, wie die Zeit aus einem Leben entweicht wie die Luft aus einer Luftmatratze. Manchmal, wenn ich auf so eine Sequenz stoße, lege ich mir beide Hände auf die Brust.

Ich verstand lange nicht, warum mir das so zusetzt. Dann begriff ich: die Zeit. Die Zeit bringt alles in Ordnung. Wie sie weiterfließt und sich zugleich um sich selbst dreht; wie das Leben, in der Schwebe, schwerelos, im Laufe der Zeit aus so vielen Wiederholungen besteht. Aufstehen, Haare bürsten, Brot toasten, am Himmel die aufgehende Sonne, die Schlüssel aus der Hosentasche nehmen und die Tür aufsperren. Jahreszeiten. Mit der harmlosen Wiederholung alltäglicher Tätigkeiten wird ein unsichtbares Netz gespannt, das den Menschen Halt gibt und sie schützt. Denn was wiederholt wird – »eine untauschbare, unersetzbare Singularität«, schrieb Deleuze –, ist niemals dasselbe. Dieser nicht wahrnehmbare Unterschied, der immer gleiche Mist, das immer gleiche Glück, macht die Rettung aus. Also ja, diese Filmsequenzen tun weh. Zeit als gerade Linie ist eine Monstrosität. Manchmal aber ist das, was wiederholt wird, die Abwesenheit von Hoffnung. Ein Kind kommt in eine Welt, die einer Teergrube gleicht, jener Art Teergrube vorgeschichtlicher Grausamkeit, in der ein Präriemammut versinken könnte. In dieser Welt hat ein kleines Wesen, das seine Gliedmaßen noch nicht voneinander zu unterscheiden weiß, keine Chance. Nicht die geringste. Die Zeit ist kein Fluss, der Menschen vorantreibt, die sich – unelegant, na und? – an Treibholz klammern, sondern eine ölige, sickernde Substanz. Schwarz und klebrig.

Die meisten von Vandas Mandanten kommen aus einer

Teergrube. Der häufig verwendete Begriff der »sozialen Benachteiligung« ist hässlich, wie ein Großteil der Begriffe in Bezug auf Menschen, die in ihrem Leben kaum eine Wahl haben und für die auf jeden vorangekrochenen Meter – in einem guten Jahr für alle paar vorangekrochenen Meter – eine halsbrecherische dreifache Rolle rückwärts folgt. Armut, Missbrauch, Sucht, psychische Probleme – das alles steckt im Teer, das sind die klebrigen Teile.

In jenem Frühjahr, in dem ich mit meinem zweiten Kind schwanger war, begegneten wir uns zufällig in den Gängen der North Melbourne Town Hall. Vanda engagierte sich ehrenamtlich bei einem Fringe-Festival. Sie kontrollierte die Eintrittskarten und half hinter der Bühne mit. Die Qualität der Auftritte war (wie zu erwarten) durchwachsen. Ich fragte mich, was sie hier zu suchen hatte, diese Frau, deren umfassende Bildung selbst für mich sofort offenkundig war, obwohl ich rund um die Uhr an Morgenübelkeit litt und insgesamt nicht viel mitbekam. Ich erinnere mich daran, wie ich dachte, dass ich die ganze Sache mit dem sozialen Engagement nicht verstand. Und dass diese Frau zu einer anderen Zeit, an einem anderen Ort imstande gewesen wäre, ein Heer in die Schlacht zu führen. Damals wusste ich noch nicht, wie sehr sie das Theater, die Regiearbeit und die Schauspieler und Schauspielerinnen, ganz besonders die Schauspieler und Schauspielerinnen, liebte und dass sie Jahre zuvor ein Theater für junge Leute gegründet hatte, das beim Vorsprechen grundsätzlich niemanden ablehnte. Das führte zu einer großen, glücklichen Besetzung und einem vollen Haus. Damals hatte ich keine Ahnung, dass sie nach einem frustrierenden Referendariat in einer Vorstadtkanzlei das Theater brauchte, um sich zumindest einigermaßen okay zu fühlen. Und warum war ich da? Ich hatte mit einer der Veranstaltungen zu tun, wenn Sie es unbedingt wissen wollen. Ich stand nicht auf der Bühne und sollte jeden Moment zu der Erkenntnis kommen, wie viel Glück Autoren und Autorinnen im Vergleich zu Theaterleuten haben. Autoren müssen nicht dabei sein, wenn über sie geurteilt wird.

Während unseres ersten Gesprächs kam mir der Gedanke, dass Vanda als Community Lawyer vielleicht sogar denselben Einkommensteuersatz zahlt wie ich. Einige Jahre später wartete ich im Vorraum einer Kanzlei in St. Kilda auf Vanda, die nach einem Mandantentermin spät dran war, und notierte mir, wenige Sekunden bevor sie (in Schwarz und Weiß gekleidet) auftauchte, als würde ich es sonst vergessen:

BAUFÄLLIG

SCHÄBIG

AUSEINANDERFALLEND

AUFKLEBER MIT ALARMCODE

ÜBERALL HEIZUNGEN

KALT

Und tiefer in dem Gebäude erinnerte mich Vandas Büro an ein Zimmer aus meiner Kindheit – ein fensterloser Schuhkarton, der, wie wir früher immer sagten, nur noch »von einem ehrlichen Wort« zusammengehalten wurde. Fast schon ein Anti-Büro. Kurz darauf hörte ich im Magistrate's Court eine junge Anwältin zu Vanda sagen: »Also, ich könnte das nicht, was du machst«, und obwohl relativ klar war, was sie meinte – dem Leid und Dreck anderer Leute so nahe sein, in so einem Büro arbeiten –, versuchte ich angestrengt, aber vergeblich, herauszufinden, ob sie das als Kompliment gemeint haben könnte.

Die Anwältin sagte das, nachdem Mike beinahe auf sie

gefallen wäre. Ich war dabei, ich habe es gesehen. Mike saß auf der Anklagebank, weil er einer Frau, die gerade ihr Mittagessen bezahlen wollte, einen Fünfzig-Dollar-Schein aus der Hand gerissen hatte. Als Mike, der das Gleichgewicht nicht mehr halten konnte, mit halb geschlossenen Augen in Richtung der jungen Anwältin kippte, errötete sie in einem unwillkürlichen Anflug von Ekel – ein Gesichtsausdruck, der dem der Frau in der Mittagspause in dem Café in South Melbourne vermutlich nicht unähnlich war. Zunächst hatte Mike die Frau um Geld gebeten. »Nein.« Auch ich sage oft Nein und würde, genau wie sie, zusammenzucken, wenn jemand meine Seifenblase platzen ließe, dabei ist sie dem Platzen so fern wie eh und je. Als Mike der Frau den Geldschein entriss, sagte er zu ihr: »Für mich bitte einmal die fünfzig Dollar.« Als würde er sie augenzwinkernd einladen, sich an seinem Glück mitzufreuen. An dieser Stelle der Anklageverlesung schmunzelten Vanda und der Kläger darüber, dass Mike auch hier die Umgangsformen gewahrt hatte. Als er mit dem Geld hinausstürmen wollte, hielten hilfsbereite Zeugen ihn auf.

Vanda vertrat Mike nicht zum ersten Mal, und er hatte, nur dass das klar ist, auch vor seinen diversen anderen Verhandlungen Unmengen verschreibungspflichtiger Medikamente geschluckt. Einmal dämmerte er weg, und da niemand ihn wach rüttelte, verschlief er die gesamte Verhandlung. Diesmal passte Vanda auf. Ich habe erlebt, wie sie für Mandanten, die ohne Methadon nicht auf der Höhe waren, die schwitzten, zappelten oder denen übel war, eine Vertagung beantragte, weil das so keinen Sinn hatte. Doch Tabletten sind ein Kapitel für sich, und so schlecht sah Mike an diesem Morgen gar nicht aus, außer dass er mit der Zeit immer weniger Kontrolle über seinen Körper zu haben schien. Die Medikamente, die er genommen hatte, waren offenbar doch ziemlich stark gewesen. Als er den Gerichtssaal betrat, war er desorientiert und sprach auffallend laut, dann nickte er ein. All das sollte man vor Gericht eigentlich nicht tun. Man flüstert, außer der Richter spricht einen direkt an, in diesem Fall antwortet man ruhig und respektvoll. Und man bleibt unter allen Umständen wach, vor allem, wenn man selbst auf der Anklagebank sitzt und diese Verhandlung, egal wie läppisch das Vergehen auch sein mag, einen wieder hinter Gitter bringen könnte.

Vanda bringt Mike zum Schweigen und plädiert für mildernde Umstände – ein paar Monate zuvor hatte Mike seine Freundin tot im Bett gefunden, eine Überdosis –, und schon im nächsten Atemzug beschwört sie ihn geradezu:

»Nicht einschlafen, Mike.«

»Mike, du musst …«

Mikes Lippen mit den vielen nässenden, wunden Stellen ringsherum machen ein niedliches Schmatzgeräusch, als wäre er ein kleines Kind, das sich in einen weichen Schlafanzug gekuschelt seinen Träumen hingibt. Er versucht, sich wach zu halten, und nimmt einen großen Schluck Wasser aus dem Becher, den Vanda ihm geholt hat, aber schon bald sinkt sein Kopf, kippt weg, und aus dem Plastikbecher tropft Wasser auf den Boden. Vor Gericht verschüttet man kein Wasser, und wenn doch, dann abrupt und nicht mit einem gleichmäßigen, langsamen Tropfen. Außerdem lässt man sein Handy nicht an, den Ton schon gar nicht, und man lässt es nicht zweimal klingeln, während die Luft im Gerichtssaal so dick wird, dass sich das Ganze anfühlt wie eine Szene aus *Die Marx Brothers im Krieg*, und dann, zwei Minuten vor der Mittagspause, passiert es, Mike kippt praktisch auf die junge Anwältin, die wiederum zuckt zurück und sieht Vanda an.

Noch eine Farce: die offensichtliche Distanz im Saal zwischen Bürokratie und dem Leben der Menschen.

»Die Verurteilung ist ein Konstrukt der privilegierten Schichten«, sagt Deputy Chief Magistrate Popovic zu mir. »Ich mache diesen Job seit zwanzig Jahren, aber das ist mir erst jetzt klar geworden.«

Der schlafende, laut stöhnende, Wasser verschüttende Mike, dessen Handy klingelte wie das legendäre Schuhtelefon von Maxwell Smart mitten in der Washington Symphony Hall, sorgte einen Moment lang für Chaos im Gerichtssaal.

Wie mir mittags schon der Kopf dröhnte. Vanda blieb ruhig. Viele Menschen, die sie vertritt, sind oder waren abhängig. Die meisten behandeln sich selbst. »Meinen Mandanten gelingt die Selbstmedikation viel besser als dem Rest von uns«, sagt sie. »Sie wissen, was bei ihnen wirkt und was nicht.« In wissenschaftlichen Studien wird untersucht, ob sich MDMA positiv auf Menschen mit Posttraumatischer Belastungsstörung auswirkt. Vandas Mandanten haben das schon vor Jahren herausgefunden. Sie wissen, mit welchen Mitteln sich das Gedankenkarussell stoppen lässt. Zugegeben, ihre Art der Selbstmedikation unterscheidet sich von der, die die breite Masse unbeobachtet nach Feierabend praktiziert. In der Regel machen Vandas Klienten kein großes Geheimnis aus ihren Methoden, sich zu betäuben oder nicht durchzudrehen, was manchmal, aber nicht immer, aufs Gleiche hinausläuft. Wenn man sie dann wegen Drogenbesitz drankriegt, denkt Vanda: »Scheiße verdammt, hier im Gerichtssaal sitzen Leute, Anwälte, Justizangestellte, die heute Abend nach Hause gehen und die Droge ihrer Wahl einwerfen.« Birds do it, bees do it. Die Frage ist nur, wer erwischt wird. Ist doch klar, wer. Es ist keineswegs so, als hätte Vanda bei dem Thema eine rosarote Brille auf; nach wie vor sterben zu viele ihrer Mandanten an einer Überdosis. Ein Klient, Rex, der von einem Gutachter auf psychische Probleme und kognitive Beeinträchtigungen hin untersucht werden sollte, ging vor seiner Vernehmung wegen eines jahrealten Körperverletzungsdelikts in einem kleinen Verhörraum auf und ab, er schnaubte und brüllte: »Korrupt ist sie, die Scheißpolizei! Das ist keine Gerechtigkeit! Und dann soll *ich* mich ans Gesetz halten?« So war er Vanda lieber: wütend, mehr er selbst und nicht zugedröhnt bis in die Haarspitzen.

Eine Frage der Priorität: Wie viel Energie kann man darauf verwenden, sich darüber Gedanken zu machen, ob man in Gerichtssaal 7 einer schreckhaften Anwältin in adretter Bluse versehentlich einen Bodycheck verpasst? Wenn man es gewohnt ist, als öffentliches Ärgernis gesehen zu werden, wozu dann die Mühe, auf den sprichwörtlich leisen Sohlen durch die heiligen Hallen altehrwürdiger Institutionen zu schleichen? Ist es nicht vielmehr das Problem der Institutionen, dass sie oft nicht mit Menschen umzugehen wissen, die nicht über den Luxus verfügen, Privates privat zu halten? Viele von Vandas Klienten leben ihr Leben in aller Öffentlichkeit, wie Lani, die jahrelang unter Bäumen – bei einem Freund, im Park – wohnte und die, in Vandas Worten, an eine »feindselige Sexarbeiterinnenfee auf der anderen Seite des Wunderweltenbaums« erinnerte, was durchaus eine Veränderung zu dem netten Mittelschichtleben war, das sie wohl vor ihren Feentagen geführt hatte. Vanda erzählt mir, dass Lani einmal eine Flasche Whisky in den Magistrate's Court mitnehmen wollte. Als Vanda sie davon abhielt, leerte Lani die Flasche auf ex und ging dann rein. Ein anderes Mal schlug bei der Sicherheitskontrolle der Metalldetektor an, und Lani musste ihre Stiefel ausziehen (diese ganz hohen). »Und dann zieht sie die Stiefel aus, und da ist so ziemlich ihr ganzes Hab und Gut drin: Zigaretten, Geld, ihr Handy.«

Das Vergnügen, das mir Vandas Lani-Geschichten bereiten, ist die uralte Freude, wenn man spürt, und sei es nur durch eine Erzählung aus zweiter Hand, dass eine anarchische Gewalt die ordnungsgemäßen Abläufe stört. »Der Polizist ist gar nicht übel«, sagte Lani. »Was meinst du, Vanda? Glaubst du, der würde mit mir ins Bett gehen, wenn wir nicht vor Gericht wären?«

Vanda genoss diese Momente mit Lani. »Wir hatten eine Menge Spaß«, sagt sie. Wenn ich bei Vanda war, sehnte ich mich nach lustigen Anekdoten und den harmlosen Widersinnigkeiten, die das Lächerliche und Aufgeblasene von Recht und Ordnung in der Gesellschaft entlarvten. Ein junger Vietnamese, den Vanda vertrat, kaufte Koks für den Eigenbedarf, nur um dann festzustellen, dass das Koks gar kein Koks war, sondern Salz. Also versuchte er das Zeug im Crown Casino weiterzuverticken, aber der Käufer rief die Polizei und verpfiff den Möchtegern-Dealer. Ich musste lachen und fragte mich, ob der Verkauf von Fake-Drogen weniger illegal ist. Ein paar Monate später starb er. Auf den Straßen war wieder gestrecktes Heroin in Umlauf. Ich suchte nach Gründen zum Lachen, und die gab es, verstehen Sie mich nicht falsch, aber überall waren Tod und Trauer, keine Märchen, wie Vanda mich vorgewarnt hatte.

Wir waren auf dem Weg ins Mint auf einen Drink und sprachen über Lani. The Mint ist an der Ecke William Street und La Trobe Street. Während wir uns den Lichtern näherten, erzählte Vanda: »Letzte Woche, an einem schönen Tag, lag genau da an der Ecke eine Leiche. Ein junger Mann ist vom Dach gesprungen. Wahrscheinlich von dem da. Mir ist nie aufgefallen, wie hoch das Gebäude ist.«

Wir sahen hinauf und ja, irgendwie war das Haus viel höher, als man auf den ersten Blick meinen würde. »Seine Leiche war abgedeckt, aber ein Arm war zu sehen.« In den Nachrichten wurde nichts darüber gebracht. Mediensperre. Er war sechzehn Jahre alt. »Ich bin nach Hause gegangen«, sagte Vanda, »und habe auf Facebook gepostet, dass wir auf unsere Männer aufpassen müssen. In Australien sterben mehr Männer durch Suizid als durch Autounfälle. Geht nach Hause zu euren Männern, habe ich geschrieben, und nehmt sie in den Arm. Oft können sie nicht darüber sprechen. Erwartet das nicht und hakt auch nicht nach. Seid einfach für sie da.«

Mike bekam eine Bewährungsstrafe. Zwölf Monate. »Wir sind dem Gericht dankbar«, sagte Vanda zum Richter. Mittlerweile saß Mike komplett vornübergebeugt da, den Kopf zwischen den Beinen. Alles in allem Glück gehabt; das mit dem Entreißen war zu gravierend, um Mike davonkommen zu lassen, aber der Richter hätte aus Entrüstung auch ein härteres Urteil fällen können. Vanda ist der Meinung: »Eine kurze, harte Strafe ist nicht unbedingt was Schlechtes.« Über Mike wurden keine Gutachten erstellt. Niemand prüfte die möglichen Auswirkungen der Rötelnerkrankung seiner Mutter während der Schwangerschaft, einer Krankheit, die mit kognitiven Beeinträchtigungen in Verbindung steht und bei Mike mindestens ein deformiertes Ohr und wahrscheinlich noch eine ganze Reihe anderer, nicht diagnostizierter Probleme verursacht hatte – und kein Richter empfahl Mike die dem Gericht angegliederten Hilfsangebote, die ihn vielleicht hätten unterstützen können. Mike fiel einfach durchs Raster. »Wir haben kein System für Menschen, die nicht der Norm entsprechen«, sagt Vanda. »Wir können bestenfalls hoffen, dass sie lernen, von Sozialhilfe zu leben, und nicht mit dem Strafsystem in Berührung kommen.«

Aber wer arm ist und eine Weile auf der Straße lebt, kommt unweigerlich damit in Berührung. Drankriegen kann man einen wegen allem Möglichen. Fürs Betteln, wegen Gras oder wegen eines Schweizer Taschenmessers in der Hosentasche. Mike verstieß gegen seine Bewährungsauflagen und musste ins Gefängnis. Vanda fuhr mit dem Taxi zu dem Campingplatz, auf dem Mike gewohnt hatte, holte seine Sachen und nahm sie mit in ihr Büro in St. Kilda. »Du hast mein Büro gesehen.« Es gibt keinen Service für Menschen, die unerwartet inhaftiert werden und nicht wollen, dass ihre Habseligkeiten in der Versenkung verschwinden.

Ein Tag, denke ich, ein so ein Tag, das würde mir schon reichen.

Zehn Jahre, denkt Vanda.

»Manchmal frage ich mich, wie lange ich noch durchhalte, aber dann denke ich an alles, was ich mir aufgebaut habe, an die vielen Beziehungen, und wie schade es darum wäre. Ich bin in die Community integriert, ich kenne die Leute und Cops, ich gehe durch dieselben Straßen, nehme dieselben öffentlichen Verkehrsmittel wie meine Klienten und empfange sie nicht in meinem Büro; das alles hat einen entscheidenden Vorteil: Ich kann Kontakte herstellen und tun, was andere Anwälte nicht können.« Zeit – sie festigt Vertrauen und stärkt Beziehungen. »Also denke ich, zehn Jahre halte ich bestimmt durch.«

Vanda hat kein Auto. Kein Papamobil als Polster, das sie sicher von einem Zwist zum nächsten geleitet. Vandas Arbeit besteht größtenteils aus persönlichem Kontakt vor Ort. Sie geht viel zu Fuß. Einmal habe ich sie beobachtet, wie sie mit zwei schweren Taschen über den Schultern ewig dastand, ganz aufrecht und ohne sich anzulehnen. Dass sie Präsenz zeigt, ist nicht unerheblich.

Sich ja nicht verstecken, das ist Vandas Art.

Es ist eine echte Herausforderung, Menschen weiterhin als Menschen zu sehen. Und keine Slogans auf Spruchbändern oder Randnotizen irgendwelcher Prinzipien aus ihnen zu machen. Vandas Kollegen sagen, sie verstehe die Lebensumstände ihrer Klienten und das sei sehr viel wert. Viele, die andere verteidigen, wünschen sich gar keine Verbindung zu den Menschen, für die sie sich einsetzen. Sie haben kein Interesse daran, über Politik zu sprechen. Über die Irrungen und Wirrungen menschlichen Schicksals wird nicht diskutiert. Eine kluge Anwältin hingegen, die einen versteht und für einen kämpft, leistet genau wie eine Ärztin Grundversorgung.

Für psychische Angelegenheiten schickt sie die Leute zu Helen Barnacle, die während ihrer Schwangerschaft wegen Heroinbesitzes einsaß und dafür kämpfte, dass ihre Tochter bis zum Alter von vier Jahren bei ihr bleiben durfte. Das zulässige Höchstalter war eins. Im Gefängnis machte Helen ihren Bachelor. »Auf der Straße kennt sie jeder, sie kommt nicht aus der Mittelschicht«, sagt Vanda. »Spart sich die ›Ach, du armes Ding!‹-Chose.«

Helen ist nicht so leicht aus der Fassung zu bringen. KEIN GETUE. Was braucht es, um sich nicht leicht aus der Fassung bringen zu lassen?

Ich höre, wie eine von Vandas Mandantinnen – derzeit obdachlos, nicht auf den Mund gefallen – die Psychologinnen und Psychologen zusammenfasst, bei denen sie vor Helen war. »Nichts für ungut, aber die waren wie Lehrbücher auf zwei Beinen. Ich habe das Entsetzen in ihren Augen gesehen.« Ihren Augen.

Vielleicht kann man es so ausdrücken, dass viele von Vandas Klienten auf einem Highway leben, wo sie ein Lkw nach dem anderen rammt. Während sie sich mit Regenwasser die Wunden auswaschen, sie verbinden und sich die Knochen wieder einrenken, kommt schon der nächste. Ein Rückstau von Verletzungen unterscheidet sich nicht allzu sehr von einem Rückstau von Trauer. Diesen Ausdruck habe ich erstmals in der Nähe der Wüste in Kimberley gehört, wo er sich auf das unerbittliche Aufschieben von Beerdigungen auf dem Land der indigenen Bevölkerung bezieht, was den Lebenden keine Zeit zum Trauern gibt und sie in einen zermürbenden Zustand der Lähmung versetzt. Auch das steckt im Teer. Die meisten werden in ihrem Leben früher oder später von einem Lkw überrollt. Aber auf einem Highway erwischt einen nicht einer oder zwei. Sondern eine ganze Kolonne. Es hört nicht auf. Das ist der entscheidende Punkt. Die Häufung. Die Wiederholung.

»Die ganzen Mittelschichtler dürfen ihr bequemes Mittelschichtleben weiterleben, und meine Mandanten werden immer wieder aufs Neue traumatisiert«, sagte Vanda, als (nicht zum ersten Mal) gegen Steph Anklage erhoben wurde.

Zu den Lkw: Steph war fünfzehn, als sie von zu Hause wegging, wo ihre Mutter sie sexuell missbraucht hatte. Das Verhalten ihrer Pflegemutter, einer verheirateten Frau mit Kindern, zu der sie danach kam, klang in Vandas Ohren ganz so, als hätte sie versucht, Steph zu verführen. Keine Frage, sich um jugendliche Pflegekinder zu kümmern ist nicht einfach, da viele ihre Zuneigung und Dankbarkeit nur durch Sexualität ausdrücken können. Doch Pflegeeltern haben darauf zu achten, dass keine Grenzen überschritten werden. Sobald Steph volljährig war, entwickelte sich eine ausgereifte sexuelle Beziehung. Zwei Mutterfiguren nacheinander verrieten sie, und Steph verlor den Halt. Offiziell hieß es, Steph sei diejenige, mit der etwas nicht stimmte. Typisch. Nach Steph arbeitete die Pflegemutter weiterhin mit Kindern, ihre

Familie und ihr Arbeitgeber waren keinen Deut klüger. »Die Frau hat zwar nicht gegen das Gesetz verstoßen«, sagt Vanda, »aber ihr Verhalten war unmoralisch, und trotzdem darf sie ihre Familie, ihr Geld und ihr schönes Leben behalten. Und was darf Steph behalten?«

Als gegen Steph Anklage erhoben wurde, lag sie im Krankenhaus. Verzweifelt und mit Valium vollgedröhnt sprach sie davon, ihre ehemalige Pflegemutter umbringen zu wollen. Die Frau lebte weit entfernt, es war zwei Uhr morgens, und es bestand keinerlei Gefahr, dass Steph ihre Drohung in die Tat umsetzte. Trotzdem rief das Krankenhaus die Polizei. Um Stephs Verhalten zu erklären, musste Vanda später vor Gericht den sexuellen Missbrauch ansprechen. »Wo sind die Beweise?«, entgegnete der Richter. »Das kann jeder behaupten.« Vanda war frustriert. Als Steph aufsprang und schrie: »Alter, die ist 'ne scheiß Pädoschlampe!«, und der Richter sie mit erhobener Stimme aufforderte, sich wieder zu setzen, war Vanda noch frustrierter. Der Typ brachte Steph vor versammelter Mannschaft zum Schweigen, als hätte noch nie jemand etwas davon gehört, dass Kindesmissbrauch auf Verschwiegenheit basiert. Auf der Überzeugung der Täter, dass den Opfern ohnehin niemand glaubt, und darauf, dass die Opfer keinen Raum finden, um über das Geschehene zu sprechen. »Manchmal habe ich nichts dagegen, wenn meine Klienten einen Arschtritt kriegen, aber in diesem Fall schon«, sagt Vanda. Die Bewährungsstrafe, die Steph bekam, war nicht der springende Punkt. Sobald der Richter den Mund aufmachte, ging es nicht mehr um das Urteil.

An jenem Freitagabend fand Vanda keinen Schlaf. Immer wieder ging sie im Geiste alles durch. Hätte sie Steph schützen können, indem sie die Vorgeschichte nicht erwähnte? Wohl kaum. Die Reaktion des Richters hatte man nicht vorhersehen können. An jenem Wochenende versuchte Steph, nicht zum ersten Mal, sich das Leben zu nehmen. Kaum etwas ist schlimmer, als auf Unglauben zu stoßen, wenn das Dunkelste, was einem jemals passiert ist, ans Tageslicht kommt. Zur alten Scham kommen neue Scham und Wut dazu, so rasend, dass sie einem beinahe das Mark aus den Knochen ziehen. Also, ja, die Lkw. Einige Zeit später fiel Vanda ein Zeitungsartikel über eine Pflegemutter ins Auge, gegen die wegen unangemessener sexueller Beziehungen ermittelt wurde. Es wurde kein Name genannt, aber Vanda war sich sicher, um wen es ging. Sie steckte den Artikel in einen Umschlag und schickte ihn Steph, um ihr zu zeigen: Deine Erfahrung wird ernst genommen, du bist keine Lügnerin und auch kein Stück Scheiße. Sie hat nicht erfahren, ob Steph danach etwas leichter ums Herz war.

Vandas Liebe gilt dem Theater, ich weiß, aber ich sehe lieber fern, und in meinem Kopf spielt sich Folgendes ab: Würde ein skandinavischer Anwalt- und Polizisten-Psychothriller mit dem Titel *Vanda* produziert, wäre sie eine dieser gefragten Frauen, die sich auf der Straße auskennen und sich nicht davor scheuen, den Leuten tief in die Augen zu sehen, nachdem sie sich einen Schuss gesetzt haben, oder selbst dann, wenn nichts aufzutreiben ist, nicht mal ein Gramm, zwischen dem Leben auf der Straße und der Welt der Bitte-schön-auf-Zimmerlautstärke-Behörden pendeln, grüblerisch sind und nur minimal weniger kaputt als ihre Mandanten. Nein. Vanda macht einen aufgeräumten Eindruck. Fürs Drehbuch könnte man auch versuchen, sie in der Rolle der kämpferischen Anwältin und als Postergirl der Unterdrückten zu zeichnen, aber passen würde weder das eine noch das andere, und außerdem wäre das langweilig für die Zuschauer, aber versuchen Sie es gern weiter.

Im Hinterhof neben der Abwasserpfütze stellt sich mein Nachbar zu mir an die Wäscheleine. Ein enger Freund von ihm, jung, fit, keine gesundheitlichen Probleme, soweit bekannt, ist vor kurzem an Herzversagen gestorben. Er war noch keine dreißig. Beinahe achthundert Menschen kamen zu seiner Beerdigung, sie sind eingeflogen oder stundenlang gefahren. Er hat so viele berührt – schwingt da Stolz in der Stimme meines Nachbarn mit, eine kleine Öffnung tief in den Stimmbändern, trocken vor Betroffenheit? Ich muss an Fangen denken, wie mein Sohn es in der Schule spielt. Jemand ist »dran« und jagt die anderen, und sobald er jemanden erwischt, ist diejenige dran. Eine Variation davon wird in jeder Kindheit gespielt. Als Kind und oft auch noch viel später haben wir uns unsere Beerdigungen ausgemalt, wenn uns jemand, der es eigentlich hätte besser wissen müssen, sehr verletzt hat. Diese Beerdigungen waren voll von Menschen, und wir waren »dran«, weil wir tot waren, und wir konnten herumlaufen und so viele, wie wir wollten, fangen und mit Traurigkeit belegen. Wir konnten fangen und selbst nicht gefangen werden. Diese Fähigkeit hatten wir, weil wir tot waren.

Astrids Trauerfeier fand in der Sacred Heart Church in St. Kilda statt –

geboren 23.03.1985

gestorben 21.12.2012

stand auf den kopierten Handzetteln. Vanda fragte sich, wer wohl kommen würde. Als es losging, saßen vereinzelt Sozialarbeiter und Mitarbeiter aus der Behörde in den Kirchenbänken. Anwältinnen: nur Vanda. So sah das also aus – Astrid wurde von Menschen verabschiedet, die sie mochten und sich um sie gekümmert hatten, allerdings gegen Bezahlung (schlecht bezahlt, aber was soll's) und nicht von Verwandten. Das war Astrids wunder Punkt gewesen: Viele Menschen wurden bezahlt, damit sie sich um sie kümmerten, aber niemandem bedeutete sie wirklich etwas. Ich selbst habe sie nicht einmal kennengelernt. Aber da war etwas an der Art, wie Vanda mich eingeladen hatte. Nicht zu kommen kam für mich nicht infrage.

Erst etwas Musik, dann verliest Father John die Trauerrede von Astrids Adoptivmutter Maureen. Sie lebt in einem anderen Bundesstaat und ist nicht extra eingeflogen. »Astrid liebte Musik. Sie spielte immer gern an der Stereoanlage herum. Sie drehte ständig an den Knöpfen, und wenn ich ›Nein‹ sagte, hielt sie mir eine Hand für einen Klaps hin und drehte mit der anderen weiter.« Die Zweijährige hielt noch fünfundzwanzig weitere Jahre durch, länger, als die meisten gedacht hatten. Ihr Tod war ruhiger als von vielen erwartet. Wie komisch, eigentlich war sie mit Drogen doch immer vorsichtig gewesen, sagt jemand. »Astrid war das glücklichste, fröhlichste, entzückendste Baby der Welt. Dann kam die Trotzphase, und ich habe immer scherzhaft gesagt, dass sie sie niemals hinter sich gelassen hat.« Father John holt Luft. Ich stelle mir eine Mutter vor, die ganz tief in sich drin nach einem Bild von einem Kind kramt, das noch nicht dazu verdammt ist, ein gequälter Erwachsener zu werden.

Auf dem Handzettel ist ein Foto von Astrid – hübsch, lächelnd, das rechte Bein angewinkelt auf dem Stuhl, die Schnitte am Arm sieht man nur, wenn man weiß, dass sie da sind. Ich stelle mich vor ein anderes Bild, gerahmt, auf einem kleinen Ständer. Dunkle, lange Haare. Athletische Figur. An kaum jemandem gehen die Jahre auf der Straße spurlos vorbei, das gilt für Frauen – selbstverständlich? – mehr als für Männer. Astrid war schön geblieben, strahlend, vielleicht waren das die Gene, wenn man daran glaubt, dieselben, gegen die Maureen machtlos gewesen war, als sie versucht hatte, Astrid zu Hause zu behalten. Sie trägt Lila, ihre Lieblingsfarbe. Schlittschuhe. Als Jugendliche war sie ein Aussie-Skate-Schlittschuhtalent auf fortgeschrittenem Niveau gewesen. Fotos lügen bekanntlich, Fotos, die uns älter machen, Fotos, die Jahrzehnte von Gesichtern abbröckeln lassen wie Dreckklumpen von Gummistiefeln, und auch das Foto direkt vor mir auf Augenhöhe, auf dem es scheint, als könne Astrids Zukunft sie vor der Vergangenheit retten. Die kleinen Lügen der Fotos, was machen die schon? Die Toten entgleiten uns, und wir brauchen jede Hilfe, die wir kriegen können, wenn wir uns an Details von ihnen festhalten wollen.

Fühlt sich komisch an, an einem Januarnachmittag in einer beinahe menschenleeren Kirche zu sitzen. Die Welt wirkt in Ordnung, langsam, wir haben sie nicht in der Hand. Die Stadt ist ein halbleerer Zuschauerraum. Wahrscheinlich ist es draußen heiß. Zu heiß für Trauerkleidung, selbst im schnörkellosen St.-Kilda-Stil. Astrid mochte Kleidung nicht. Sie zog sich oft aus, rannte weg, dann rief die Polizei bei einer örtlichen Klinik an, die zur Psychiatrie des Alfred Hospitals gehört, und sagte: »Auf der Straße wurde eine nackte afroamerikanische Frau gefunden«, und die Psychiatrieleute antworteten für gewöhnlich: »Ach so, ja, die gehört zu uns.« Vanda mag Kleidung. Bei der Trauerfeier trägt sie Schwarz und Rot, eine ihrer klassischen Kombinationen. Die geht immer, egal zu welcher Jahreszeit. Vanda hat den altmodischen Glanz einer Hepburn (Katherine, nicht Audrey). Katherine H verglich sich selbst mit Campbell's Tomatensuppe, herzhaft, ohne Schnickschnack (muss Vanda unbedingt fragen, was sie meint, welchem Dosenessen sie am meisten ähnelt).

Denk daran, was am Ende des Tages passiert, hat Vanda einmal zu mir gesagt. Dann gehen die Community Lawyer,

Sozialarbeiter und die Leute aus den Behörden nach Hause in ihre Betten, während für andere die Suche beginnt. Dann bekommt man einen flüchtigen Eindruck davon, wie sich das Hirngespinst der »gemeinsamen Menschlichkeit« in Luft auflöst. Manchmal ist der Tod ein Tagesende, wie er im Buche steht, Menschen, die sich selbst, ihrer ungeschönten Blöße und völligen Einsamkeit überlassen sind, wie in George Orwells »Wie die Armen sterben«. An dem Tag, an dem sie das sagte, tranken wir zusammen Wein (sie roten, ich weißen). Astrid lebte noch.

Father John bittet die Anwesenden, ein paar Worte zu sagen. Nur Vanda steht auf. »Ich habe Astrids Mut bewundert, ihren Mumm, und gleichzeitig hat er mich unglaublich frustriert. Sie hat die Polizei, die Gefängniswärter und Richter, einfach jeden um den Finger gewickelt, alle tanzten nach ihrer Pfeife.«

Einen Moment lang verzichtest du auf die müde, traurige Miene, Vanda. Du holst die Spannungen und den Kampf zurück in den Raum.

»Und ich weiß, dass wir sie nicht komplett im Stich gelassen haben. Wir haben ihr Hoffnungsschimmer geschenkt.« Vanda setzt sich wieder. Wen hat sie gerade angesprochen – Astrid, Maureen in einem anderen Bundesstaat, sich selbst oder Gott, dem es nicht völlig gleichgültig sein kann, wenn wütende, junge Frauen durch einen Unfall oder mit Absicht aus dem Leben scheiden? Father John liest aus Jesaja, dass Gott den Schleier der Trauer hebt, den Tod zerstört und die Tränen wegwischt (eine bessere Übersetzung bekommt diese säkulare Jüdin nicht hin), und danach, sobald wir mit Tee und Keksen aus dem Supermarkt versorgt sind, sagt er zu mir: »Die Menschen haben versucht, den Schleier für Astrid zu heben, aber letzten Endes tut das der Tod. Den Schleier heben.« Der Tod hebt den Kummer des Lebens auf, ich glaube, das verstehe ich. Vanda hatte erwähnt, dass Father John selbst dann eine richtige Trauerfeier abhält, wenn der Verstorbene nicht einmal Verwandte hat, die den Leichnam abholen.

Ich lernte Abschied: eine Wissenschaft – so der erste Vers in Ossip Mandelstams »Tristia« und

Wer weiß, hört er das Wort da: Abschiednehmen,
Welch eine Trennung es uns bringt

Das zu wissen, dachte Mandelstam, sei unmöglich. Vanda hat genug Klienten verloren, vor allem, aber nicht nur an Drogen, um die Wahrscheinlichkeiten und Aussichten zu kennen. Sie muss geahnt haben, dass Astrid wahrscheinlich nicht durchkommt. Trotzdem war ihr Tod erschütternd – sechzig Jahre zu früh, in einer anderen Welt. »Wir haben alle gedacht, sie würde auf gewaltsamere Weise umkommen. Suizid durch einen Polizisten.« Die Polizei zu provozieren war nicht untypisch für Astrid. »Oder so was in der Art.« Vanda zufolge wollte Astrid im Gefängnis sein. »Hat sich dort viel sicherer gefühlt. Manchmal hat sie sich auch unter Autos gelegt.« Zwei Babyhände – eine dreht am Knopf, die andere wird zum rituellen Klaps hingehalten.

Wie wild, wie wütend war sie? Fiona von der Alfred-Psychiatrie hat sich nie vor Astrid gefürchtet, »außer dieses eine Mal, als ich zu den Zellen ging, da war sie wie ein Tier. Außer Kontrolle. Sie wollte weggesperrt werden. Sie hat mir richtig Angst gemacht.« Fionas Kollegin Jacqui erzählt mir, dass Astrid sich nie brutale Filme angesehen und auch nie ein brutales Buch aufgeschlagen hat. Niemals. Sie mochte die »harmlosen Sachen, Soaps und Schnulzen«. Laut Vanda wies Astrids Verhalten typische Kennzeichen von sexuellem Missbrauch auf – wer, wo und wann, das wusste niemand. Zu einer bestimmten Zeit im Jahr drehte sie immer durch, um ihren Geburtstag herum, und jedes Mal schwangen sexuelle Untertöne mit, ihre Vorgeschichte frühen Missbrauchs, wie auch immer der ausgesehen haben mochte, verschlimmert durch die sexuellen Übergriffe, die sie auf dem Strich erlebt hatte, und irgendwie musste das alles aus ihr raus, aber wohin? Ob Astrids wacher Verstand – Vanda: »scharfsinnig« – die Sache schlimmer oder besser machte, kann man nicht wissen. Vanda und Astrid unterhielten sich stundenlang in einem Frauenhaus. Astrid machte einen Abschluss, zu ihrem Studium gehörten auch Indigenous Studies, und sie wollte später vielleicht in Richtung Jura gehen. Was für ein Wunder das wäre, mit ihren Vorstrafen tatsächlich in einem Gericht zu arbeiten. Sie hatten sich keine Illusionen gemacht, dass eine Astrid in Robe mit weißer Perücke tatsächlich im Bereich des Möglichen lag, aber sie hatten darüber gesprochen, dass sie dennoch einen Juraabschluss machen sollte – damit hätte sie viel Gutes tun können. »Ich habe wirklich geglaubt, dass ich diesmal gewinne«, sagt Vanda. Gewonnen hat etwas anderes. Man nehme Verlassenheit und füge Missbrauch, dann Sucht und zu guter Letzt psychische Krisen hinzu. Was ergibt das? Schaden. Versuchen Sie es noch mal. Sie war eine afroamerikanische Frau ohne afroamerikanische Community. Ihre Familie in Amerika wollte nichts mit ihr zu tun haben. Also was dann? Einsamkeit. In kosmischem Ausmaß. »Der einsamste Mensch, dem ich [Vanda] je begegnet bin.«

Kaum ein Gast auf der Beerdigung. Ein ganzer Mensch – weg –, und niemand steht vor Kummer neben sich. Die Fingerabdrücke auf Menschen und Gegenständen verblassen, werden unsichtbar, bis es irgendwann ist, als hätten sie nichts und niemanden berührt. Nur der Adoptivmutter geht es stündlich schlechter. Am Tag vor der Trauerfeier hat Fiona mit

Maureen gesprochen, die nicht ganz untröstlich war, aber so gut wie. Die Mutter trägt nicht die Wut der Tochter in sich. Nur Schuld. »Wir haben gelernt, Schuldgefühle nicht zuzulassen, sonst würden wir den Verstand verlieren«, sagt Vanda.

Kaum bin ich aus der Kirche raus, fange ich auch schon an zu vergessen. Als wäre Astrid ein Stück Holz, das auf dem Fluss davontreibt. Dem Fluss Lethe. Dem Fluss der Zeit. Das ganze Gerede von der Unantastbarkeit des menschlichen Lebens.

Als wäre das Wissen, dass das Leben kostbar ist, standardmäßig in der menschlichen Psyche abgespeichert. Als käme jeder mit diesem Wissen auf die Welt und würde instinktiv stets wieder darauf zurückgreifen.

Was ist mit all den Menschen, für die sich das Leben nicht kostbar anfühlt? Warum nicht, ist meist leicht nachzuvollziehen: Sie wurden missbraucht, verlassen, geprügelt, bis sie jegliches Gefühl für ihren Körper verloren haben, betrogen, gedemütigt und vom eigenen sozioökonomischen Hintergrund geschnappt wie ein Maulwurf von der Schlagfalle. Sie wurden nicht geliebt oder nicht genug. Sie haben jemanden verloren, mussten etwas mitansehen, sind früh mit Drogen oder Alkohol in Berührung gekommen, haben ihre psychische Krankheit nicht diagnostizieren lassen oder alles zusammen oder nichts davon. Die schwierigere Frage lautet: Kann man etwas gegen das Gefühl tun, das eigene Leben sei einen Scheiß wert, ob von außen oder von innen heraus? Geht das? Die ganzen Hilfsdienste, die rechtlichen Beistand, Essen, Beratung, Arbeit (langweilige Arbeit) oder Obdach anbieten, kommen nicht annähernd an dieses Einen-Scheiß-wert-Gefühl heran. Ich will nicht sagen, dass die Bedürfnisse, auf die sie abzielen, in der Maslow'schen Pyramide ganz unten stehen (am besten sprengen wir die bescheuerte Pyramide einfach in die Luft). Ich meine, dass an diesem Gefühl nicht zu rütteln ist, es sitzt zu tief, hat sich zu weit ausgebreitet und ist selbst für den Betroffenen ein Rätsel, es ist sowohl präkognitiv als auch metaphysisch. Und wenn dieses Gefühl da ist, sabotiert es den Selbsterhaltungstrieb und verleiht einem diese Scheißegal-Haltung. Die Schwerkraft ist einfach zu schwach, um einen anzuziehen. Und zu halten. Menschen, Pläne, Schulden, Glücksfälle. Was einen hält, ist nicht greifbar – und letztendlich einfach nicht stark genug. »Die Schwerelosigkeit des Aufgebens.« Auf diese Formulierung bin ich in Kristina Olssons *Boy, Lost* gestoßen.

Manches, vielleicht vieles davon stammt von einem Ort außerhalb von uns und aus einer Zeit vor unserer Geburt oder aus einer, an die wir uns nicht erinnern. Wie spricht man über dieses Vorher? Wie spricht man über Dinge, die weitergegeben werden, wenn sie keine Geschichten oder Gewohnheiten sind, sondern vielmehr Empfindungsstrukturen, und wenn man nicht weiß, von wem oder was und warum sie weitergegeben wurden? *Teufelskreis des Missbrauchs. Teufelskreis der Armut. Transgenerationale Weitergabe von Traumata.* Tut mir leid, geht nicht. Ich hab's versucht, aber die Worte bleiben mir im Hals stecken.

Vanda ist zu der Auffassung gelangt, die ganzen nichtexistierenden Märchenenden drehen sich immer nur um den selbst ernannten Retter, niemals um die zu Rettenden. In *Vanda*, der Miniserie, würde sie ihre Filmmandanten nicht mit Erlösung überschütten. Mit Sonnenuntergängen. Angedeutetem, aufmunterndem Lächeln. Mit Hoffnung, süßer als abgestandene Limo in einem Marmeladenglas. Vor nicht allzu langer Zeit ging sie an Weihnachten durch einen Park. Sie hörte jemanden schluchzen – ob Mann oder Frau, erkannte sie nicht sofort. Es war eine junge Frau. Ihr Freund hatte sie rausgeworfen, und ihre Familie wollte nichts von ihr wissen; sie lebte seit ein paar Tagen auf der Straße, war verzweifelt und in Not. Man muss schon ein besonders dickes Fell haben, wenn man an Weihnachten an jemand Weinendem vorbeigeht, der nirgendwohin kann. Nein, lassen wir Menschlichkeit aus dem Spiel, und Weihnachten auch. Vanda war eben Vanda und brachte es nicht übers Herz, vorbeizugehen. An dem Tag sollte sie nach Tasmanien fliegen, um Weihnachten mit der Familie des Mannes zu verbringen, mit dem sie sich zu der Zeit traf. »Na los«, sagte Vanda zu der jungen Frau, »ich geb einen Kaffee aus.« Alles hatte geschlossen. Also gingen sie ins Crown Casino. Was zum Teufel tat sie da? Nach dem Kaffee nahm Vanda die Frau mit nach Hause – Vanda hatte eine Einzimmerwohnung –, weil ich es für das Richtige hielt, sagt sie mir, dass die junge Frau ein Bad nehmen konnte, etwas zu essen hatte sowie ein warmes Bett und Bücher. Sauber, satt, warm und in Sicherheit. Alles, was Vanda sich gewünscht und gebraucht hätte. Sie ließ die Frau allein in der Wohnung zurück und stieg ins Flugzeug nach Tasmanien.

Der Mann, mit dem sie ausging, hielt sie für verrückt. Vanda rief zu Hause an. Die Frau hob nicht ab. Als Vanda nach Melbourne zurückkam, war die Wohnung verlassen, und nichts war so, wie es eigentlich hätte sein sollen. Schimmel in einer Kaffeetasse, mehrere Tage alte Zeitungen. Die Nachbarn erzählten, die junge Frau sei von ihrer Familie weggezerrt worden. Später erfuhr Vanda, dass sie sich von der Eisenbahnbrücke an der Jolimont Station gestürzt hatte, sie überlebte zwar, brach sich aber jeden einzelnen Knochen.

»Ich war nicht bereit, den ganzen Weg zu gehen.« Das sagt Vanda, und ich begreife jetzt, warum sie mir die Geschichte erzählt. »Ich habe ihr gegeben, *was ich mir gewünscht*

hätte. Aber ich war nicht bereit, meinen nicht erstattungs-fähigen Flug nach Tasmanien sausen zu lassen und die un-bequemen Sachen zu erledigen: die Berater von Salvos anru-fen, mich mit dem psychischen Kram auseinandersetzen ...«
Wenn wir jemanden aufgabeln, sagt Vanda, dann sind wir für unsere Tat verantwortlich, und es ist unsere Pflicht, alles Nötige zu tun.

Der Fuchs in *Der Kleine Prinz* von Antoine de Saint-Exu-péry sagt: »Die Menschen haben diese Wahrheit vergessen. Aber du darfst sie nicht vergessen. Du bist zeitlebens für das verantwortlich, was du dir vertraut gemacht hast.«

Soll das heißen, ein bisschen zu helfen ist oft schlimmer, als gar nicht zu helfen? Während unseres Gesprächs spüre ich ein Ziehen im Bauch. Das bekomme ich immer, wenn etwas Wichtiges passiert, das man leicht übersehen könnte. Mein Körper zieht von innen an mir. Vanda erinnert sich an eine Klientin, von der sie grundlos angeschnauzt wurde. Die Frau hatte einen Antrag auf Entschädigung für Opfer von Straftaten laufen, der sich unerträglich langsam durch das System von Alice Springs schlängelte. Vanda hatte mit der Sache nichts weiter am Hut, außer dass sie ab und zu bei der Behörde in Alice Springs nachhakte. Die Frau sah in Vanda den Inbegriff der undurchsichtigen Hinhaltetaktik des Sys-tems. Normalerweise lässt sich Vanda nicht von wütenden Mandanten beirren, aber 2009 war ein schlechtes Jahr – erst die Buschbrände, dann starb Vandas beste Freundin an Le-berkrebs –, und sie rastete aus. Blaffte zurück. Kurze Zeit später wurde die Frau zwangseingewiesen. Auch das hatte nichts mit Vanda zu tun, außer dass sie nun wusste, dass die Frau schon die ganze Zeit psychische Probleme gehabt hatte. Später nahm sich die Frau das Leben, hat Vanda gehört. »Und dann fragt man sich: Was, wenn ich nicht ausgerastet wäre?

Vielleicht hat sie auf meine Unterstützung gehofft?« Daraus sprechen nicht die Schuldgefühle von jemandem, der mit ganzem Herzen, einem Herzen so groß wie das eines Wals, Community Lawyer ist. Es ist ein Dilemma, und die Frage drängt sich auf, wie man sich Fremden gegenüber verhält, die allem Anschein nach abgleiten, fallen, ertrinken, wenn man zufällig vorbeiläuft oder im Augenwinkel irgendeine Form des Abrutschens wahrnimmt, und wer schon lang genug gelebt, das eine oder andere ausprobiert hat und vielleicht schon mal in Thermounterwäsche ins eiskalte Wasser springen musste, der weiß, dass einen die offensichtlichen Antworten hier nicht weiterbringen, und die hohe Wahrscheinlichkeit, die Sache zu verschlimmern, egal was man tut, ist niederschmetternd.

Vanda und ich haben beide die Folge von *Australian Story* gesehen, in der ein berühmter Spieler aus der Rugby League, der erste, der sich geoutet hat, von einem obdachlosen Jungen erzählte, der in Schwierigkeiten steckte und den er bei so einer Krankenhausaktion kennengelernt hatte, bei der Profisportler, vor allem solche, die sich leicht überreden lassen, kranke Kinder besuchen. Jahre später wohnte der Junge, inzwischen ein Teenager, im Haus des Rugbyspielers, in dem er zusammen mit einer guten Freundin lebte. Der Junge kam von den Drogen los, harte Drogen, und ging zur Schule. Er war in Sicherheit, und man kümmerte sich um ihn. Nach sechs Monaten kam heraus, dass die Polizei ihn beobachtete, weil man ihn in der Vergangenheit in die Häuser aktenkundiger Pädophiler hatte gehen sehen. Man verdächtigte auch den Rugbyspieler, der sich erst kurz zuvor geoutet hatte – sein Vater hatte ihn angefleht, es nicht zu tun, und sich weiterhin gewünscht, sein Sohn wäre hetero. Doch schon bald wurde seine Unschuld festgestellt, und die Polizei bat ihn, den Jungen zu einer Aussage gegen die Pädophilen zu überreden, die ihn missbraucht hatten. Der Junge wusste genug, um die Schlüsselfiguren hinter Gitter zu bringen. Höchstwahrscheinlich war es nicht der drängende Wunsch nach Gerechtigkeit, der ihn zum Reden brachte. Vielleicht wollte er so dem Rugbystar, der nun mit sich im Reinen war und dessen Respekt er sich wünschte, etwas zurückgeben. Aber der Junge zerbrach an der Aussage. Er ging nicht mehr zur Schule und wandte sich wieder den Drogen und älteren Männern zu. Wurde wieder obdachlos. Der Sportler wusste kaum noch, wo er war. Einmal wurde der Junge festgenommen, die Polizei rief den Rugbyspieler an, und der Junge brüllte wie wild in den Hörer, er solle ihn dort rausholen – nachdem sie monatelang keinen Kontakt gehabt hatten. Der Rugbyspieler hatte die Nase voll. Er hatte so viel für den Jungen getan, und wozu? Jede Verbindung zu ihm könnte jetzt für den Sportler das berufliche Aus bedeuten. »Nein, für den Typen bin ich nicht verantwortlich«, sagte er den Polizisten. Vier Jahre später fand man die Leiche des Jungen: erstochen und, in einen Teppich gewickelt, in ein flaches Grab geworfen. Dem Obduktionsbericht zufolge hatte der Mord kurz nach dem Anruf an den Rugbyspieler stattgefunden. Womöglich konnte dank der Zeugenaussage des Jungen ein Pädophilenring zerschlagen werden, also tun wir mal nicht so, als hätte man nicht ahnen können, wie das endet. Der Sportler träumt von dem Telefonat, der Tod des Jungen lässt ihm keine Ruhe. Alle in seinem Umfeld sagen: Das ist nicht deine Schuld, du hast getan, was du konntest, sogar mehr als das. So auch die vorherrschende Meinung in unserer Kultur. Allmählich glaubt der Mann daran.

»Tut mir leid, aber das ist sehr wohl deine Schuld«, sagt Vanda. »Dafür bist du verantwortlich. Das sage ich ohne Wertung. Du hast jemanden aufgegabelt und erwartet, dass das läuft wie im Märchen.« Eine Freundin, die jahrelang in Kambodscha gelebt hat und immer wieder dorthin zurückkehrt – sie ist über achtzig, was sie nicht davon abhält –, bricht nicht gerade in Beifall aus, wenn mal wieder eine selbstlose, junge Australierin meint, sie müsse ein Waisenhaus im armen, gebeutelten Kambodscha errichten. »Die meisten Kinder bekommen ohnehin nur einen Platz in dem Waisenhaus, weil die Eltern ihre Beziehungen spielen lassen«, sagt meine Freundin. Und das sind noch die kleinsten Sorgen. Was meiner Freundin noch größere Bauchschmerzen bereitet, ist die mögliche Verbindung des Waisenhauses zu Korruption auf höherer Ebene und zum organisierten Verbrechen, eine Verbindung, die für die selbstlose Australierin weder ersichtlich noch absehbar ist. Es ist keine Frage der Wohltätigkeit und ihrer zerstörerischen Auswirkungen in Entwicklungs- und Schwellenländern. Meine Freundin weiß, was für ein Schaden entstehen kann, wenn Menschen in komplexe Ökosysteme eingreifen, die sie nicht durchblicken.

Es ist verlockend anzunehmen, eine fragile, dysfunktionale Gesellschaft sei nicht komplex und könne die Bedürfnisse der Menschen nach Sinn oder Selbstverständnis nicht erfüllen und daher könne es nicht schaden, sich einzumischen. Ebenso verlockend ist der Gedanke, ein drogenabhängiger Junge, der bei älteren Männern anschaffen geht und auf der Straße lebt, müsse von der Straße geholt werden, denn schließlich ist alles besser als die Straße, die nichts als Demütigung und Selbstzerstörung für ihn bereithält. Doch mit dem Konzept der Menschenwürde ist es nicht weit her, wenn nicht auch die Einsicht dazugehört, dass für Menschen, die scheinbar wenig oder nichts zu verlieren haben, sehr wohl eine ganze Menge auf dem Spiel steht.

Moment mal – »Für den Triumph des Bösen reicht es,

wenn die Guten nichts tun.« Steht das nicht auf jeder Corn-flakespackung, Vanda? Soll heißen, nicht die Ohren zuhalten, den Blick abwenden oder schneller gehen, wenn jemand ruft. Doch was, wenn das *Etwas*, das gute Menschen tun, größtenteils *nichts* ist, das sich als *etwas* tarnt, oder wenn dieses *Etwas* schlimmer ist als *nichts*, weil es die Menschen aus ihrer eigenen Welt herausreißt und, sobald die guten Menschen unvermeidlich aus moralischer Erschöpfung zusammenbrechen, mit weniger Ressourcen und Hoffnung fallen lässt? Jemandem in der stummen Erwartung einer oft unmöglichen Wiedereingliederung in die Gesellschaft zu helfen, ist oft schlimmer als gar keine Hilfe. Vanda war das nicht immer klar gewesen, aber jetzt schon. Dieses Wissen ist schwierig. Mich würde es lähmen. Was rede ich da? Es hat mich gelähmt.

Nehmen wir zum Beispiel Drogen. Vanda: »Viele Anwälte und Richter verstehen nicht oder tun so, als würden sie nicht verstehen, dass man von Menschen, die man auffordert, mit den Drogen aufzuhören, im Grunde verlangt, dass sie ihre Freunde, ihren Rückhalt, ihr Selbstempfinden, ihre Glaubwürdigkeit, ihren Zeitvertreib, einfach alles aufgeben.«

Selbst wenn man die Abhängigkeit bezwungen hat, als hätte man einen Berg erklommen, nur dass beide Beine in einem Sack stecken, wird man womöglich irgendwann einsam oder langweilt sich, und wie leicht passiert einem dann ein Ausrutscher. Die Zeit nach dem Entzug oder einer Haftstrafe ist gefährlich. Das Risiko, an einer Überdosis zu sterben, ist hoch: Der Körper verkraftet die übliche Dosis nicht mehr. Wenn also manche oder die meisten wieder Drogen nehmen, darf man sich das nicht wie einen Paukenschlag vorstellen. Es ist ein schmerzhaftes Auf und Ab. An einem Dienstag fällt mir vor Gericht das undogmatische Auftreten von Deputy Chief Magistrate Popovic auf, als sie vom Kampf gegen die Sucht spricht, die keine heitere Angelegenheit ist, bei der es immer weiter und höher hinaus geht, und ich bekomme eine Gänsehaut.

»Miss Popovic versteht das«, sagt Vanda zwei jungen Frauen, denen Ladendiebstahl und Herumlungern vorgeworfen werden. Beide Frauen gehen wegen ihrer Heroinabhängigkeit anschaffen. Die eine bekam Heroin erstmals von ihrer wohlmeinenden Mutter, als die neue Freundin ihres Ex einzog, der noch immer bei ihr wohnte. »Nimm das, dann geht's dir besser«, sagte die Mutter, und die Frau wiederholt immer wieder: »Mir ist das so peinlich.« Sie meint den Ladendiebstahl: Lebensmittel im Wert von $ 144,20. »Es geht hier nicht um Rasierklingen, Kosmetik und Deo. Wir sprechen von Essen«, stellt Vanda vor Gericht klar. Die zweite Frau, Ruby, hat eine Vorstrafe aus einer Zeit schweren Drogenmissbrauchs; sie macht eine Ausbildung zur Köchin, am liebsten mag sie italienisches Essen.

Am ersten Dienstag im Monat ist die Liste der Sexarbeiterinnen dran, nachmittags, weil sich das am besten mit den Nachtschichten der Frauen vereinbaren lässt, und in einem separaten Gerichtssaal, um perversen Schaulustigen zu entgehen. Man hofft, dass mehr Frauen kommen und die Richter von hohen Geldstrafen absehen, die die Frauen wieder zurück auf die Straße treiben. Ruby plädiert für schuldig – iPods und Stereoanlagen im Wert von $ 998, die sie für Drogen versetzt hat. »Bitte ziehen Sie trotz der Vorgeschichte dieses eine Mal ein Urteil ohne Eintrag ins Strafregister in Betracht«, sagt Vanda. Sie erwägt dabei, dass Ruby zurzeit gut aussieht, auf sich aufpasst und mehrere saubere Urintests abgegeben hat. Ich lehne mich zurück und warte auf den Vortrag, den nach der Sandwich-Methode verpackten juristischen Blödsinn.

»Ihre Beharrlichkeit fasziniert mich, Ruby«, verkündet Popovic. »Im Schnitt gibt man nach zehn Entzügen auf und bleibt lebenslang süchtig oder stirbt. Sie haben sechzehn Entgiftungen und zwei stationäre Entzüge hinter sich. Ich glaube, ich habe noch nie jemanden kennengelernt, der so beharrlich ist wie Sie. Das zeigt, wie schwer das ist. Trotz Ihrer Intelligenz und Ihrem Einsatz werden Sie immer wieder rückfällig.«

Habe ich da gerade in einem Gericht gehört, wie einer Frau gegenüber Respekt ausgedrückt wird, die sich den Drogen häufiger zugewandt hat, als Marina Abramovic ihren Kopf von Schlangen hat umkreisen lassen? Hat sie Ruby eben eine »bemerkenswerte junge Frau« genannt? Auf jede Popovic kommen vielleicht tausend kleinkarierte Moralprediger, und auf jede Ruby kommt bestimmt eine Großstadt voller Suchtkranker, die das Aufgeben aufgegeben haben. Aber Himmel, wie gewaltig es sich anfühlt, Respekt zu sehen, keinen allgemeinen Respekt, der ausgedrückt wird, weil wir eben grundsätzlich alle Respekt verdienen, sondern weil ihn eine junge Frau vor Gericht, die sechzehn Entgiftungen hinter sich hat, ganz besonders verdient. Ich spreche Popovic auf Respekt an. Sie erzählt: »Neulich hat jemand zu mir gesagt, wenn man eine Siebenjährige fragt, was sie einmal werden will, dann antwortet keine, sie will drogenabhängige Sexarbeiterin werden, wenn sie groß ist, und ich wusste genau, wie das gemeint war.«

Zwischen sieben und siebzehn, zwischen siebzehn und siebenundzwanzig passiert etwas. Das Leben verläuft nicht in einer geraden Linie. Die Gesellschaft wird immer komplexer, und beinahe jede Art von Leid nimmt zu. Eine Woche zuvor waren wir morgens auf einen Kaffee verabredet. Popovic verschwitzte den Termin. Sie hatte zu viel um die Ohren.

Ich saß im Café und sah mir das offene Kaminfeuer an. Malte mir aus, wie es wäre, Anwältin zu sein. Oder besser gleich Richterin. Ich stellte mir das gigantische Gefühl der Sinnhaftigkeit vor. Den straffen Alltag. Ich malte mir aus, dass meine Worte im Leben der Menschen vor mir wie ein Damm wären: Sie könnten Überschwemmungen verhindern und den Fluss umlenken. Die Worte einer Schriftstellerin sind meist kaum einen Pfifferling wert. In der Woche darauf kam Popovic auf die Sekunde pünktlich, es tat ihr leid; jemanden zu versetzen war nicht ihre Art. Ich frage sie, wie man mit Menschen umgeht, die das Gefühl haben, in der Falle zu sitzen, und nach dem Teer, wobei ich das Wort »Teer« vermeide, sie soll nicht glauben, dass ich nur in Metaphern sprechen kann. Ihr ist aufgefallen, dass viele junge indigene Männer das Gefühl haben, »dass da nichts ist und als würden sie in ihren Lebensumständen feststecken«. Das Gefühl von Hoffnungslosigkeit trifft auf Familienverpflichtungen: Es wird von einem erwartet, dass man trinkt, ins Auto steigt und zum Schnapsladen fährt, ob mit oder ohne Führerschein, ob unter der Promillegrenze oder darüber. Ein Älterer mag einem Jüngeren sagen, dass ein zuverlässiger Mann besser für seine Familie sei. »Aber wegen der gestohlenen Generationen fehlt vielen, die ein *umfassendes* Bewusstsein für familiäre Verpflichtung haben, ein *tieferes* Bewusstsein für Familie.« Beim Thema Familie hake ich nach. »Die Familie kann verheerende Auswirkungen haben. Mittlerweile habe ich mit Drogentätern in der dritten Generation zu tun.«

Im Gespräch mit der Deputy Chief Magistrate fielen mir die ganzen berühmten Physiker ein, die mit jeder neuen Entdeckung den Weg für eine weitere Generation zufriedener Atheisten ebneten, während sie sich selbst einer gewissen Art von Glauben oder zumindest einem Ort großen Zweifels annäherten. Womöglich erschien die Wissenschaft nur denjenigen, die der Wissenschaft ausreichend fernstanden, wie das reinste Gegenmittel gegen Religiosität. Ich fragte mich, ob wohl etwas Ähnliches auch für das Rechtssystem gilt – je tiefer man drinsteckt, desto unbehaglicher wird einem, wenn man pathetische Behauptungen über Gerechtigkeit und Resozialisierung hört. Nicht etwa, weil man desillusioniert wäre, sondern weil man vielleicht findet, dass, in Rai Gaitas Worten, ein »schmerzliches Gespür für unsere Anfälligkeit für Leid« ein besseres Leitprinzip ist als »Die Strafe muss zum Verbrechen passen«. Anfälligkeit für Leid, aber auch für Zufälle, Pech, Gene, die Familie, in die man hineingeboren wird, für die Postleitzahl.

»Nicht einmal eine Katze würde da leben wollen«, sagte der leitende Senior Constable an einem bewölkten Morgen im Moorabbin Justice Center zu Vanda. Mit *da* meinte er ein Boardinghouse. Die *Katze* war dem Constable eingefallen, weil das Grab der Katze, die einer Bewohnerin gehört hatte, von einer anderen Mieterin ausgegraben worden war. Im daraufhin ausbrechenden Streit wurde die mutmaßliche Totengräberin mit einem Becher geschlagen und trug eine Platzwunde an der Stirn davon. Die Besitzerin der toten Katze plädierte auf Notwehr, denn das Opfer hatte, wie sie darlegte, einen Spaten. In den Unterlagen des Klägers habe ich Nahaufnahmen gesehen: Spaten, Platzwunde, Tasse. »Meinen Klienten sage ich manchmal: Wäre die Polizei zu einem anderen Zeitpunkt angekommen, dann wäre der Beschuldigte das Opfer und das Opfer der Beschuldigte«, erzählte Vanda dem Constable, und der stimmte zu: »Oh ja, so funktioniert unser Verstand oft. Wir halten denjenigen, der sich zuerst bei uns meldet, für das Opfer.« Dass Vandas Klienten sich an die Polizei oder an sonst jemanden wenden, kommt nicht häufig vor. Zu groß ist die Angst, wegen eines vergessenen oder unvergessenen Verstoßes belangt zu werden.

Im Collingwood Neighbourhood Justice Center hat Vanda einen Termin mit Georgie, die transgender ist, allerdings erschien Georgie bereits am Tag zuvor, sie hatte das Datum verwechselt. Sie wollte eigentlich eine Angelegenheit für Opfer von Straftaten klären, stattdessen sagte man ihr, man erwarte sie am darauffolgenden Tag wegen eines Verstoßes gegen ihre Bewährungsauflagen. Auch Drogenbesitz sowie das Fälschen von Rezepten und Schecks werden Georgie vorgeworfen. Das meiste davon streitet sie ab, alles davon hätte sie vor sieben Jahren regeln können, wäre sie nur vor Gericht erschienen.

Georgie ist nicht hier. Vanda ruft sie an. *Wo bist du, Georgie? Wenn du in der Collins Street bist, warum steigst du dann nicht einfach in die nächste Straßenbahn und kommst her? Schaff die Sache aus der Welt, dann können wir auch die Kriminalitätsopfersache anleiern.*

(»Ganz schön clever, Vanda«, sagt Beth vom Strafvollzug, die mithört. »Nicht unbedingt moralisch einwandfrei, aber ganz schön clever.«)

Nein, Georgie, die stecken dich nicht in den Knast. Nein. Wir müssen die Sache heute angehen. Komm bitte her. [Stille] *Nein, Georgie, du kannst nicht kommen, wenn es dir am besten passt. Du musst kommen, wenn du vorgeladen wirst. Du kannst das nicht ewig aufschieben. Sonst wirst du festgenommen und musst in Untersuchungshaft.* [Stille] *Ich kann den Termin um zwei Wochen verschieben, aber woher weiß ich, dass du dann da sein wirst?* [Stille] *Nein, ich kann hier nicht den ganzen Tag rumsitzen.*

(»Sie kommt nicht«, formt Vanda mit den Lippen in Richtung Beth vom Strafvollzug.)

Gerichtliche Anordnungen werden missachtet, Termine vor Gericht, bei der Drogen- und Alkoholberatung werden versäumt, und jeder Fehltritt ist eine Verfehlung mehr, für die man bestraft werden muss. »Sie sagen Ja und glauben womöglich selbst daran, dass sie auftauchen, aber Pustekuchen«, sagt Vanda. Besser, findet sie, man bekommt eine Bewährungsstrafe und fertig, keine ständige Irrfahrt durch das Labyrinth der Resozialisierung und weniger Kontakt mit dem System. »Und man darf auch nicht vergessen, dass manche Polizisten es auf trans Personen abgesehen haben und sie mit Männern in eine Zelle oder in U-Haft stecken.« Die Angst davor lähmt andere Impulse. Sie erzeugt eine Vermeidungsstrategie. Die ebenfalls bestraft wird. Früher oder später baut sich das System undurchdringlich und feindselig vor Georgie auf.

Ich muss wohl naiv sein – natürlich bin ich naiv, denn noch immer bin ich jedes Mal überrascht, wenn sich das Justizsystem, und sei es nur in größter verfahrenstechnischer Banalität, als Falle erweist. Der Boden tut sich auf und macht mampf, mampf, mampf. Sobald sich Georgie einmal in den unteren Schichten des Systems befindet, kommt jede Hilfe zu spät. Das gilt auch für andere, egal, ob sie im Alltag augenscheinlich besser funktionieren oder auf eine andere, nicht weniger interessante Weise nicht funktionieren. Und selbst wenn das Justizsystem einem mit Würde begegnet, die Welt da draußen tut das nicht. »Niemand sollte über das vom Gericht festgesetzte Strafmaß hinaus bestraft werden«, sagt Vanda. »Aber auch die Gesellschaft bestraft einen.«

Mike, Lani, Steph, Ruby, Georgie – ich kann mir nicht vorstellen, dass sie beim Fest dabei sind, mit der Gesellschaft am Tisch sitzen und mit Messer und Gabel feine Häppchen essen. Und Astrid? Die hat die Sache selbst in die Hand genommen.

Tracys Leiche wird in einem liegengebliebenen weißen Econovan gefunden, der auf der Greeves Street gegenüber dem Gatehouse parkt, das den Sexarbeiterinnen in St. Kilda Schutz bietet. In dem Kleintransporter lebte sie zusammen mit ihrem Freund und Beschützer Tony. Sie waren schon lange ein Paar, sie liebten sich. Wenn es um Tracy geht, sind sich praktisch alle einig: Sie habe ein sonniges Gemüt gehabt, war wunderschön, äußerst höflich, herzlich und sie habe sich für andere interessiert; an ihrer Ecke – sie hatte ihre eigene – habe sie immer so würdevoll gestanden. Mit geradem Rücken. Die beste Haltung. »Wenn ich sie gesehen habe, hab ich mich gleich aufrechter hingestellt«, erzählt jemand. Sie hatte Klasse. Obwohl sie die Gefahren kannte. Gut, dass Tony auf sie aufpasste.

»Tracys Ermordung hat den Frauen Angst gemacht«, schreibt mir Vanda per E-Mail. »Aber das hielt nicht lange an. Die Menschen da draußen sind verzweifelt und der Drang nach Drogen wiegt schwerer als die Angst.«

Tony und Tracy hatten St. Kilda hinter sich gelassen, sie waren endlich clean und lebten bei Tonys Mutter, die krank geworden war; sie pflegten sie. Ihr Tod warf sie zurück. Sie nahmen wieder Heroin, das Geld ging aus, und schließlich kehrten sie widerwillig zurück. Nach allem, was man hört, fand Tracy es unerträglich, wieder auf der Straße zu sein. Als sie ermordet wurde, war Tony im Krankenhaus. Er fand sie. Der Mord war brutal. Die Details erspare ich Ihnen. Der Polizei zufolge war der Täter womöglich ein Kunde; ermittelt wird wegen eines aus dem Ruder gelaufenen Raubüberfalls, aber der Mörder ist längst über alle Berge, und die Sache ist Jahre her. Interpol ist involviert. Tony hat über dreitausend Autokennzeichen von Kunden gesammelt, die in den letzten achtzehn Monaten bei Tracy gewesen waren. Wäre er bei ihr in St. Kilda gewesen und nicht wegen einer größeren Infektion im Krankenhaus (Tracy hatte ihn zur Behandlung überredet), wäre das alles nicht passiert (damit muss er den Rest seines Lebens klarkommen).

In den Medien wird Tracys Tod mit dem von Jill Meagher in Verbindung gebracht, die keine Sexarbeiterin war, sondern eine irische Radiojournalistin bei ABC. Sie arbeitete nicht auf der Straße, sondern ging auf einer nach Hause, nachdem sie mit Kollegen noch was getrunken hatte. Fünfhundert Meter von ihrer Wohnung in Brunswick und ihrem schlafenden Ehemann Tom entfernt wurde sie von Adrian Bayley vergewaltigt und ermordet. Auf sein Konto gehen unter anderem sechzehn Vergewaltigungen von Sexarbeiterinnen in St. Kilda innerhalb eines Jahres. So viele sind aktenkundig. Wer weiß, wie die Dunkelziffer aussieht. In einem Interview, das ich mir angesehen habe, sagte eine Frau in einem Stripclub, den Bayley regelmäßig aufgesucht hatte, er sei gewalttätig und ein Oberspinner, aber nicht der einzige. Nach Jills Ermordung protestierten dreißigtausend Demonstranten gegen Straßenkriminalität, und vor dem Brautmodengeschäft, auf dessen Überwachungskameras Jill zuletzt zu sehen gewesen war, häuften sich so viele Blumen, dass irgendwann Gemeindearbeiter anrückten und sie entsorgten. Denn: Blumenmeer gleich Gefährdung des Straßenverkehrs. Zehn Monate später dann Tracy – an die Ecke, an der sie immer gestanden hatte und die mittlerweile als Tracy's Corner bekannt ist, brachte man Blumen und Kerzen, Briefe und Banner und die klare Botschaft, dass angesichts der Protestwelle, die Jills Tod ausgelöst hatte, auch Tracys Tod nicht unbemerkt bleiben durfte. Auf der Greeves Street wurde eine Mahnwache mit Kerzen geplant, und auf den Plakaten, die die Wache ankündigten, stand:

Sie ist Jemand
Eine friedliche Zusammenkunft in Gedenken an Tracy

Das ärgerte mich. Jemand? Wurde ihre Menschlichkeit jemals ernsthaft infrage gestellt? Bei einem davon unabhängigen großen Gedenkgottesdienst stand auf einem Banner DIE FRAUEN VON ST. KILDA UNTERSTÜTZEN IHRE SEXARBEITERINNEN. »Na schönen Dank auch«, sagte Vanda, die den Gottesdienst sausen ließ und stattdessen zu einer Veranstaltung im Gatehouse ging, die die ganze Nacht dauerte. Alle dort kannten Tracy und Tony.

Wir müssen es nicht aussprechen. Wir denken beide an Astrids Beerdigung.

Wir müssen es nicht aussprechen und tun es nach ein paar Gläsern (ich: weißen, sie: roten) doch – irgendwas an den großen Worten rund um Tracys Tod gefällt uns nicht. Ich habe kein Recht, mir eine Meinung anzumaßen, aber das hält mich auch sonst nicht davon ab. Ich murmele etwas von wegen, das hat sich falsch angefühlt. »Erzwungen«, sagt Vanda, »nicht authentisch.« Irgendwie ging es gar nicht um Tracy. Sondern ums Prinzip. Um eine Idee. Das ist in Ordnung. Wichtig. Gut, dass man das gemacht hat, und, wer weiß, vielleicht hat das Ganze ja sogar jemandem das Leben gerettet, aber um Tracy ging es nicht. Oder um Tony. Nach Jills Tod sagten die Leute: *Das hätte genauso mich treffen können, meine Tochter, meine Schwester, meine Freundin.* Nach dem Mord an Tracy versuchten ein paar wenige dasselbe zu sagen. Andere entgegneten, vor allem online, dass Heroin spritzende Huren, und wenn sie noch so liebenswürdige Marotten hatten, nicht sind wie wir. Zwar nicht ganz *»Die hat's nicht anders verdient«*, aber auch nicht allzu weit davon entfernt.

Eine seltsame Sache: Mitgefühl mittels Identifikation. Wenn wir sagen, das hätte ich sein können, sollten wir dann nicht zuerst fragen, wer sie war? Und würde es nicht eine Ewigkeit dauern, die Antwort zu entschlüsseln? Und selbst wenn Tracy nicht ich hätte sein können und ich nicht Tracy (ich hatte beispielsweise noch nie eine Art von Abhängigkeit, die mich dazu brachte, jahrelang immer wieder Dinge zu tun, die ich absolut nicht tun will), was dann? Es gibt viel, das man über andere nicht weiß, und vieles kann man nicht wissen. Was man über das Leiden eines anderen begreifen kann, hat seine Grenzen. Wenn wir diese Grenzen ausblenden, werden Menschen zu Symbolen. Zu Gefäßen, in die wir nach eigenen Vorstellungen beliebige Flüssigkeiten füllen. Gegenstände – doch jemand anderen wirklich als Menschen anzuerkennen bedeutet auch wahrzunehmen, worin sich dieser Mensch unterscheidet, ohne den Unterschied zu einer Quasi-Heiligkeit zu überhöhen. Auf der Straße wie überall sonst sind die Menschen gut und böse, beides zugleich. Ob Armut, Vernachlässigung, Missbrauch oder Benachteiligung – die Vergangenheit von Menschen hüllt sie weder in Feenstaub, noch sind ihre Taten dadurch immer automatisch moralisch zu rechtfertigen. Wenn wir nur dann erschüttert sind, wenn wir uns die Betroffenen von ihrem Unglück moralisch erhöht vorstellen können, dann … nun ja. Einfach nur traurig.

Vor dem Einschlafen stellt sich Vanda manchmal vor, Melbourne würde von einer Schneelawine überrollt werden. Sie malt sich aus, wie sie Menschen zu sich holt, ihnen zu essen gibt und Zuflucht vor der Kälte bietet. Sie denkt nicht darüber nach, was später geschieht. Nur an den Schutz. Dann schläft sie ein. »Wir können nichts tun, als eine sehr holprige Straße ein bisschen zu ebnen«, sagte sie nach einem langen Vormittag bei Gericht, an dem sie sich für Vertagungen, Sozialstunden und Urteile ohne Eintrag ins Strafregister eingesetzt hatte. Die meisten werden innerhalb weniger Monate aus den gleichen Gründen wieder hier sein, und Vanda wird sie wieder vertreten, und es wird sich nicht wie Sisyphusarbeit anfühlen, nicht für sie. Sie hat ihnen Steine aus dem Weg gerollt, und es war egal, dass sie wieder zurückrollen würden. »Viele führen ein sehr, sehr schweres Leben, und dieses verdammt schwere Leben macht man ihnen eben ein kleines bisschen leichter«, sagt sie. »Allerdings sagen manche meiner Klienten auch: *So war das nie gedacht. Ich war auf der Brighton Grammar.*« Auch ein angenehmes Leben kann aus den Fugen geraten. (Nehmen Sie sich in Acht.)

Kierkegaard schrieb einst, Hoffnung sei »ein neues Kleid, steif und stramm und glänzend«, Erinnerung »ein abgelegtes Kleid, welches, so schön es ist, nicht mehr passt«, und Wiederholung »ein unverschleißbares Kleid, welches […] weder drückt noch schlottert«. Wiederholung, genau wie Erinnerung, mag einen Blick in die Vergangenheit suggerieren (wiederaufnehmen, wiederfinden, wiederherstellen, wiederbeschaffen, wiedergutmachen), aber Kierkegaard zufolge ist jede Wiederholung stets in die Zukunft gerichtet, zum »Neuen« hin – man bewegt sich innerhalb der Zeit. Er dachte, während die Griechen lehrten, »dass alles Erkennen ein Erinnern ist, so will die neue Philosophie lehren, dass das ganze Leben eine Wiederholung ist«.

Vor ein paar Jahren hatte Vanda eine Mandantin, die unbedingt mit ihr ins Bett wollte. Sie schickte Vanda Grußkarten in die Kanzlei in St. Kilda und Spielzeug, das sich allmählich am Empfang stapelte. »Hast du Geburtstag, Vanda?« Sie weigerte sich, die Karten zu öffnen, konnte sie aber auch nicht zurückschicken, weil die aktuelle Adresse der Frau unbekannt war. Eine erfahrene Sozialarbeiterin gab Vanda einmal den Rat, dass man die Annäherungsversuche von Klienten nicht mit »Oh, das wäre unprofessionell, nein, das geht nicht wegen meiner Arbeit« oder mit »Ich kann nicht, ich bin in einer Beziehung« abwehren darf, denn dann versteht der Klient das womöglich so, dass nur die Arbeit oder die Beziehung im Weg steht, und sobald diese Hindernisse aus dem Weg geräumt sind, würde man mit ihnen schlafen. Man muss von vornherein ganz klar Nein sagen. Vanda begleitete eine andere Mandantin von einer Klinik an der St. Kilda Junction zu ihrem Büro. Die Frau beharrte regelrecht darauf, dass sie sich ein Zimmer in einem Motel nahmen, niemand müsse davon erfahren, und Vanda antwortete: »Hör mal, das wäre ziemlich unprofessionell.« Sie bemühte sich um einen strikten und zugleich respektvollen Ton. Sie verabschiedeten sich. Vanda ging rein. Sie zog das Handy aus der Tasche. Fast augenblicklich leuchtete eine Nachricht auf. »Und wer sagt überhaupt, dass du professionell bist?«

Vanda kriegte sich nicht mehr ein vor Lachen. Sie erzählt mir davon, und wir lachen gemeinsam. Wie gut sich das anfühlt, so zu lachen. Wie viel Freiheit darin steckt. Wir sind wie zwei Luftballons hoch oben am Himmel (nicht Helium, nicht wir), die vom Wind und der kalten Luft weiter in die Atmosphäre getragen werden. Wenn es an der Zeit ist, kehren wir als kleine Luftballonspaghetti zur Erde zurück. Wissenschaftlichen Artikeln zufolge würden wir da oben vorher gefrieren. Für mich wäre das in Ordnung. Und für dich, Vanda? »Wir wissen zwar, dass die weichen Gummistücke gelegentlich von Tieren gefressen werden«, lese ich. »Allem Anschein nach passieren sie jedoch das Verdauungssystem, ohne dem Tier zu schaden.«

TEIL ZWEI

Bei einer Lesung in der New York Public Library hat Lorrie
Moore gesagt, dass Erziehung größtenteils nichts bringt: Bei
der Entwicklung einer Persönlichkeit heißen die Schuldigen
Biochemie und Postleitzahl. Die Lesung hieß »Fernsehen«,
etwas, das Moore und ihren drei Geschwistern von ihren
Eltern aus moralischen und religiösen Gründen mehr oder
weniger verboten worden war. Das Verbot weckte in ihnen
weder ein einheitliches großes Verlangen nach vergnügli-
chen Fernsehstunden noch ein einheitliches Naserümpfen
über die Zerstreuung vor der Mattscheibe. Stattdessen ver-
liefen die vier Reaktionen im Zickzack; vier Leben entwickel-
ten sich, in denen das Fernsehen weder einen wichtigen noch
einen unwichtigen Stellenwert hatte, was für Moore ein weiterer Beweis für die kleine Rolle der Erziehung und die große
Rolle anderer Dinge war, vor allem der Postleitzahl, was in
dieser Welt, in der Familien mit 1,8 und Familien mit 2,2 Kindern aufeinandertreffen, leicht ausgeblendet wird. Wir brauchen, so Moore, nichts weiter als eine ausreichend große
Stichprobe, um zu sehen, dass die meisten Menschen werden, wie sie eben werden, egal, was ihre Eltern tun.

Ich war gegenteiliger Ansicht. Irgendwie ergreift irgendwas Besitz von uns. Gewisse Muster setzen sich durch, meist
erst später im Leben. Und für diejenigen, die sich vor langer
Zeit geschworen haben (ich zähle mich nicht dazu), unter keinen Umständen zu werden wie die eigenen Eltern, fühlt sich
das vielleicht wie eine Art Inbesitznahme an oder als wäre
man besessen. Man macht den Mund auf, und heraus kommt
die Stimme der eigenen Mutter samt ihren Worten. Im Spiegel die alte, immanente Ironie: die Augen des Vaters. Wie
Michail Bachtins Theorie, dass in jeder Äußerung auf der

Welt gewissermaßen alle vorausgegangenen Äußerungen enthalten sind. Unsere Eltern sind in uns enthalten, was nicht bedeutet, dass wir sind wie sie, sondern, dass erst wir in ihnen sind und dann sie in uns.

Der ungarische Schriftsteller Péter Esterházy schrieb zu Beginn unseres Jahrhunderts – des einundzwanzigsten, was dachten Sie? – einen über 900-seitigen Roman mit dem Titel *Harmonia Cælestis*. Das Buch war zum Teil eine Hommage an den Vater, von Geburt Graf und Mitglied eines berühmten österreichisch-ungarischen Geschlechts, der durch die neue kommunistische Regierung nach dem Zweiten Weltkrieg alles verloren hat und aufs Land zwangsumgesiedelt wurde. Im Herzen und in den bewundernden Augen seines Sohnes blieb er Aristokrat. (»Mein Vater schaute auf niemanden herab, das war seine Art, ein Aristokrat zu sein. Großpapa schaute auf alle herab, das war seine. Und ich blinzle nur.«)

Harmonia Cælestis besteht aus zwei Teilen. Im ersten Buch werden jahrhunderteübergreifend Vorfahren väterlicherseits als »mein Vater« bezeichnet, im zweiten Buch bezieht sich »mein Vater« auf seinen eigentlichen biologischen Vater Mátyás. Die Idee im ersten Buch, »mein Vater« auf die Väter aller Söhne der Familie zu beziehen – eine Eitelkeit, zu der die Bekanntheit des Esterházy-Geschlechts beigetragen hatte, die aber, wie ich finde, für uns gemeines Volk ohne eindrucksvolle Abstammung genauso treffend ist –, prallte mit der jüngsten Geschichte kommunistischer Diktaturen aufeinander, in denen Familienbande sabotiert wurden. Lenin, Stalin sowie andere, kleinere Ostblockdespoten, über deren Machenschaften ich weniger gut Bescheid weiß, wurden als die wahren Väter des Volks verkündet (»Aber nun, HERR, du bist unser Vater; wir sind der Ton, du bist der Töpfer« – das war der Wortlaut, oder Quasi-Wortlaut, in unseren gottlosen Ländern). Im Namen unseres großen Vaters wurde von uns erwartet, unsere kleinen Väter und Großväter zu verraten. Staat sticht Familie. Die Familie war trügerisch. Wer ist dein Papa? Denk nach, bevor du antwortest.

Beinahe zufällig fand Esterházy nach dem Tod seines Vaters heraus, dass Mátyás, der als vom Dreck des Regimes unbeschmutzt galt, in Wahrheit ein Informant gewesen war. Zwar nicht mehr als ein kleiner Fisch – er war nie auf den Geschmack gekommen und hatte kein besonderes Talent entwickelt –, aber er stempelte regelmäßig ein, und wie Esterházy in dem einen oder anderen Interview anmerkte, wäre es naiv anzunehmen, die Berichte seines Vaters, die er meist während der Fußballspiele übergab, die er mit seinem Sohn besucht hatte und die dieser immer als besondere Vater-Sohn-Zeit genossen hatte, wären harmlos gewesen. Das waren solche Sachen nie. Esterházy schrieb ein weiteres Buch, ein dünneres Büchlein darüber, wie er Akten anforderte, um herauszufinden, wer seinen Vater denunziert hatte – der blaublütige Mátyás war im kommunistischen Ungarn sicher ein beliebtes Ziel gewesen –, nur um dann auf die Namen und Leben derjenigen zu stoßen, die sein Vater denunziert hatte. *Verbesserte Ausgabe* wurde nie ins Englische übersetzt. Gibt es in der anglophonen Welt nicht genug Töchter und Söhne, die herausgefunden haben, dass ihre Eltern Informanten waren, und die nun das geschätzte Bild, das sie von ihren Familien und sich hatten, zusammen mit einem Bündel Kindheitserinnerungen revidieren müssen? Wer weiß, warum das Buch *Verbesserte Ausgabe* nie seinen Weg ins Englische gefunden hat. Ich habe es auf Russisch gelesen und regelrecht verschlungen. Danach habe ich die Rezension des russischen Kritikers Grigorij Daševskij gelesen, der beschreibt, was Esterházy in schwarzer und roter Schrift tut:

> Er distanziert sich nicht von seinem Vater … Er stößt ihn aus, speit ihn geradezu aus – und in an seinen Vater gerichteten verzweifelten und spöttischen Kommentaren versucht er dann, sich ihm wieder anzunähern.

Rot für die Berichte des Vaters an seine Führungsoffiziere, Schwarz für seine eigenen Reaktionen beim Lesen der Akten. Oft sind seine Reaktionen Abkürzungen oder knappe Notizen: T für Tränen, S für Selbstmitleid, E für Einfall und V für Vorstellung. Was er hier tut, ist kein Wegstoßen eines Elternteils voller Scham und Abscheu, um ihn dann wieder zu sich heranzuziehen und schmerzerfüllt zum Teil doch wieder anzunehmen. Sondern genau das: den Vater *ausspeien* und ihn dann wieder in sich aufnehmen. Nur weil sie sich selbst oder uns verraten, sind unsere Eltern nicht weniger in uns enthalten.

Beim Abwasch (jemand muss den ja erledigen) folge ich im Radio einer offenen Gesprächsrunde über pathologisches Horten. Ein Mann ruft an, der Stimme nach zu urteilen über vierzig, vielleicht auch über sechzig: »Mein zwanghaftes Horten habe ich meinen Eltern zu verdanken. Sie haben die Wirtschaftskrise überlebt, was sie stark geprägt hat. Und so kam das dann auch bei mir.«

Diese Geschichte, wie man in etwas hineingeboren wird und wie Schicksal generationenübergreifend funktioniert, ist dazu verdammt, immer wieder erzählt zu werden. Das Leid der Eltern, Traurigkeit, Missbrauch (ob als Opfer oder Täter), Gleichgültigkeit, Liebesentzug – wie ein Panzer rollen und explodieren sie über dem Leben der Kinder.

Borges' *Unendliche Bibliothek* der Die-verkorksen-dich-total-deine-Mum-und-dein-Dad-Märchen à la Larkin.

Kein Thema ist so unendlich wie dieses. Wir und unsere Eltern, das verfolgt uns – das verdrängt sogar das Schreckgespenst historischer oder persönlicher Katastrophen, als hätte eine Katastrophe je die andere ausgeschlossen. Dichter Nebel verhüllt, was zwischen Eltern und Kindern weitergegeben wird. Der Nebel von zu viel Bedeutung, von zu vielen freigelegten Parallelen.

Mehr Echo als in einer Echokammer!

Mehr Ursache und Wirkung als in einem geschlossenen Stromkreis!

Und das alles, ohne Vatermord und Mutterheirat in all ihren unerschöpflichen Variationen überhaupt angesprochen zu haben. Ich glaube, dieser Überschuss an Bedeutung und die damit einhergehende Überbestimmtheit ist das, was Loorie Moore ablehnt. Sie fragt, wie sehr sich Eltern einreden müssen, sie seien die Töpfer und ihre Kinder der Ton. Wie sonst erhält man die lebenslange Hingabe und Aufopferung aufrecht, wenn nicht durch die selbst herangezüchtete Illusion der eigenen Wichtigkeit? Und was die Kinder anbelangt, halten die nicht immer die Augen nach Ausreden offen, und ist es wirklich so unbegreiflich, dass auch sie, wenn sie selbst Eltern werden, in die Maschinerie der Selbsttäuschung gezogen werden? Philip Roth – *Portnoys Beschwerden*:

Welcher Satz ist auf die jüdischen Münzen geprägt – auf den Leib jedes jüdischen Kindes? – Nicht: WIR VERTRAUEN AUF GOTT, sondern: EINES TAGES BIST DU SELBER VATER, UND DANN WIRST DU WISSEN, WIE DAS IST

– er schreibt spezifisch über das Klammern jüdischer Eltern in Amerika nach dem Zweiten Weltkrieg und schreibt zugleich überhaupt nicht spezifisch darüber.

Ich habe tolle Eltern. Tolle jüdische Eltern. In meiner Kindheit hatten sie einen großen Stellenwert in meinem Leben, aber nie auf bedrohliche Weise. Daran dachte ich, als ich Karl Ove Knausgårds Beschreibung der Beziehung zu seinem Vater las. Sein Vater war bedrohlich. *Wenn er schlug, machte das die Sache weder besser noch schlechter, es war genauso schlimm. Es war nicht der Schmerz, vor dem ich Angst hatte, sondern er selbst, seine Stimme, sein Gesicht, sein Körper und die Raserei, die ihm entsprang. Davor hatte ich Angst, und diese Angst legte sich nie, sie blieb an jedem einzelnen Tag meiner gesamten Kindheit bestehen.* Ich kann mich nicht erinnern, jemals ernsthaft Angst vor meinen Eltern gehabt zu haben. Dass ich ohne diese Furcht aufwachsen konnte, ist bestimmt eine der wichtigsten Tatsachen über mich und mein Leben. Hier kommt noch eine: Als wir einwanderten, war ich ein Teenager und lief nicht Gefahr, ob unbewusst oder nicht, das Leben meiner Eltern nachzuahmen. Das Land, das wir hinter uns ließen, brach kurze Zeit später zusammen, und das, in dem wir uns wiederfanden, hatte kaum Ähnlichkeiten mit irgendetwas, das meine Eltern kannten oder sich hätten ausmalen können. Also war ich frei. Im Gegensatz zu vielen anderen nicht aus Industrienationen eingewanderten Eltern, die ihre Kinder zu Erfolg anspornten, um ihnen die Scham zu ersparen, sich in einem Land, in dem sie keinerlei soziales oder emotionales Netz hatten, wie ein Niemand zu fühlen – in anderen Worten (nicht die meiner Eltern), damit sie nicht die gleiche Scheiße durchmachen mussten –, respektierten meine Eltern nach wie vor meine Unabhängigkeit. Aller Wahrscheinlichkeit nach unbewusst befreiten sie mich von der Pflicht, dem Bedürfnis der Familie nach Selbstbestätigung und Überleben nachzukommen. Eine Familie besteht nicht nur aus den Lebenden, sondern auch aus ihren Toten und ihren noch Ungeborenen.

Angeblich bemerkt man die ersten Anzeichen (also davon, die eigenen Eltern nachzuahmen), sobald man selbst Kinder hat. Aber als ich mein erstes Kind bekam, war ich auf mich allein gestellt und in einem Land, das nach für uns noch immer weitgehend unergründlichen Regeln funktioniert, und die Tatsache, dass ich alleinerziehend war – noch eine Erfahrung, die meinen Eltern fremd war –, befreite mich ein weiteres Mal. Oder vielleicht war ich auch einfach zu jung, hatte zu viele selbst auferlegte Gebote und ging zu verkopft an die Frage heran, was für eine Mutter ich sein wollte, ich war auch nicht vom Leben ausgelaugt, und ich war dankbar für die Erziehung meiner Eltern und wollte nicht auf Teufel komm raus alles anders machen als sie. (Knausgård hat vier Kinder – »Ich habe im Zusammenleben mit meinen Kindern im Grunde immer nur ein einziges Ziel verfolgt: dass sie keine Angst vor ihrem Vater haben.«) Frei vom folgsamen Nachspielen oder Ablehnen der Familienskripte konnte ich mich selbst dabei beobachten, die Tochter meiner Eltern zu sein. Manchmal stießen meine Eltern aus mir hervor wie Beinchen aus dem Leib einer Schwangeren. Manchmal waren sie weißes Rauschen, das mich von innen erfüllte, alle anderen Geräusche verdrängte und Raum für eine beunruhigende Stille schuf. Ich will meiner Freiheit nicht allzu viel Bedeutung beimessen. Sie war immer nur provisorisch und partiell. Aber je länger ich lebe, sprich, je mehr Einblicke in anderer Leute Leben ich bekomme, umso erstaunlicher kommt mir diese Freiheit vor.

Einmal unterhielt ich mich mit Lisa – die ganze Zeit hatte

ich Katie und Bryn im Hinterkopf –, und wir kamen auf Familien zu sprechen. Lisa sagte: »Ein Suizid in der Familie ist wie ein Kreuz auf der Stirn.« Bis dahin hatte ich keine Ahnung gehabt, dass sich beide Geschwister ihres Vaters das Leben genommen hatten. Jahrzehntelang glaubte sie, sie würde auch so enden. Lisa war so ziemlich die letzte, der ich diese Aussage zugetraut hätte. Auf mich wirkte sie frei von tiefsitzenden selbstzerstörerischen Trieben, aber was wusste ich schon. Wie sich herausstellte, hatte sie während ihrer gesamten Dreißiger vor dem Einschlafen immer ein Bild vor Augen gehabt, wie sie sich eine Kugel in den Kopf jagte. Das Bild kam von außen. Sie konnte nichts dagegen tun. Diese Geschichte und ihr Kraftfeld gehörte ihnen, nicht ihr, und dennoch blieb etwas an ihr haften, vielleicht so etwas wie das Gefühl, gezeichnet zu sein. Bis es schließlich aufhörte. Als wäre sie herausgewachsen.

Nachdem Lisa mir das erzählt hatte, hielt ich die Ohren offen und hörte auch andere über das Kreuz auf der Stirn sprechen. Wo war ich, oder es, vorher gewesen? An einem Morgen schaltete ich das Radio ein, damit ich und das Chaos auf dem Frühstückstisch Gesellschaft hatten, und hörte dem amerikanischen Schriftsteller David Vann zu; noch nie zuvor hatte ich jemanden mit Fremden, deren Gesichter man nicht sehen konnte, so offen über den Suizid eines Elternteils sprechen hören. Ich war wie besessen von Vann, las alles, was er geschrieben hatte, und lud mir alle Interviews herunter, die ich finden konnte. Er war dreizehn gewesen, als sein Vater sich das Leben genommen hatte. Weil ihn die Wahrheit beschämte, erzählte er jedem, sein Vater sei an Krebs gestorben. In ihm brannte die Vorahnung, dass er das Schicksal seines Vaters wiederholen würde. Er wusste genau, wie es passieren würde: Irgendwann käme er an einem Tiefpunkt an, und

»dann würde der Suizid schon auf mich warten«. Vann sagte: »Zwanzig Jahre lang spürte ich eine Art Verhängnis. Man kann das nicht anders ausdrücken. Verhängnis – im ganzen Ausmaß der Bedeutung dieses Wortes. Irgendwann würde es bergab gehen, ich würde depressiv und dann wäre es unabwendbar. Daran glaubte ich.«

Dann kam er an einen Tiefpunkt. Seine Lage war so schlimm, dass er dachte: Jetzt ist es so weit. Und … er stellte fest, dass er keinerlei Verlangen hatte, seinem Leben ein Ende zu setzen. Das also war nötig gewesen, damit er endlich frei sein konnte. Er musste diesen Punkt selbst erreichen und es am eigenen Leib erfahren.

Zwanzig Jahre – ich habe mit einigen Psychologen und Psychiatern gesprochen, und offenbar hören sie häufig, dass ein Suizid in der Familie eine Tür aufstoßen kann, die besser geschlossen geblieben wäre, und wenn der Wind stark und beständig genug ist, schwingt die Tür bedrohlich oder verlockend hin und her, vielleicht beides. Die schwingende Tür im Wind ist etwas ganz anderes als das erfundene »Suizid-Gen«. Als Sylvia Plath's Sohn Nicholas Hughes sich das Leben nahm, machte das Gen du jour in den dümmeren Medien Schlagzeilen, und zwar nicht zu knapp. Das Wort klingt weniger nach Behördenjargon als »Nachahmungstat«. Trotzdem zucke ich zusammen. Die angestrengte, unbeholfene Sprache, die uns zur Verfügung steht, um zu beschreiben, was nach einem Suizid zurückbleibt, fühlt sich wie eine Art Platzhalter für die noch ausstehende, richtige Sprache an. Wir warten ab, recken die Hälse und sehen nach rechts und links, aber die richtige Sprache ist nicht da.

Ich will mehr über das Kreuz auf der Stirn wissen. Vom Leid der Eltern verfolgt und geformt zu werden ist eine Sache. Aber dazu verurteilt zu sein, es zu wiederholen, ganz gleich, was für ein Leben man sich aufgebaut hat? Die Vorstellung eines Kindes, das im Tod eines Elternteils gefangen ist, lässt mir keine Ruhe. Das hängt mit der Vergangenheit zusammen, die sich über Generationen hinweg als Schicksal etabliert hat, eine Wahllosigkeit, die nicht auf die großen geopolitischen Zusammenhänge wie Enteignungen, Verfolgung und Trauma zurückzuführen ist, sondern auf Kräfte unter der Haut, die niemand im Griff hat. Die Seele eines anderen – ihre Leiden und tiefsten Bedürfnisse. Die Netze, die eine Familie knüpft. (Plus die Gene.) Außerdem die reale Möglichkeit, dass Heraklit mehr richtig- als falschlag, als er sagte: »Der Charakter des Menschen ist sein Schicksal.« Knausgård wird in einem Interview – er hat Abertausende gegeben – nach seiner Meinung zum Thema Schicksal befragt. Er antwortet, heutzutage glaube niemand mehr an Schicksal. Das Konzept sei tot. Überholt. Aber sind wir nicht, fügt er hinzu, die gleichen Menschen, die hier vor zehn Generationen gelebt haben? Was ist aus den Dingen geworden, von denen wir wussten, dass sie wahr sind? Wo sind sie hin?

Nirgendwohin. Sie sind unauslöschlich – selbst in dieser Welt, die erhellt ist vom Feuer unseres, wie wir uns selbst versichern, unanfechtbaren freien Willens.

Ich dachte immer, nichts könne schlimmer sein, als wenn Eltern ihre Kinder verlieren, eine Binsenweisheit, und jetzt höre ich ständig von Kindern, die von ihren Eltern zurückgelassen werden. Zurückgelassen werden von. Und mit – das Gefühl, man wäre dazu bestimmt, den finalen Akt der Eltern nachzuahmen, lässt sich nicht abschütteln oder verdrängen. Sagen Sie nicht, dass man die Wahl hat, zumindest in manchen Fällen ist die Sache wesentlich komplizierter.

Ich treffe mich mit Amanda, um mit ihr über Stephen von Bryns Schule zu sprechen, aber die Unterhaltung entwickelt sich dahin, wohin sie sich entwickeln muss, und sie stellt mir Martin vor.

Martin war zwanzig, als sein Vater sich das Leben nahm. Jetzt, wo er doppelt so alt ist, wirkt zwanzig jung. Damals war das nicht so. Er hielt sich für alt genug, um damit fertigzuwerden: der Zweitälteste, drei Schwestern und er; eine Zeit lang waren alle vier jünger als fünf. »Mum zufolge ging es Dad gut, als wir noch klein waren.« Als sie dann größer und schließlich Jugendliche wurden, ging es ihrem Dad alles andere als gut. Niedergeschlagen und emotional abwesend, aber auch zornig und paranoid. Zudem eifersüchtig, vor allem, wenn seine Frau mit Freundinnen unterwegs war. Der Streit von Martins Eltern war bis draußen auf der Straße zu hören. Laut, heftig – jeder bekam es mit. Auf jeden Fall Martins bester Freund, der nebenan wohnte. Damals kam Martin beinahe um vor Scham. Aber zu hoffen, dass seine Eltern sich trennten? Das wäre noch schlimmer gewesen als der öffentliche Zerfall ihrer Ehe. Martin erzählt mir: »Als ich acht oder neun war, kam Mum immer zu mir und hat gefragt: Soll ich zu ihm zurück? Ich erinnere mich noch ganz genau, wie sie das gefragt hat. Ich wollte die Schande einer Trennung nicht. Also habe ich gesagt, ja, sie soll zu ihm zurück.«

Sie lebten in einer Kleinstadt in Nordengland. Wenn die Sache aus dem Ruder lief, gingen die Kinder zu den Großeltern, die in der Nähe wohnten. Nach ein paar Tagen kamen sie zurück, und es war ruhig. Fromme katholische Familie. Die Kinder sahen das so: Ihre Mutter, in Martins Augen die allerbeste, war gut und unschuldig, und der Vater böse, ein schlechter Ehemann und Papa. Martin hatte Angst vor ihm, obwohl sein Vater ihn nur ein- oder zweimal geschlagen hatte. »Erst viel später begriff ich, dass Mum ziemlich provokant war. Sie suchte Streit. Dann wünschte ich mir, sie würde einfach den Mund halten.« Martin erkannte, dass seine Mutter zwar dafür sorgte, dass die körperlichen Bedürfnisse der Kinder erfüllt waren, aber emotional nicht für sie da war, und dass sein Vater die Kinder auf seine Art liebte und sich um sie kümmerte. Er war ein Naturfreund und verbrachte tolle Ferien mit ihnen – Luxus pur, viele von Martins Freunden fuhren nie irgendwohin.

»In der Kindheit zog ich mich total zurück, ich igelte mich ein, mir fiel es richtig schwer, eine Beziehung zu Männern aufzubauen, vor allem zu älteren.« Die Schulzeit war schwierig. Das College war »drei Jahre lang die reinste Hölle«. Leicht wurde es nie. »Mein ganzes Leben lang war ich ein braver Junge, das ist wirklich schwer. Weil man nicht immer brav sein kann. War ich einmal nicht brav, hielt ich mich gleich für fürchterlich.« Immer brav sein wollen bedeutet auch, nicht herauszufinden, wer man wirklich ist. Noch heute hat Martin Probleme, eine Stelle zu bekommen und nicht entlassen zu werden. »Wenn jemand wütend ist, beziehe ich das sofort auf mich. Das muss überhaupt nichts mit mir zu tun haben, und trotzdem nehme ich es persönlich.« So zu leben geht an die Substanz. Niemand erträgt unbegrenzte Mengen von angstbedingtem Adrenalin in Kopf und Körper. Martins Vater starb, drei oder vier Monate nachdem Martin mit dem Studium angefangen hatte. »Als ich weg war, ging es steil bergab. Mum zog erst in mein Zimmer und dann in eine eigene Wohnung.« Sein Vater zog zu seinen Eltern, wo er sich ertränkte. Martins Schwester rief an und sagte es ihm.

Wie betäubt stieg Martin in den Zug, er konnte nicht weinen. Die Beerdigung war schrecklich. Die Eltern seines Vaters gaben der Ehefrau und den Kindern die Schuld am Tod ihres Sohnes. »Und wir saßen bei der Familie meiner Mum, die sich die ganze Zeit darüber ausließ, was für ein schlechter

Mensch Dad gewesen war. Trauern konnte man eigentlich gar nicht.« Die Beerdigung kam und ging, und Martin hatte noch immer nicht geweint. In seiner Familie gab es keine explizite Vereinbarung, den Suizid nicht mehr zu erwähnen, es hat sich einfach so ergeben. »Mit der Zeit spricht man immer weniger darüber.« Jahrelang erzählte er niemandem davon, und es geht ihm immer noch nicht leicht über die Lippen, aber wenn es passt, dann kann er jetzt darüber sprechen.

Früher fuhr er oft durch die Gegend und wünschte sich, dass ihm jemand ins Auto raste. Suizid als Ausweg hatte ihm sein Vater weggeschnappt. »Was für ein schlechter Mensch müsste ich sein, um denen, die mich lieben, dasselbe anzutun wie mein Vater uns?« Er nimmt es seinem Vater nicht übel, und je älter er wird, umso besser versteht er ihn. »Was mir am meisten Schwierigkeiten bereitet, ist das Gefühl, dass ich zwangsläufig an denselben Sachen scheitern werde.« Dieselben Sachen umfassen: ein Ehemann und Vater sein, die Wut im Zaum halten, seinen Platz in der Welt finden und verhindern, dass die Scham und die Depression seinen Beziehungen Leben und Hoffnung entziehen. Er sagt: »Nichts im Leben ist so fundamental wie die eigenen Eltern«, und am schlimmsten ist es, wenn sie zwar da sind, aber nicht richtig, weil man dann immer wieder Unterstützung, Geborgenheit und Bestätigung bei ihnen sucht, und wenn das ausgeschlagen wird, zieht sich ein Teil von dir noch weiter vor der Welt zurück. Jedes Jahr wird er trübsinnig, selbst wenn er diese Dinge nicht bewusst auf dem Schirm hat, und wenn er sich fragt, warum die Welt gerade so düster aussieht, muss seine Frau ihn manchmal erinnern: »Heute ist der Todestag deines Vaters.«

Ich frage ihn nach dem Gefühl des Verbundenseins, also wie sich dieses Gefühl anfühlt.

»Ab und zu habe ich kurz den Eindruck, dass ich er bin und die Welt durch seine Augen sehe. Klingt komisch, ich weiß, aber ich kann seiner Anwesenheit unmöglich aus dem Weg gehen. Ich glaube, das wird mich immer begleiten. Ich werde nie darüber hinweg sein. Mir ist aufgefallen, oder mir ist aufgefallen, dass mir das schon mal aufgefallen ist, oder mir ist wieder aufgefallen, dass ich aussehe wie mein Vater. Wenn ich mein Spiegelbild nur flüchtig sehe, erkenne ich ihn aus dem Augenwinkel. Wegen dieser Ähnlichkeit konnte ich jahrelang nicht in den Spiegel sehen. Und bestimmt auch wegen der Scham … Ich glaube, auch er schämte sich ziemlich. Nur beim Rasieren schaue ich in den Spiegel. Man hat sowieso immer Bilder im Kopf, wie man aussieht und wie die Welt einen wahrnimmt, und ich habe mich umgesehen und mir vorgestellt, dass die Welt in mir meinen Vater sieht … Und so ertappt man sich dabei, wie man versucht, sein Aussehen zu verändern. Damit einen keiner als Bedrohung wahrnimmt.«

In folgender Hinsicht geht es ihm jetzt besser, und er fühlt sich freier: Er hat eine Tochter und ist ein guter Vater, aber er muss auf sich achtgeben. Seine Frau hat ihn nicht verlassen, doch sie waren bereits getrennt und sind wieder zusammengekommen; schon oft stand die Ehe auf der Kippe, seine Frau ist mit den Nerven am Ende. Sie lieben sich. Sie hat um ihn gekämpft. Amanda ist Teil des Kampfes. Diese Wiederholungsgeschichte steht weder in den Sternen noch auf den Tafeln neben den Geboten. Dass er so lange gebraucht hat und dass die Freiheit, die er sich mühsam erkämpft hat, so zerbrechlich ist, liegt daran, dass die andere Sache so tief in ihm steckt. Wahrscheinlich hat seine Frau ihn gerettet. Er glaubt nicht mehr, dass er keine Wahl hat. Und er will nicht sterben, weder wie sein Vater noch auf andere Weise. Wir verabschieden uns, er eilt zu seinem Kind, ich zu meinem. Den Eindruck eines Happy Ends habe ich nicht (obwohl ich weiß: Martin lebt, er ist ein Vater und Ehemann, mehr Glück kann man nicht erwarten), denn es bricht mir das Herz, wenn ich daran denke, dass ein Mann vier Jahrzehnte seines Lebens versucht hat, sich erst vom Leben und dann vom Tod seines Vaters zu lösen.

Ich frage den Psychiater Paul Valent nach dem Kreuz auf der Stirn. Wir treffen uns, um über überlebende Kinder des Holocausts zu sprechen – er ist selbst eines –, aber die Unterhaltung nimmt ihren natürlichen Lauf, und ich erzähle ihm von Lisa, Martin und David Vann.

Und Valent sagt: »Das gilt auch für Krankheiten. Manche glauben, sie haben die Krankheit, an der ein Elternteil gestorben ist, sobald sie dessen Alter erreichen. Oder sie haben die Krankheit wirklich und sterben im selben Alter. Das Gleiche passiert, wenn ältere Geschwister sterben. Die jüngeren Geschwister werden so alt wie ihre Geschwister bei deren Tod, und dann haben sie einen Unfall.« Ich habe ein Interview mit der australischen Autorin Robyn Davidson gelesen, die elf war, als ihre Mutter sich das Leben nahm. Weder beschäftigte sie sich obsessiv damit, noch fühlte sie sich tödlich gezeichnet. »Ich kann mich an keinerlei Schuld oder Schmerz erinnern. Dann wurde ich sechsundvierzig, so alt wie sie bei ihrem Tod, und, oh Mann, da traf es mich mit einem Schlag.« Jahrzehntelang nichts, dann der Angriff aus dem Hinterhalt. Mehr Überfall als Damoklesschwert. Ich spreche mit einer Frau, die als Kind ihre kranke Mutter verloren hatte, aber die restliche Schulzeit durchzog, anschließend die Uni (als erste in der Familie), danach eine Karriere im öffentlichen Dienst, und als sie das Alter ihrer Mutter erreichte, befiel sie eine Schwäche, die sich nicht mit einem Achselzucken abtun ließ, die Ärzte waren ratlos, ein unerklärliches Leiden. Monatelang ging sie nicht zur Arbeit und blieb im Bett.

»Es gibt chronologische Zeit und erfahrungsmäßige, zyklische Zeit«, erklärt mir Valent. »Letztere hat eine emotionale Bedeutung. Sie ist existenziell. So wie Bauern die Ernte sehen: Es gibt eine Zeit zum Ernten und eine zum Säen. Eine Zeit zum Leben und eine zum Sterben.«

Im Museum of Old and New Art in Hobart warte ich, bis die anderen Besucher weg sind, und stelle mich vor Anselm Kiefers *Sternenfall/Schewirat ha-Kelim* – »Bruch der Gefäße« bedeutet das übersetzt. Im Museum gibt es kaum natürliches Licht. Aber der Pavillon, der für diese Skulptur Kiefers errichtet wurde, hat auf beiden Seiten deckenhohe Fenster. Hinein kommt man durch einen gläsernen Durchgang. Mehr Licht. »Kiefer verlangt Pavillons, also kriegt er seinen verdammten Pavillon«, so die Einstellung von MONA-Chef David Walsh. Das Werk besteht aus vier überquellenden Reihen riesiger Bücher aus Bleiplatten und zwischen den Seiten sind hier und da zackige Glasscheiben, die scheinbar jeden Moment herunterfallen und am Boden zerspringen, wo bereits rundherum Scherben liegen, als würde das Fallen und Brechen von Glas nie aufhören – als könnte es nie aufhören. Auf einigen Scherben sind die langen astronomischen Zahlen eingraviert, die NASA-Wissenschaftler Sternen geben.

Der Bruch der Gefäße ist ein Konzept aus der Kabbala. Bei der Schöpfung goss Gott göttliches Licht in zehn Gefäße, aber die Gefäße erwiesen sich nicht als stabil genug für das Licht, und die meisten zerbrachen. In den Gefäßen waren Lichtfunken eingeschlossen. Zahllose Scherben fielen in die materielle Welt hinab, und so kamen das Böse und die Zwietracht in unsere Welt, die laut Rabbiner Adin Steinsaltz »die schlimmste aller möglichen Welten ist, in denen es noch

Hoffnung gibt«. (Außerdem ist sie die beste aller möglichen Welten, denn sie trägt die Chance zur Wiedergutmachung und Rettung in sich.) Wie immer bei Kiefer steckt in dieser Darstellung eines Schöpfungsmythos mehr oder weniger aktuelle Geschichte. Übergroße Bleibücher, die aussehen, als wären sie aus Asche – eine Erinnerung an die Bücherverbrennung; zerbrochenes Glas – die Novemberpogrome.

Ein paar Minuten lang bin ich allein. Ich sehe das Werk nicht zum ersten Mal. Ich würde nicht sagen, dass ich wie gelähmt bin, das klingt zu dramatisch, aber irgendwas bin ich doch. Ich bin neu geordnet. Mir fällt ein, dass Kiefer mal etwas in der Art gesagt hat, dass er nichts von der Vorstellung von einem Ende halte, bei dem alles im Paradies oder im Jüngsten Gericht gipfelt.

So ist das also, denke ich. Sterne regnen vom Himmel herab wie Glasscherben. Die Zeit schafft Raum für Zeitlosigkeit. Schöpfung ist immer eine Katastrophe, ein Zerbrechen. Alles ist bereits passiert. Die Vergangenheit bewegt sich nicht durch die Gegenwart wie ein ausgestreckter Finger oder ein schemenhafter Beichtvater im langen Gewand. Die Vergangenheit ist kein *hab's dir doch gesagt*. Kein *so hat das alles angefangen*. Sie ist ein Klopfen an der Tür mitten in der Nacht. Man öffnet die Tür, und niemand ist da. Man kann sich nicht einreden, dass das nur die Bengel aus dem Eckhaus waren, denn selbst für die ist es schon zu spät, und man hat das Klopfen bestimmt nicht nur geträumt, denn man war die ganze Nacht hellwach wie ein Einsiedlerkrebs. So ist das also. Sterne fallen vom Himmel wie erschossene Spatzenküken in Maos China. Bücher sind nur deshalb unvergänglich, weil es so leicht ist, sie in Asche zu verwandeln (nicht wie Gebäude, die gesprengt werden müssen); sie sind nur deshalb unvergänglich, weil sie so gut fürs Überleben gerüstet sind, als

Spuren aus Staub, Samen, Erinnerungen und Schnipsel sind sie auf der ganzen Welt verstreut. Und was uns betrifft, Sie und mich, ach, das ist leicht. Wir sind die zerbrochenen Gefäße, in uns tragen wir all jene, die vor uns da waren – und verstreuen sie überall.

TEIL DREI

In einer russischen Stadt —— km außerhalb von Moskau fanden ein paar Schüler das Tagebuch eines jungen Mannes aus der Generation jener Jungen, die im Zweiten Weltkrieg reihenweise niedergemäht worden waren. Diese in den späten 1910er- und frühen 1920er-Jahren geborene, bis 1945 verstorbene Generation gab es in den meisten europäischen Ländern, aber in der Sowjetunion – »Stirb, aber weiche nicht« (J. Stalin) – hinterließ sie ein demografisches schwarzes Loch. Die Schüler nahmen das Tagebuch mit in die Schule. Dieses authentische historische Dokument war von einer besonderen Aura umgeben und doppelt faszinierend, weil es nicht in einer Bibliothek oder in einem Archiv verborgen gewesen war. Sie hatten es aus der beinahe sicheren Versenkung gerettet. Darum gaben sie besonders darauf acht.

Das Tagebuch hatte einem jungen Mann gehört, der 1937, also am Höhepunkt des Großen Terrors, zur »Geheimpolizei«-Schule des NKWD gegangen war, wo Elitekader dazu ausgebildet wurden, die Feinde der Sowjetunion zu entlarven. Eineinhalb Millionen solcher Feinde wurden festgenommen, mehr als 700 000 erschossen, und drei Monate nach Beginn der Ausbildung, auf die er sich voller Diensteifer eingelassen hatte, wurden die Eltern des jungen Mannes als genau jene Art antisowjetischer Elemente enttarnt, die ihr Sohn zu beseitigen ausgebildet wurde: Spitzel, Terroristen, Saboteure. Wie es sich für den Sohn von Volksfeinden gehörte, wurde der junge Mann umgehend und ohne überflüssiges Feingefühl von der NKWD-Schule geworfen. So war das (wie der Westen seit *Der Archipel Gulag* weiß): Die nächsten Verwandten eines Feindes waren nicht nur ein armer Haufen fassungsloser Familienmitglieder, sondern die Frau eines Feindes, die Mutter eines Feindes, das Kind eines Feindes, jeder für sich genommen ebenfalls ein Feind. Das Tagebuch endet im Zweiten Weltkrieg, als der Sohn das Einzige tat, was er und seine hochgradig verunreinigte soziale DNS noch durften: Er starb, während er sein Land verteidigte.

War das die Aura des Tagebuchs – der Bedeutungskosmos eines jungen Mannes und seiner Eltern, beide auf einen Schlag ausgelöscht? Dieser junge Mann, der sich nichts sehnlicher gewünscht hatte, als das kleinste Rädchen im System zu sein, wurde von der kategorischen Gleichgültigkeit des Systems vernichtet. Wie viele überzeugte Anhänger wurden auf diese Art weggefegt und starben in Lagern oder vor einem Hinrichtungskommando, während sie noch immer »Genosse Stalin!« oder »Die Partei!« oder »Unser großes, kampfbereites Vaterland!« und andere alte Parolen überzeugter Anhänger riefen oder flüsterten? Und so viele, so unglaublich viele von ihnen mussten gedacht haben, dass die sogenannten Säuberungen auf einer Verwechslung beruhten, die Partei von Faschisten infiltriert worden war und die wahren Ideale (für die es sich mit einem Lied auf den Lippen zu sterben lohnte) unterwandert worden waren. Und obwohl er sowohl den Lagern als auch den Erschießungskommandos entkommen war (dafür hätte er sich, hätte er es gekonnt, beim Krieg bedanken müssen), war der junge Mann in gewisser Weise nur eins von so vielen gesichtslosen, treu ergebenen Kindern, die vom Vaterland, ohne zu zögern, verschluckt wurden.

Die Schüler schrieben das Tagebuch in ein Theaterstück um, das sie in der Schule aufführten. Ganz besonders fasziniert von der Geschichte war der junge Mann, der die Hauptfigur spielte; er war so gefesselt, dass er über das Tagebuch und seinen Autor einen Aufsatz für einen landesweiten Geschichtswettbewerb schrieb, der von der Menschenrechtsorganisation Memorial organisiert wurde. (Falls der Memorial-Wettbewerb wie irgend so eine gut gemeinte, bedeutungslose bürgerliche Aktion klingt, mit der man versucht, das Interesse von Schülerinnen und Schülern an irgendwas zu wecken, dann beachten Sie bitte, dass dieser Wettbewerb seit 1999 durchgeführt und von Irina Scherbakowa organisiert wird, einer erstklassigen Historikerin des sowjetischen zwanzigsten Jahrhunderts, und dass jährlich dreitausend Aufsätze eingeschickt werden, vor allem aus den Regionen und Provinzen. In den meisten Einsendungen steckt die harte historische Arbeit des Enthüllens und Zusammenfügens; wiedergekäut und aufgewärmt wird kaum. Eine ziemlich schöne Sache.)

Bei der Arbeit an seinem Aufsatz schaffte es der junge Mann der Gegenwart, an Dokumente zu gelangen, in denen der Fall gegen die verhafteten und anschließend hingerichteten Eltern des jungen Mannes der Vergangenheit ausführlich dargelegt wird. Die Teilnehmerinnen und Teilnehmer des Memorial-Wettbewerbs werden ermuntert, sich nach Möglichkeit an Zeitzeugen zu wenden und Archive aufzusuchen. Das alles tat der junge Mann, und als er gewissenhaft die Dokumente durcharbeitete, fiel ihm der Name des Offiziers auf, der die Eltern befragt hatte.

Diese Geschichte erzählt Irina Scherbakowa in einem Interview beim Radiosender Echo Moskwy (immer noch unabhängig, immer noch auf Erfolgskurs) Natella Boltjanskaja. An dieser Stelle macht die Historikerin eine Pause, lang genug für ein gehauchtes »oh Gott« der Journalistin, die ahnt, was jetzt kommt, und man hört ihrem Atemzug an, dass sie hofft, sich zu irren. Aber nein, Natella Boltjanskaja irrt sich nicht, es ist genau, wie sie denkt: Der Offizier, der das Verhör durchführte, und der junge Mann der Gegenwart haben denselben Nachnamen. In Kleinstädten wie die, aus der die beiden jungen Männer stammen, sind bestimmte Nachnamen Familienclans vorbehalten und füllen nicht seitenweise die Telefonbücher. Und jetzt gerät der junge Mann der Gegenwart allmählich ins Wanken. Bevor er das Tagebuch in die Finger bekam und den jungen Mann der Vergangenheit bei seiner Erschütterung und Scham angesichts seines Leids und seiner Ächtung begleitete, wäre der junge Mann der Gegenwart vielleicht nicht annähernd so bestürzt darüber gewesen, dass sein Großvater möglicherweise für das NKWD gearbeitet hatte; aber der junge Mann der Vergangenheit hat seine Arbeit getan, und nun muss der junge Mann der Gegenwart unbedingt wissen, auf welcher Seite des Verhörtischs sein Großvater saß. Als er sich ausmalt, was sein Großvater getan oder nicht getan hat, muss der junge Mann der Gegenwart einen doppelten Schlag einstecken (oder genauer gesagt eine doppelte Wunde erleiden) – für sich selbst als Erbe seiner Familiengeschichte und für den jungen Mann der Vergangenheit, der für ihn wie ein unsichtbarer Bruder geworden ist.

Der junge Mann der Gegenwart hatte nicht vorgehabt, seine eigene Familiengeschichte auszugraben. Er war so unbedarft und hatte es sich nicht zur Aufgabe gemacht, einer verborgenen Wahrheit auf die Schliche zu kommen. Er wurde überrumpelt. Er wurde zu Fall gebracht. Die Vergangenheit holte ihn ein. Sie packte ihn durch die Geschichte eines völlig Fremden und zog ihn in den Strudel der Geschichte seiner eigenen Familie. Oft funktioniert die Vergangenheit genau so. Wie ein Strudel. Sie lebt nicht in kleinen Zoogehegen. Man kann sie nicht besuchen wie eine alternde Tante. Sie ist wie ein Motor. Zumindest manchmal ist sie wie das Brandmal eines Verbrechers auf der Haut der Familie (auf das Bild bin ich durch die zufällig offenbarte Lilie auf Miladys Schulter in Dumas' *Die drei Musketiere* gekommen). »Die Vergangenheit formt die Gegenwart« – das lernt man in der Schule und im Studium. *Formt?* Wohl eher infiltriert, durchdringt, erfüllt, sie ist unsichtbar, diese Vergangenheit, sie ist gasförmig, nicht fest, ein geruchloser, farbloser chemischer Stoff, der in der Lunge herumwabert, in den Nischen zwischen uns knistert und in der Luft, die die Kultur ein- und ausatmet.

Wie sich herausstellte, war der gleiche Nachname ein Zufall. Aber der junge Mann der Gegenwart empfand keinerlei Erleichterung. Sein Großvater, erzählt Irina Scherbakowa, entpuppte sich als ein noch viel grässlicherer Mann als der provinzielle Vernehmungsoffizier, für den sein Enkel ihn kurzzeitig gehalten hatte. »Oh nein, oh Gott« … ehrlich, ich kann es in Natella Boltjanskajas Stimme hören – *das hört niemals auf, das wird ewig so weitergehen*. »Aber wir sollten vor diesen Dingen keine Angst haben, wir sollten uns nicht vor dem seelischen Schock fürchten, den der junge Mann erlitten hat«, sagt Scherbakowa.

Fürchte dich vor dem Gegenteil – dem Ausbleiben eines Schocks. Davor, nicht zufällig auf Tagebücher zu stoßen oder von Nachnamen überrumpelt zu werden.

GIB MIR
EIN KIND
UNTER
SIEBEN
UND ICH
ZEIGE DIR
DIE FRAU

VORHER

Einst war ich eine junge Frau. Ich färbte mir die dunklen Haare blond, und sie wurden versehentlich orange. Wir waren noch keine zwei Jahre in Australien. Mit grauer Farbe versuchte ich das Orange in den Griff zu kriegen. War immer noch ziemlich übel, aber immerhin konnte ich so aus dem Haus gehen. Mein dunkler Ansatz wuchs sofort nach. Ich hatte dunkle Augenbrauen. Den Männern gefiel das. Ich landete – fragen Sie nicht, wie – in einem Kurs für Radio- und Fernsehjournalismus. Die Zielgruppe waren die zugewanderten Söhne und Töchter Australiens – so nämlich –, und dort lernte ich Nahji kennen. Nahji Chu, aus der später misschu werden würde, bahnbrechende dieses und wegweisende jenes, Geschäftsfrau des Jahres, Food-Trend-Ikone und dann, nur einen Augenblick später, eine Frau, die kurz davorsteht, alles zu verlieren, und die, wie uns berichtet wird, fünf vor zwölf von demselben Typen gerettet wird, der auch für den Juwelier Bevilles und den Kekshersteller Unibic den Karren aus dem Dreck gezogen hat.

Aber das ist noch nicht einmal das Ende der Geschichte.

Der Journalismuskurs, bei dem Nahji und ich uns kennenlernten, war vor alldem. Ich mochte sie. Sie mochte mich. Ich log über mein Alter (vierundzwanzig, sagte ich, dabei war ich siebzehn). Sie verschwieg eine ganze Menge, aber nicht ihr Alter, das Alter war kein Problem. Sie war zwanzig, einundzwanzig, eine von sechs, irgendwo in der Mitte und die älteste Tochter. Ihre Familie kam aus Vietnam. Sie waren mit dem Boot aus Laos geflüchtet, wurden erwischt und lebten drei Jahre lang in thailändischen Flüchtlingslagern. Als sie Australien erreichten, war sie neun. Bei einem Abendessen zu Hause bei meiner Familie (wir luden zum Abendessen ein, nicht zu Dinnerpartys) erzählte Nahji uns, das gesamte Geld ihrer Familie sei in einen Gürtel eingenäht. Wir mochten ihre Geradlinigkeit – kein Wischiwaschi – und wie sehr sie mit sich selbst im Einklang war.

Das nächste Mal sah ich sie im Fernsehen bei *Q&A*. Wie viele Jahre später? Ich zähle nach. Vielleicht sogar zwanzig. Sie war praktisch noch dieselbe, so selbstsicher, so voller Energie. Sie stand förmlich unter Spannung, das machte den Unterschied aus. Niemand ist nach zwanzig Jahren noch dieselbe. Und etwa ein Jahr später, da war sie noch auf Erfolgskurs, trafen wir uns bei ihr in Sydney, wo sie »am Rande von Kings Cross« lebte, wie eine Zeitung formulierte (darüber musste ich lachen). Ich hatte bereits Fotos von ihrer Wohnung im Internet und in Hochglanzmagazinen gesehen – ja, sie wirkte auch auf mich wahnsinnig beeindruckend, aber was die Bilder nicht vermittelten, war der Eindruck, dass Nahji abseits von allen anderen stand. Allein. Vielleicht verstand ich das auch falsch, und es lag einfach an mir, weil ich aus der Vor-*misschu*-Vergangenheit kam und in ihr eine Erinnerung auslöste – die Zeit, ihr Verstreichen, auch ich spürte das. Ihre Bulldogge George, die in fast jedem Artikel erwähnt wurde, bellte, sprang hoch, fraß mit Begeisterung ein Würstchen und rannte zum Pinkeln raus. Da waren wir also. Ich mochte sie. Sie mochte mich.

Nach einer Weile fällt einem auf, wie viel ihrer Kindheit in den Menschen um einen herum steckt. In unseren Zwanzigern und Dreißigern wirkt der Kindheitskram oft wie ein Klischee, und im Teenageralter sowieso. Nicht wie die Kraft, als die er sich später noch erweisen wird. Erst neulich habe ich

Ira Glass von der Radiosendung *This American Life* sagen hören, dass »wir immer eine Geschichte aus unserer Kindheit parat haben, mit der wir anderen erklären, wer wir sind«, und ich denke darüber nach, dass in Amerika, ganz besonders da, die Kindheit schon so lange als eine für sich selbst sprechende Erklärung oder als eine Art Selbstdiagnose dient und wie oft das einem persönlichen und kulturellen Rückzug nahekommt und wie sehr dieser Determinismus blenden kann, wie entmutigend er sein kann, als wäre das Leben eine nach Schema F verlaufende Hintergrundgeschichte in einem mittelmäßigen Hollywoodstreifen. Dennoch verstehe ich – dafür habe ich eine Weile gebraucht –, dass von den Millionen Dingen, die uns im Babyalter, in der Kleinkinderzeit und Vorpubertät passieren, einige zwangsläufig zu dem werden, was Eva Hoffman »Nadeln« nennt. Nadeln, »die sich in die Haut gebohrt haben« und »nie wieder herausziehen lassen«.

Ich stand in Nahjis Wohnung – Nahji, die in der kurzen Phase ihrer Berühmtheit für tausendundein misschu-Zitate und -Sprüche gesorgt hat und die trotz der Journalisten, die dafür bezahlt wurden, sie pflichtgemäß ins Triviale zu ziehen, nie völlig uninteressant wurde. Man nimmt sie noch immer auf bestimmte Weise wahr: ein Pfeil mitten im Flug, ganz auf ihrer eigenen Flugbahn, das Ziel fest im Blick. Fast in jedem Kurzporträt wurde ihr Werdegang nachgezeichnet. Vom mittellosen Flüchtling zur Multimillionen-Dollar-Unternehmerin, von der Flucht vor der eigenen Vergangenheit hin zur bereitwilligen Annahme derselben, von der Scham zum Stolz auf ihre Identität, von nichts zu etwas, zu beinahe allem, wie es schien – und die Medien stürzten sich vor allem auf die Fehlschläge. Sie hatte es mit Nähen, Filmemachen, Schauspielerei und in einem Unternehmen versucht, und als das alles zu nichts führte, *entschied Chu, dass der einzige Weg*

*nach vorne war, die Karten auszuspielen, die sie auf der Hand
hatte.* Die Karten: Vietnamesin, Essen, harte Arbeit, Einfallsreichtum, keinerlei Erwartung, dass einem etwas geschenkt
wird, und das Glück, in Australien gelandet zu sein, wo die
meisten ihren Einsatz verpassen.

Irgendetwas störte mich, und zwar nicht, dass die schie-
re Ungeheuerlichkeit ihrer Umwege heruntergespielt wurde.
Vor misschu hatte Nahji schon so viel gemacht, dass unser
Journalismuskurs nicht einmal erwähnt wurde. Mich störte,
dass diese ganze Aschenputtel-Chu-Geschichte keinen Blick
auf das freigab, womit sie eigentlich zu kämpfen hatte. Zum
Beispiel: Die Welt würde ganz anders aussehen, könnte auch
nur jeder siebzehnte Flüchtling mit Alpha-Persönlichkeit
und einem Händchen für Arbeit etwas Dauerhaftes erträu-
men und aufbauen. Eher geht ein Kamel durch ein Nadelöhr.
Die Wahrscheinlichkeit war immer verschwindend gering
gewesen, dass Nahji dieses besondere Unternehmen namens
misschu startete und damit Erfolg hatte, selbst mit den Auf
und Abs, auf die Reich-dann-nicht-mehr-reich-Art. Sie hatte
sich nie Geld geliehen, weder zu Beginn noch später (»Die
Finanzleute haben mich immer runtergeputzt und gesagt, ich
soll einen Kredit aufnehmen«), sie hatte kein Marketing-
team, legte die Preise nach Gefühl fest (»Ich brauche keine
Zutaten abzuwiegen, um einen Preis zu bestimmen«), machte keine Marktanalyse, beauftragte experimentelle Kunst-
projekte der Extraklasse und änderte nie etwas an der Karte.
Warum nicht? »Die Karte zu ändern ist leicht«, erklärt sie
mir, »am schwersten ist es, tagaus, tagein das Gleiche zu
kochen.«

Zu ihrem Personal sagte sie: »Stellen Sie sich vor, Ihr ganzes Leben lang das gleiche Gericht in Perfektion zu kochen.
Das erwarte ich von Ihnen. Die Arbeit sollte zur Meditation

werden. Wenn Sie das nicht können, ist das nicht die richtige Stelle für Sie.«

Hättest du denselben Mumm, Nahji, frage ich sie, wenn du ihn dir nicht in den thailändischen Flüchtlingslagern und anschließend in Australien hättest zulegen müssen, im begehrten, rosigen Australien, das sich mehr als Lager erwies als die eigentlichen Lager? Hättest du deine Oberbefehlshaber-Art auch dann, wenn du nicht schon früh die Erfahrung gemacht hättest, dass deine älteren Geschwister auf dein Kommando hören, genau wie andere Kinder verschiedenen Alters mit verschiedenen Fähigkeiten, und du deine kleinen Armeen anführen, ihre kleinen Meutereien abwehren und Ideen zum Leben erwecken konntest, die speziell dir und niemandem sonst in den Sinn kamen? Und dass du das alles überall tun konntest.

Das Boot, der Gürtel, das Lager, kein Geld und jede Menge Scham – das alles wäre auf deinem Röntgenbild zu sehen, oder?

Nahji hat eine wohlüberlegte Art, sich auszudrücken. Die Pausen zwischen den Wörtern sind klar, selbst wenn sie zögert oder laut nachdenkt. »Sieh dir uns sechs an. In meiner Familie sind wir alle ungefähr im gleichen Alter, wir denken aber verschieden und führen ein unterschiedliches Leben. Wie viele Menschen kommen aus Kriegsgebieten, haben eine kaputte Vorgeschichte oder eine zerbrochene Familie? Nicht jeder wird Unternehmer, nicht jeder ist ehrgeizig. Wären wir alle nur die Summe unserer Geschichte, dann hätte jemand wie ich viel mehr Konkurrenz.«

Eine gewisse Art von Stärke ist angeboren, nicht erlernt, sagt sie. Das ist ganz individuell. Man findet sie und gibt ihr den Feinschliff. Man bedient sich zwar auch der Vergangenheit, aber diese eine Sache ist von Anfang an da, quasi ein

Geburtsmal. Dann sagt sie: »Was mich antreibt, ist nicht die Flüchtlingsgeschichte. Als wir in Australien ankamen, standen wir gesellschaftlich quasi auf der untersten Stufe der Leiter, wie Ausschuss; damals schämte ich mich, Vietnamesin zu sein. In meiner ersten Grundschule war meine einzige Freundin ein indigenes Mädchen. Mit uns beiden wollte niemand sprechen, niemand wollte uns berühren. Das hat sich mir stärker eingebrannt als die Flüchtlingslager.«

Die Lager waren hart, aber der Einfallsreichtum der vietnamesischen Familien machte sie erträglich. »Wenn man uns ins Gefängnis stecken würde«, erklärt Nahji, »dann würden wir daraus wahrscheinlich eine Schule machen. Und in einem der Flüchtlingslager taten wir genau das, wir fanden uns zu kleinen Schulgruppen zusammen. Wir brachten uns gegenseitig etwas bei. Wir bauten Gemüse an. Stellten Gegenstände aus Ton her. Bauten einen Lehmofen. Machten Feuer. Wir strickten.« Nahji hatte die Idee, hinter einem Bettlaken mit einer Taschenlampe und selbst gemachten Lehmfiguren ein Schattentheater aufzuführen. Sie stand am Eingang und sammelte das Geld ein – im Leben bekommt man nichts geschenkt. Wenn die Kinder kein Kleingeld hatten, akzeptierte sie auch schillernde Käfer, Samen, Streichhölzer oder etwas anderes Ausgefallenes, irgendetwas Wertvolles. Niemand wurde abgewiesen. Sie wünschte sich ein Publikum. Aber sie wünschte sich auch einen vernünftigen Tausch. Es ärgert sie, dass die Menschen in heutigen Flüchtlingslagern zu unfreiwilliger, erniedrigender Untätigkeit gezwungen werden, so wird es uns zumindest in den Medien gezeigt – man sieht niemanden, der etwas herstellt. Ohne die Möglichkeit, Fähigkeiten und Wissen weiterzugeben, und ohne sinnvollen Austausch von Gütern und Dienstleistungen gehen Menschen kaputt, glaubt sie.

Die Annahme, dass wir Kinder an einem bestimmten Punkt in ihrem Leben betrachten und etwas über die Erwachsenen sagen können, die sie einmal sein werden, gibt es, seit die Kindheit als eigenständige Phase im Leben eines Menschen verstanden wird. In der modernen Populärversion sehen wir in der siebenjährigen Jenna oder dem siebenjährigen Timothy flüchtig – oder deutlich – die künftigen Erwachsenen. Solange keine Katastrophe dazwischenkommt, steuert der unbeschwerte Timothy auf ein gut angepasstes Erwachsenenleben zu, während die verwöhnte Prinzessin Jenna mit der Erwartung durchs Leben stapft, dass sich jeder in ihr Weltbild einfügt, bis sie irgendwann, vielleicht oder vielleicht auch nicht, oft genug gegen die Wand gelaufen ist, dass ihr das Anspruchsdenken aus dem Kopf geschlagen wird. Oder: Jenna, die beim Anblick eines Fotos von einem verletzten Hündchen in Tränen ausbricht, wird später Sozialarbeiterin, und Timothy, dessen Augen staubtrocken bleiben, endet als auf Firmenübernahmen spezialisierter Anwalt.

Nahji mit sieben? Rufen Sie sich folgendes Standbild vor Augen: eine pfiffige kleine Anführerin in einem Flüchtlingslager – was sehen Sie? Wenn sie groß ist, könnte sie Junkie werden oder Wohltäterin. Oder Künstlerin, Geschäftsfrau des Jahrzehnts, hoffnungslose Versagerin, Inspiration, Siegerin, Besiegte, mehrfache Mutter, keine Mutter, Obdachlose am Stadtrand oder die Gründerin einer Schnellrestaurantkette mit Flagship-Filiale in London (die zwar pleitegeht – und die vier Filialen in Sydney werden verkauft –, aber darum geht's SO was von gar nicht). Nahji ist von ihrer frühen Vergangenheit geprägt, so viel steht fest, trotzdem hätte diese sie in die eine oder die andere Richtung führen können. Oder *zuerst* in die eine, *dann* in die andere. Sie ist so schwer zu fassen wie Douglas Fairbanks' maskierter Zorro.

Nahjis Flüchtlingsvisum ist überall. Auf den Speisekarten, den Körben der Fahrradkuriere, den Serviettenspendern, den Wänden des Restaurants – zusammen mit den Visa ihrer Geschwister ist es das Kernstück des misschu-Designs. Sie findet das Bild schön. Fesselnd, und es erzählt eine Geschichte – es erklärt, warum der Laden misschu heißt: Die Gäste begreifen, dass misschu ein Nachname und ein Wortspiel ist. »Außerdem Vergeltung.« – »Wofür?«, frage ich. Die Frage ist überflüssig. »Für Rassismus. Und weil ich mich dafür geschämt habe, wer ich war.« Ich möchte wissen, ob sie die Befürchtung hatte, es könne kitschig wirken. »Nein, aber ich habe mir Sorgen gemacht, wie meine Familie reagieren würde und ob es überhaupt legal ist, die Dokumente abzudrucken.« Vergeltung und Marketing. Auf ihre typische gemächliche Art. Die Leute, die nicht vom Medienrummel in die Filialen getrieben, sondern von der Aufmachung, vom Duft oder von der Location angelockt werden, bestellen, essen und starren auf ihre Handys, sie nehmen aus den Augenwinkeln etwas wahr und gehen nach Hause. Gut. Dann beim dritten oder vielleicht vierten Besuch sehen sie sich womöglich die Wände oder das Logo auf der Speisekarte genauer an und denken: »Oh, das ist mir noch nie aufgefallen«, und dann betrachten sie vielleicht die Stempel und Daten und fragen das Personal, was es damit auf sich hat, und das Personal gibt die kurze oder die lange Antwort, und dann gehen sie nach Hause, googeln vielleicht und erfahren noch mehr. So gefällt ihr das. Den Kunden soll das unter die Haut gehen. Sie sollen sich Gedanken machen. Dann … die schrittweise Offenbarung. Sie hört die Mitarbeiter gern sagen, dank ihr sei es nun cool, so zu sein, wie sie sind. Offenbar sind sie stolz, für sie zu arbeiten, obwohl sie ein hitziges Gemüt hat und ihr Perfektionismus immer mal wieder für ein Donnerwetter sorgt.

In Interviews sagt Nahji, Vietnamesisch sei nicht einfach nur eine günstige Küche, sondern eine mit tiefgreifender Geschichte. »Wer mein Essen mag, muss auch meine Kultur mögen.« Zuerst fand ich das Flüchtlingsdesign geschmacklos. Interessante Idee, aber jetzt mal im Ernst. Verzweiflung, Schmerz, Scham, Angst, Leichen im Meer oder in anonymen Gräbern in anderen Ländern – *darauf* basiert dein Branding? Zu einem Journalisten sagt sie: »Eine komplexe Persönlichkeit, die Trauma und Rassismus überlebt hat, an der Spitze eines kommerziellen Unternehmens ist ungewöhnlich.« Jepp. Aber ich versteh's. Sie will eher Stärke als Mitgefühl erzeugen – zum Reden ist später noch Zeit. »Die Leute hören sich deine Geschichte nicht an, wenn sie sie nicht essen, fühlen oder anziehen können«, erklärt sie mir.

Damals in ihrer Wohnung fragte ich sie – ich musste daran denken, wie stabil sie uns bei ihrem Besuch in meinem Elternhaus vorkam und wie wohl sie sich in dieser Welt zu fühlen schien, die ganz klar nicht ihre war: »Fühlt sich Australien denn nach allem, was passiert ist, zumindest annähernd wie ein Zuhause an?«

»Nein. Ich glaube nicht, dass ich mich irgendwo zu Hause fühlen könnte. Das will ich auch nicht. Diese Art von Sesshaftigkeit brauche ich nicht.«

»Sehnst du dich nicht nach einem Gefühl von Heimat?«

»Ich wünsche mir eine große Yacht. Warum? Weil ich nicht glaube, dass ich irgendwo jemals wirklich willkommen sein werde. In Sydney wird man daran erinnert, dass man nicht von hier ist. Ich komme den Leuten zuvor. Ich sage: ›you ling, we bling‹, dann kann man es nicht zu mir sagen. Ich nehme mich selbst auf die Schippe, bevor es ein anderer tut. Und ich sage selbst: Das hier ist nicht mein Zuhause. Bevor jemand was sagen kann, hab ich's schon selbst verkündet.«

You ling, we bling – misschus Lieferdienst-Slogan. »Angriff ist die beste Verteidigung.« Wer hat das gesagt? Mit dieser Redensart bin ich aufgewachsen, daher halte ich sie wie selbstverständlich für wahr. Und da wären wir wieder. *Bin damit aufgewachsen.*

»Ich lese fast nie«, sagt Nahji. »Die Bücher, die ich gelesen habe, kann ich an einer Hand abzählen.« Das ist eine Warnung, kein Geständnis. Ihr ist klar, dass ich lese und schreibe, mir diese Dinge wohl wichtig sein müssen und ich Menschen vermutlich unter anderem anhand ihres Verlangens nach Büchern beurteile und dass auch die Welt da draußen gern davon ausgeht, Menschen wie sie würden nicht nur deshalb aus den Flüchtlingslagern und den ersten stinkenden Küchen zum Spitzenreiter aufsteigen, weil sie sieben Tage die Woche arbeiten und nie Urlaub nehmen, sondern weil sie sich besonders geschickt anstellen. Nicht nur weil sie die Ärmel hochkrempeln und sich wie ihre Eltern und die Eltern ihrer Eltern den Arsch aufreißen. Sondern weil sie das Wissen aufsaugen. Es reiten wie einen riesigen Blauwal. Nahjis Talent liegt nicht darin, Vorhandenes zusammenzufügen und darauf aufzubauen. Sondern darin, etwas zu erschaffen, das es noch nicht gibt. »Auf meinem Tisch liegen keine Zeitschriften«, erzählt sie mir. »Ich hasse Zeitschriften. Und ich habe Angst vor ihnen. Ich lese keine, weil ich Angst habe, dass sich einer meiner Einfälle als die Idee eines anderen entpuppt. Ich habe meine eigenen Ideen. Wenn jemand anderes zufällig dieselben hat, dann bin ich wenigstens selbst darauf gekommen.«

Noch lange bevor ihre Londoner Filiale den Bach runterging und Nahji kurz davorstand, alles zu verlieren, besuchte ich in der National Gallery of Victoria die Ausstellung *Melbourne Now* und sah mir einen von Nahji in Auftrag gegebenen Kurzfilm von Lucy McRae an, in dem es von misschu-

Branding nur so wimmelt. Nahji hatte ihn mir schon vorher auf DVD geschickt und ich hatte ihn mir am Computer angesehen, aber hier füllte der Film eine ganze Wand aus. Er wurde in Endlosschleife gezeigt, als wäre er ein Kunstwerk wie jedes andere auch. Ich setzte mich und sah zu, wie er durchlief und wieder von vorn begann. Klonen, das essbare Selbst, verschwimmende Grenzen zwischen Körper und Essen, zwischen jetzt und dem, was kommt. Kaum zu glauben, dass Nahji es geschafft hatte, Werbung für ihr Unternehmen in die National Gallery of Victoria zu schmuggeln.

*

Angeblich stammt folgendes Zitat von den Jesuiten: »Gib mir ein Kind unter sieben, und ich zeige dir den Mann«, und da schwingt, wie so häufig bei jesuitischen Dingen, der Übelkeit erregende Unterton einer Institution mit, die ein Kind aufsaugt und ein vollständiges, moralisch klar umrissenes Wesen ausspuckt. Bildung und Erziehung, Indoktrination, Einschärfung von Werten etc. – das ist fast schon eine Karikatur, mit der man Jesuiten gedankenlos schlechtmacht, außerdem hat der Schriftsteller Barry Lopez gesagt, er habe seinen jesuitischen Lehrern sein Händchen für Metaphern zu verdanken, und der Leitspruch wurde wohl ohnehin weitgehend fehlinterpretiert. Egal. Ich lasse die Jesuiten jetzt einfach beiseite. Als ich in der Sowjetunion aufwuchs, schien sieben eine natürliche Grenze zu sein, dabei hatten die anderen Kinder in meinem Alter und ich in unserem atheistischen Paradies noch nie etwas von den Jesuiten und ihren Grundsätzen gehört. Mit sieben, oder kurz vorher, kam man in die Schule. Damit endete die Kindheitsphase, in der die Familie einen größeren Einfluss auf das eigene Leben nehmen konnte als die staatlichen Institutionen, außer man hatte ausgesprochen großes Glück. Wir vor-institutionalisierten (Korrektur: vor-über-institutionalisierten) Siebenjährigen, Kinder der *dwory* und leeren Wohnungen, waren die Träger eines grundlegenden Ichs, unserer eigenen schlichten Version dessen, was wir (weil wir's können) salopp den jesuitischen Grundsatz nennen. Das mit der Sieben ist jedenfalls hängengeblieben.

Mein Leben lang tief und lose in der Luft zu schweben wie ein unbemannter Zeppelin, das ist die gottfreie Version dieses Grundsatzes – alles, was ohne Gene in einem Menschen codiert werden kann, wird vor der Geburt codiert und darüber hinaus, bis er sieben wird. Codiert ist wahrscheinlich nicht das beste Wort, und die Computermetaphern, die einem auf der Zunge liegen, Hardware, Software, vorprogrammiert, passen auch nicht so richtig. Möglicherweise kommen wir dem Kern der Idee (die auch zum großen Teil ein Gefühl ist) näher, wenn wir sagen, vor dem siebten Geburtstag werde etwas konstruiert, ein Motor, ein Gehäuse, eine Platine oder ein Monopile. Irgendetwas wird konstruiert und lässt sich später kaum noch erreichen, demontieren oder überschreiben.

Wissenschaftler und Theologen greifen gern auf einen Baum zurück. Alle Baumteile über der Erde stehen unter dem Einfluss von Sonne, Regen, Wind, Sauerstoff, Vögeln, Nachbarskindern und Krallen herumstreunender Kater. Die Wurzeln hingegen sind unter der Erde und nicht sichtbar, es sei denn, der Baum ist nicht gesund oder tot. Das Wurzelwerk ist unsere frühe Kindheit. Nicht nur die Wurzeln allein, auch die Erde um sie herum, die Armeen von Würmern und die unterirdischen Wasserreservoirs. Die Aufgaben der Wurzeln sind klar – lebensnotwendige Nahrung und Wasser bereitstellen, die der Baum anders nicht beziehen kann, außerdem bilden sie die Basis des Baums.

Der Baum ist wohl weltweit die am häufigsten bemühte Metapher. Eine unübertroffene Metapher ist auch eine unübertroffene List. Baumwurzeln, die über der Erde wachsen, im Wasser, unter dem Straßenpflaster oder in Einkaufszentren, wie man es häufig sieht, werden bei diesem Bild ausgeblendet, denn die archetypischen Wurzeln in der Erde haben etwas an sich – sie sind geheimnisvoll und zugleich stützend, sie sind tief vergraben und doch im Mittelpunkt, sie sind widerstandsfähig und vor Veränderung geschützt. Das passt. Passt zu unserer Vorstellung von den Anfängen einer eigenen Persönlichkeit. Und wenn Leute davon sprechen, »zu unseren Wurzeln zurückzukehren«, meinen sie nicht nur den Wunsch, wieder eine Verbindung zur Welt ihrer Eltern aufzubauen, sondern darüber hinaus auch die kulturelle und sinnlich wahrnehmbare Umgebung wiederzuentdecken, die gemeinsam mit den Genen, und was auch immer sonst, ihr frühes Ich erschaffen hat. Sie sprechen davon, den Landescheinwerfern zu einem Ort zu folgen, den wir unsere Natur nennen, die, wie uns Heraklit damals v. Chr. gesagt hat, *sich zu verstecken pflegt, aber gefunden werden will.*

Anlage, Umwelt – daraus wird man, wie man in meiner Kindheit immer gesagt hat, ohne einen halben Liter Wodka nicht schlau. Mein ehemaliger, sehr gebildeter Zahnarzt erzählte mir vor kurzem von einer Studienreise nach China mit einer Gruppe australischer Zahnarztkollegen in den 1980er-Jahren. Sie besuchten eine Universitätsklinik voller Menschen, die an Krankheiten litten, die die Australier zuvor nur in Lehrbüchern gesehen hatten. Sie betraten einen großen Saal, in dem mindestens fünfzig Zahnärzte kleine Kinder ohne den geringsten Tropfen Betäubungsmittel behandelten, wie es damals im Nicht-Westen üblich war. Der Saal war ein Großraum-Steinbruch voller Zahnbohrer. Und, so sagte mein Ex-Zahnarzt, »man hätte eine Stecknadel fallen hören können. Das liegt an der Kultur, seine Schmerzen nicht zu zeigen, und jedes dieser Kinder hatte das bereits bestens ver- innerlicht.«

Fast zwanzig Jahre vor dieser Unterhaltung hatte ich ein Gespräch mit einer Freundin, deren Eltern sich hatten schei- den lassen, als sie klein war. Meine Freundin glaubte, mir würde es nichts ausmachen oder mich ließe es manchmal ge- radezu kalt, dass ich alleinerziehend war, weil meine Eltern sich nie getrennt hatten, ich also nicht die Erfahrung einer »kaputten« Familie machen musste und daher nicht wie sie eine große Angst im Bauch hatte, das Erlebte mit meinen Kin- dern zu wiederholen. Die Theorie kaufte ich ihr nicht ab. Auf gar keinen Fall war ich so etwas wie das Ergebnis eines man- gelnden Familienkonflikts. Ich wünschte mir einfach Kinder und verabscheute zugleich die Vorstellung von Häuslichkeit, die ich damals hatte; dieses Bild in meinem Kopf – ich, mit dem Vater des Kindes, das ich vor kurzem geboren hatte, Händchen haltend in irgendeinem Vorstadtsupermarkt – kam mir vor wie eine gnadenlose Kapitulation. Irgendwann glaubte ich nicht mehr, dass die Worte meiner Freundin nichts mit mir zu tun hatten. Seit X Jahren zu leben bedeutet zu wis- sen, dass Leute in allen möglichen Konstellationen und aus allen erdenklichen Gründen Kinder haben. Für die meisten ist die Vergangenheit nur eine hartnäckige, oft einsilbige Stim- me im Ohr: ja, nein, nein, ja. Und als ich Anfang zwanzig mit meinem Kind allein war und keine Sirenen heulten, mir kein eisiger Wind um die Ohren fegte, keine Tore automatisch ins Schloss fielen und keine Türen zuschlugen – das ist mir jetzt klar –, war ich frei von jeglichem unterschwelligen Konflikt zwischen der Vergangenheit meiner Familie und der Zukunft, die ich mir Stück für Stück für mich selbst vorstellte, also ja, ich sehe ein, dass meine Freundin (zu fünfzig Prozent) recht hatte.

Umwelt, Anlage – in vielerlei Hinsicht zu komplex für wissenschaftlichen und kulturellen Konsens, beides gehört dazu und beides kann tausend Dinge bedeuten. In der Hexensuppe blubbern nicht nur die Gene und die Umwelt. Da wären noch pränatale und perinatale Erfahrungen. Und unsere sogenannte pränatale Persönlichkeit und (was sonst?) Zufall. Das Kind, der Mensch, der aus dem Kessel kommt, ist noch in Arbeit, wie wir dank Forschungsarbeiten über neuronale Plastizität und das sich verändernde Gehirn wissen.

Der Psychologe Stuart Derbyshire von der Universität Birmingham nennt die Ansicht, die frühen Lebensjahre seien entscheidend für das Schicksal eines Menschen, eine »Pseudowissenschaft der Elternkritiker«. Der Psychologe Oliver James hält die Annahme, der Einfluss der Eltern sei in der Entwicklung womöglich unbedeutend, für »Blödsinn, postmodernes Geschwätz«. Der Kognitionspsychologe und Linguist Steven Pinker sagt: »Viele meinen, die menschliche Natur anzuerkennen laufe hinaus auf die Billigung von Rassismus, Krieg, Habgier, Völkermord, Nihilismus, reaktionärer Politik und der Vernachlässigung von Kindern und Menschen mit Behinderung.« Der Mediziner und Philosoph Raymond Tallis schreibt: »Wenn Sie auf einen neuen Wissenschaftszweig mit der Vorsilbe ›neuro‹ stoßen und er nichts mit dem Nervensystem zu tun hat, dann schalten Sie Ihren Bullshit-Detektor ein. Wenn er die Gesellschaft im Visier hat, dann greifen Sie zur Pistole.«

Neugeborene als unbeschriebenes Blatt, das haben wir hinter uns, genau wie das dichte Gestrüpp des Sozialdarwinismus und auch den Behaviorismus und die genetische Überlegenheit. Aber wir stehen in einem anderen dichten

Wald. Schon wieder Bäume. Vielleicht besser so. Am schlimmsten wäre, uns einzureden, wir wüssten Bescheid.

Nach einem Treffen mit Sue und Tom Klebold, den Eltern von Dylan Klebold, der gemeinsam mit einem Freund an der Columbine Highschool in Colorado zwölf Schülerinnen und Schüler und einen Lehrer getötet hatte, bevor sie die Waffen gegen sich selbst richteten, und die zudem Bomben platziert hatten, die jedoch nicht explodierten, beschrieb Andrew Solomon die Eltern als »Opfer der großen, furchterregenden Unmöglichkeit, selbst den Menschen zu kennen, zu dem man die engste Beziehung hat«.

Bei Mördern schaut man sich in der Regel die Familie und Kindheit an. Dschingis Khan war als Junge geschlagen und missbraucht worden, erzählte mir erst neulich mein aktueller, sehr gebildeter Zahnarzt. Im öffentlichen Verständnis davon, wie sich Anders Breivik zum Massenmörder der jungen Menschen in Norwegen entwickeln konnte, spielen die Kindheit und psychosexuell verdrehte Beziehung zur Mutter eine zentrale Rolle. Solomon konnte im Familienleben der Klebolds nichts Auffälliges finden. Kein Missbrauch, keine Vernachlässigung, keine Distanziertheit. Stattdessen: Liebe, Akzeptanz, Freundlichkeit und Wärme.

Was passiert mit Anlage vs. Umwelt, wenn es potenziell unmöglich ist, den Menschen, der einem einst nahegestanden hat, zu kennen? Vielleicht ist der entscheidende Punkt auch, dass wir zwar sehr viel wissen, aber dass sich dieses Wissen nicht zu einem sauberen Muster zusammenfügen lässt. Dieses Wissen kann nur voller Widersprüche und Grenzfälle bleiben, kann nur unbehaglich in uns sitzen wie eine Übergangsregierung während einer hastig einberufenen ersten Versammlung.

*

Als Rhea Dempsey einen Workshop nach dem anderen gab, konnte sie einen Raum voller Schwangeren betreten und in ihnen die Prägung der eigenen Geburt erkennen – so als hätte sie eine magische Brille auf. Nicht nur der Geburt, erzählt sie mir, sondern auch der ersten Lebensmonate. Wie in dem Augenblick direkt nach dem Urknall, als Materie und Antimaterie auseinanderdrifteten und das Universum ausfüllten, so war es in den Gesichtern der Frauen zu sehen, die vor ihr saßen.

Seit fast vierzig Jahren ist Rhea dabei – hat über tausend Geburten als Geburtshelferin hinter sich (eine davon die meines dunkeläugigen Sohns). Sie führte Frauen durch die Wehen, die ihr einst aus den Körpern ihrer Mütter in die Arme gefallen waren. Als Rheas drei eigene Töchter klein waren, besuchten sie eine kleine freie Grundschule, an der Rhea Schwimmen unterrichtete. Bei mindestens der Hälfte der Kinder war sie bei der Geburt dabei gewesen, und sie konnte in der Art, wie sie schwammen, ihre Geburt sehen. »Man konnte erkennen, welche Kinder sich beeilt hatten, zur Welt zu kommen«, sagt sie, »und auch jene, die eine lange, zähe Geburt hatten.« Ein Junge im Schwimmkurs, dessen Geburt Rhea begleitet hatte, »hatte im Mutterleib unangenehm gelegen, ganz verdreht und krumm«, und er konnte keine gerade Bahn schwimmen.

Rhea rät Eltern, schon frühzeitig ihre Kinder zu beobachten, bevor die Welt sich einmischt und beginnt, sie zu traktieren – sie sollen beobachten, wie sie krabbeln. Wie sie anfangen zu laufen. Das soll man genau im Blick behalten. Ihr zufolge sind diese Dinge »ein reiner Ausdruck dessen, wer das Kind ist«. Außerdem verändern sich Kinder nie mehr so sehr wie im ersten Lebensjahr. »Schon da werden der jährliche Rhythmus und eine Art Muster festgelegt.«

»Wer das Kind ist«, das ist Rheas große Frage.

(Wer sind die Kinder, bevor sie werden, für wen wir sie halten? Bevor sie werden, für wen sie sich halten?)

»Mein größtes Verlangen ist, Kindern einen möglichst unbelasteten Eintritt in die Welt zu ermöglichen«, sagt Rhea.

Vor Jahren besuchte ich einen Vortrag über Wehenschmerzen und wartete, dass es losging – ich war in der zweiunddreißigsten Schwangerschaftswoche mit meinem zweiten Kind und dachte, ich bräuchte niemand Besonderen bei der Geburt, nicht etwa, weil ich arrogant gewesen wäre oder verwöhnt von einer leichten ersten Geburt, sondern weil ich glaubte, abgesehen von dem, was Hebammen taten, und dem, was die Familie tat, müsse eigentlich nichts weiter getan werden. Dann kam Rhea. Sie war weiß gekleidet. Ich erinnere mich an die Wucht ihrer weißen Kleidung – als wäre jemand auf einem Kamel in den runtergekommenen, von einer Highschool angemieteten Raum geritten –, und ich weiß auch noch, was Rhea anhatte, als sie ins Royal Women's Hospital kam, wo ich bereits auf einer Station, die so karg war, dass sie in meiner Erinnerung nur als spärlich beleuchtetes Rechteck auftaucht, den Verstand verlor. Lederhandschuhe, schicke Stiefel und ein über die Schultern drapiertes Tuch. Ich war nackt. Ich wusste nicht mehr, was mein Körper tat. Und alles an ihr war wunderschön und tipptopp sauber, als würde sie ganz bewusst ihre gute Kleidung nicht vor mir schützen wollen.

Nach dem Schmerzvortrag ging ich zu ihr nach vorne. »Ich weiß, ich bin zu spät dran, und Sie sind schon komplett ausgebucht und so weiter«, sagte ich, »aber können Sie bei der Geburt bitte bei mir sein, weil ich bis jetzt nicht gewusst habe, wie sehr ich Sie dabei brauche?«

Und sie sagte »ja«, sagte »okay«. Ich hatte vergessen, wie es sich anfühlte, Hilfe von einer Fremden zu benötigen. Und darum zu bitten? Ich bezweifle, dass ich das jemals gewusst habe.

Rhea in einem Raum voller Frauen … Ich stelle mir gerne vor, wie sie sich umsieht. Mir macht es nichts aus, wenn ich eine der Frauen bin. Ich halte mich nicht für etwas Besonderes. Ich will von Rhea gelesen werden. Vor einiger Zeit habe ich mir geradezu zwanghaft Tim Roth in dieser schmierigen Fernsehserie *Lie to Me* angesehen und gelernt, dass dreiundvierzig Muskeln zusammenarbeiten, um zehntausend mögliche Gesichtsausdrücke zu erzeugen, und dass Leute beim Lügen – was aber nur ein Gesichtsleser bemerkt – nach links oder rechts, oben oder unten schauen, irgendeins davon, ich lasse mich gern korrigieren, alles Blödsinn, keine Frage, aber wenn's doch stimmt, dann kann das ziemlich eindrucksvoll sein. Das Bemerken. Wie außergewöhnlich gut manche darin sind. Ihrem Blick entgeht offenbar nichts. Von diesem einen Menschen durchschaut zu werden – ist das nicht eins der großen unausgesprochenen Bedürfnisse des Menschen?

Ich frage mich ernsthaft, ob wir so etwas wie ein Mal auf uns tragen, einen ursprünglichen Strichcode, ein Zeugnis nicht von einem gelebten Leben, sondern von unseren Anfängen und unserem Selbst am Scheitelpunkt der Geschichte, und ob dieser Strichcode womöglich für ein, zwei Menschen auf der ganzen Welt sichtbar ist – vielleicht für Menschen, die schon genug menschliche Nacktheit gesehen haben und genug Zwiebeln, die sich häuten, um zu wissen, womit sie es zu tun haben?

Dann also nicht 0 bis 7, sondern 0 bis 0.

V. W.

Ein Patient geht zum Arzt. »Herr Doktor«, sagt er, »Sie müssen mir unbedingt helfen. Ich pinkle alles voll.« Der Arzt gibt ihm eine Tablette und sagt, er solle wiederkommen. Wie besprochen kommt der Patient nach ein paar Tagen wieder. »Hallo, Herr Doktor, wie geht's Ihnen? Und Ihrer Frau?«, fragt der Patient fröhlich. »Was für ein wunderschöner Tag heute.« Der Arzt ist verwirrt und fragt: »Wie steht es denn um Ihr Leiden?« – »Ach, bestens, Herr Doktor. Ich pinkle immer noch alles voll, aber es geht mir jetzt am Arsch vorbei.«

Diesen Witz erzählte Roman Polański Vera Wasowski irgendwann in den Sechzigerjahren bei einem Treffen in London. Damals lebte Polański in London – das war nach Polen und vor Hollywood. Er ging mit Vera in einen schicken Club, in dem, wie er beiläufig erwähnte, auch Mick Jagger oft anzutreffen war. Sie erinnert sich an den Witz, hat aber den Namen des Clubs vergessen. Es war der Ad Lib – siehe ein Clive-James-Interview mit Polański im Jahr 1983, inzwischen nach Hollywood. In den Sechzigern lebte Vera in Australien, träumerisches, tristes Flachland, das kaum etwas mit dem London der Sechziger gemein hatte und überhaupt nichts mit dem Warschau der Fünfziger – wie lautet die Statistik? 85 bis 90 Prozent davon im Krieg verloren. Der »unerträglichste Ort im gesamten terrorisierten Europa«, sagte der Dichter Czesław Miłosz, und doch eine Stadt, die nur wenige Jahre später das Aufblühen einer, wie Vera sie beharrlich nennt, »intellektuellen Elite« ermöglichte. Sie sagt »top«. Sie sagt »Weltklasse«.

Sie alle kamen zusammen, Filmemacher, Journalisten, Schauspielerinnen und Schauspieler, Intellektuelle, Andrzej Wajda, in dessen Film *Eine Generation* Polański sein Schauspieldebüt gab, Vera, ihr Journalisten-Ehemann Jan – alle versammelten sich in einem Zimmer. Diese Atmosphäre! Ging es in dem Arzt-Patienten-Witz nicht eigentlich um sie? Die Fähigkeit, sich etwas am Arsch vorbeigehen zu lassen, war das nicht eine der wenigen möglichen Freiheiten in ihrem Land, jetzt da es stalinisiert worden war? Egal, was in der Außenwelt aufgegeben oder in Besitz genommen wurde, das Innere ihrer Köpfe war theoretisch unerreichbar. Die meisten Menschen in Veras und Jans Umfeld im Warschau der Fünfziger hatten einen Ort in sich, der nur ihnen gehörte. Alles trug die Fingerabdrücke des Staates: die Arbeit, die man erledigte, die Straßen, auf denen man ging, und die gesamte Laufbahn von Schule über Universität und Arbeit bis zur Rente. Man musste sogar seine Schreibmaschine registrieren lassen. Selbst die Luft: Man atmete ein und aus, ein einziges Mal, und schon hing man mit drin. Doch es gab Möglichkeiten, frei zu sein oder zumindest so zu tun, als wäre man frei, und sich auch ohne Hintergrund in selbigem zu halten. Man musste nur Vera und Jan beobachten, und schon wusste man Bescheid. Es war möglich, eine bewusste Auffälligkeit zu kultivieren. Unterwürfigkeit eine Absage zu erteilen. Den Rückzug zu lenken. Angenommen, man achtete nicht besonders darauf, wie laut man in der Öffentlichkeit sprach, wählte seine Worte nicht unbedingt mit Bedacht und trank Alkohol nicht in moderaten Mengen, führte zudem vielleicht ein beinahe skandalöses Liebes-, Sex- und Familienleben, hatte die Gedichte von Adam Mickiewicz auswendig gelernt, der Polen als Christus der Staaten betrachtete, und nicht die von irgendeiner trommelnden Parteimarionette, die ein Loblied auf die Duckmäuserei sang.

Dichtung, Kunst, Alkohol und Affären. Das war weder Luxus noch Beschwichtigung, nein. Auch keine außerpolitischen Abschweifungen. Es war nur allzu leicht, einem Regime gegenüber tiefen Hass zu empfinden, das, wie der Dichter Adam Zagajewski schrieb, keine Zeit für Landwirtschaft und Architektur, Literatur und die Eisenbahn hat, aber Zeit ohne Ende für Militär und Polizei, Reden und Paraden. Die Kunst ist, so Zagajewski, »den Totalitarismus gleichsam beiläufig [zu] besiegen, dadurch, daß wir uns Dingen zuwenden, die größer sind als er«. Damit man ja nicht durch den eigenen Widerstand definiert wird. Ja nicht zum Sklaven seines Kampfes wird. So vielen um einen herum ging das so. Eine der Lektionen des zwanzigsten Jahrhunderts lautete explizit: Früher oder später wird man zu dem, was man bekämpft. Also: Dichtung, Kunst, Alkohol und Affären ... als lebensnotwendige Impfungen?

Nein. Ja. Was daraus entstand, war Wildheit und eine unberechenbare, ständige Bewegung der Seele. Solange die Seele in Bewegung war, sich entfaltete, ihre Kammern öffnete, schneller und langsamer wurde wie ein kluger Flüchtiger, der weiß, wie man über große, offene Plätze läuft und dabei den lauernden Scharfschützen ausweicht, ließ sie sich nicht völlig vereinnahmen. Reichten diese Impfungen? Ja. Nein. Auf die meisten Fragen über Polen schlummern mindestens zwei Antworten unter der Oberfläche. In Miłosz' Buch *Verführtes Denken* gibt es eine Version oder vielmehr Inversion von Polańskis Arztwitz. Die »Murti-Bing-Pille«, eine fiktive Wunderpille, auf die Miłosz in einem kaum bekannten, 1927 erschienenen polnischen Roman von Stanisław Ignacy Witkiewicz gestoßen war, lindert quälende Angst, und wer sie einwarf, »war gegen jede Form metaphysischer Bedenken gefeit« und begrüßte schon bald den bevorstehenden Einfall der Diktatoren aus dem Osten. Witkiewicz nahm sich am 18. September 1939 das Leben, nachdem er erfahren hatte, dass die Rote Armee die Ostgrenze Polens übertreten hatte. Miłosz flüchtete 1951 in den Westen, nachdem er die gesamten fünf Jahre unter deutscher Besatzung in Warschau verbracht hatte. Vielleicht war die Doppeldeutigkeit des Arztwitzes schon immer vorhanden. Vielleicht war die Doppeldeutigkeit des Witzes der eigentliche Witz.

Beim deutschen Überfall auf Polen war Polański sechs. Vera ein Jahr jünger. Von einer Million polnischer jüdischer Kinder unter vierzehn lebten am Ende des Kriegs noch fünftausend. Die meisten hatten auf dieselbe Weise wie Polański und Vera überlebt: in Klöstern, Internaten, Waisenhäusern, auf Bauernhöfen, Dachböden oder bei christlichen Familien versteckt. In Gruben, Höhlen, Wäldern, hinter falschen Wänden oder in Schränken. Jan hatte auf andere Weise überlebt. Er war in Kasachstan gewesen. Jans Vater, Herausgeber einer jüdischen Zeitung, als es in Polen noch jüdische Zeitungen gab, hatte die Weitsicht gehabt, Polen mit seiner Familie zu verlassen. Bei ihrem zweiten Rendezvous erzählte Vera Jan, was ihr widerfahren war. Sie fasste sich kurz, packte die ganze Geschichte in wenige Sätze und verzichtete auf ausschweifende Schilderungen. Er, ihr eindrucksvoller künftiger Ehemann, konnte die Tränen nicht zurückhalten.

Vera und Jan blieben bis in die späten Fünfziger hinein in Warschau. Sie waren glücklich, begeistert und in ihrer eigenen Blase. Man hört nicht oft, dass sich jemand im Nachkriegspolen bestens amüsierte, insbesondere Juden. Großschnäuzige, großtuerische Juden, die man schon von weitem erkennen konnte. Jeder weiß, dass nach Kriegsende praktisch keine jüdischen Menschen mehr in Warschau lebten – im selben Warschau, das vor 1939 nach New York die zweitgrößte jüdische Gemeinschaft hatte –, aber Vera und Jan waren noch da, genau wie Polański. Sie hatten, sagt Vera, viele jüdische Freunde. Viele kamen, wie Vera, ursprünglich nicht aus Warschau. Die meisten gehörten zu einer besonderen Kategorie, die Aleksander Wat am besten beschrieben hat. (Versuchen Sie mal über Polen zu sprechen, ohne auf seine Dichter zurückzugreifen. Das ist unmöglich – vielleicht weil der Philosoph Agamben recht hatte, als er in *Was von Auschwitz bleibt* schrieb:»daß diese Geste des Zeugnisses auch die Geste des Dichters ist«.) Auf die Frage, ob er polnisch oder jüdisch sei, antwortete Wat:»Ich bin polnisch-polnisch und jüdisch-jüdisch.« Man war nicht entweder das eine oder das andere, sondern beides, und zwar doppelt so sehr. Einige der renommiertesten Professoren an der Universität Warschau, an der Vera Journalismus studierte, ein Fach, das Vera nicht zuletzt wegen der Qualität des Lehrpersonals und der Breite der intellektuellen Belange hervorragend fand, waren ebenfalls jüdisch; und die meisten dieser letzten überlebenden Professoren wurden in den späten 1960er-Jahren entlassen, als sich Władysław Gomułka mit seiner »antizionistischen« Kampagne um die noch verbliebene jüdische Intelligenzija der Stadt kümmerte. Erst als Vera und Jan merkten, dass der Antisemitismus »wie verrückt« um sich griff, dachten sie darüber nach, die Stadt zu verlassen. Der unverwüstliche polnische Antisemitismus war nie komplett verschwunden. Bitter und blutrünstig wartete er direkt nach dem Krieg auf Überlebende. 1956 dann – zu Gomułkas Hauruck-Entstalinisierung – erhob er sich wie ein Vogel mit weiten Schwingen.

Eines Abends im Jahr 1956 saßen alle zusammen in einem Nachtclub. »Eine ausgesprochen illustre Gruppe von Freunden«, sagt Vera. »Eine hoch gebildete Gruppe.« Sechsundfünfzig: die Zeit einer auf eigenartige Weise halbtotalitären Regierung, die »das Denken, nicht aber das Sprechen erlaubte, das Summen zuließ, das Singen aber verbot; ein Regime, das es erlaubte, auszuruhen, nicht aber zu arbeiten, zur Kirche zu gehen, aber nicht wieder aus ihr herauszukommen« – Zagajewski in seiner herrlichen Präzision. Seltsame, seltsame Zeiten, und irgendwann nahm die Nachtclubunterhaltung eine Wendung, und sie sprachen über den nächsten Holocaust in Polen. Lag er tatsächlich jenseits alles Denkbaren? Und ein Mann in der Gruppe, ein berühmter Schauspieler, nicht jüdisch, mittlerweile verstorben, fällt im Scherz oder in einem Augenblick theatralischer Aufrichtigkeit auf die Knie und verkündet an Vera gerichtet – mit Sicherheit die atemberaubendste Frau in jenem Nachtclub: »Keine Angst, ich würde dich verstecken.«

Das war zu viel für sie. Wie konnte jemand, egal, wie er das meinte, die Möglichkeit eines weiteren Holocausts in Erwägung ziehen? Und ausgerechnet in Polen, so kurze Zeit danach. Sie verstecken, ach, du großer, furchtloser Wohltäter – ihr wurde übel.

Nathan Englander hat eine Geschichte mit dem Titel »Worüber wir reden, wenn wir über Anne Frank reden« geschrieben, die Raymond Carvers »Wovon wir reden, wenn wir von Liebe reden« aufgreift. In Englanders Geschichte geht es um den ersten gemeinsamen Nachmittag zweier jüdischer Paare mittleren Alters seit weiß Gott wann. Die Ehefrauen, Debbie und Lauren, waren früher an einer orthodoxen Mädchenschule in New York beste Freundinnen gewesen. Dann haben beide geheiratet. Deb blieb in den Staaten, wurde weltlich, bekam einen Sohn und kaufte ein Haus mit Pool. Lauren brannte nach Israel durch, wurde Chassidim, bekam zehn Töchter und heißt jetzt nicht mehr Lauren, sondern Shoshana. Die Paare treffen sich in Südflorida in dem Haus des Paares, das nicht ausgewandert ist. Sie unterhalten sich, trinken Wodka, rauchen das Pot, das Debs Sohn im Wäschekorb versteckt hat, und suchen, nachdem sie im Regen »gemischt getanzt haben«, in der Speisekammer nach koscheren Lebensmitteln (Heißhunger), und alles ist quälend angespannt, vor allem zwischen den Ehemännern, und mehr als einmal auch quälend schön.

Die Speisekammer und das Bad daneben können vom Rest des Hauses abgetrennt werden. Man bräuchte nur eine Wand hochzuziehen, und niemand wüsste etwas davon. Deb, deren Großeltern in der Bronx (rechnet bitte jemand aus, wie viele Meilen das von Europa entfernt ist?) geboren wurden, hat das Haus entworfen, die Speisekammer ist gut gefüllt, und Deb spielt gern ein Spiel – ein ernsthaftes Gedankenexperiment, sagt sie, aktiv pathologisch, denkt ihr Mann, der diesmal trotzdem mitmacht –, das Anne-Frank-Spiel. Auch bekannt als Wer-wird-mich-verstecken-Spiel oder das Selbstgerechte-Nichtjuden-Spiel. Selbsterklärend. Lauren fängt an, und nach einer Weile sagt sie: »Ihr könnt ja auch gegen euch selbst spielen. Was, wenn einer von euch kein Jude wäre? Würde er den anderen verstecken?« Zuerst kommt ihnen das unsinnig vor, aber dann lassen sie sich darauf ein. Und wie sie das tun.

In Carvers Geschichte trinken die Paare, sprechen über Liebe, und am Ende haben sie sich eine Art neue, beängstigende Weltordnung eingeredet. (Der letzte Absatz liefert einen Hinweis: »Ich konnte mein Herz schlagen hören. Ich konnte die Herzen von allen schlagen hören. Und ich konnte die Menschengeräusche hören, die wir erzeugten, als wir reglos dasaßen. – Und als es dann dunkel wurde im Zimmer, saßen wir noch immer so da.«) Auch in Englanders Geschichte sind die beiden Paare am Ende unfähig, sich zu bewegen. Sie haben etwas entfesselt, und wer weiß, ob sie von diesem

Punkt wieder zurückkehren können. Und zurück *wohin*? In manchen, wenn auch nicht allen Kritiken steht, ein amerikanischer Holocaust sei so abwegig, dass Englanders Spiel bedeutungslos sei. Schlimmer noch: unverzeihlich relativistisch, auf beleidigende Weise moralisierend. Aber wenn man im Schatten der großen Genozide des zwanzigsten Jahrhunderts lebt, muss man nun einmal mit solchen Fragen leben. Und das Anne-Frank-Spiel ist im Amerika oder Australien der Gegenwart bestimmt genauso obszön wie im Polen der Fünfzigerjahre, wo Vera dem Schauspieler mit seinem vielsagenden Kniefall gegenüberstand.

Das – und das Plantagenbesitzerspiel? Das Sklavenhändlerspiel? Das NKWD-Spiel? – ist zwangsläufig obszön, ganz egal, wo es gespielt wird, denn die Vorstellung, Menschen könnten noch einmal zu solchen Entscheidungen gezwungen werden, ist unerträglich, und darüber zu sprechen, wenn man es nicht erlebt hat, oder auch nicht darüber zu sprechen – als könne das einem selbst und der eigenen Familie niemals passieren, als wäre irgendwer jemals gefeit oder ausgenommen und *als wüsste man selbst*, was zu tun ist, wenn es an die eigene Tür klopft –, das ist beides gleichermaßen obszön.

Eva S, in Bratislava geboren, äußert sich fünfzig Jahre nach dem Krieg in Paul Valents Buch *Child Survivors of the Holocaust*, einem Buch über überlebende Kinder der Shoah: »Sobald ich einen Raum betrete, habe ich immer das Gefühl, ich müsste entscheiden, wer leben darf. Sogar beim Abendessen mit meinen Kindern. Dann denke ich: ›Oh Gott, für wen würde ich mich entscheiden, wenn ich die Wahl treffen müsste?‹« Eva S war mit ihrer jüngeren Schwester Marta in Auschwitz. Beide wurden für Experimente von Dr. Mengele ausgewählt. Die Kinder mussten eine Art »Der Bauer ging ins Holz«-Spiel spielen, bei dem sie glaubten, sie müssten entscheiden, welches Kind sterben sollte. Valent nennt Mengeles Spiel das ultimativ Böse. Vera ist die Wahl erspart geblieben, aber sie musste als Kind mitansehen, wie andere Entscheidungen treffen mussten, an denen sie seelisch zugrunde gingen. Vielleicht werden Überlebende auch nie verschont. Vielleicht ist das Wissen um die Wahl ihr steter Begleiter, der sie durchs Leben führt wie ein Ariadnefaden.

In einem anderen Leben wird Vera, nachdem Jan in Australien an chronischem Alkoholismus gestorben ist, ernsthaft überlegen, nach Polen zurückzukehren. Sie wird sich fragen: »Was zum Geier will ich denn in Australien?« Ein Freund, Intendant eines Fernsehsenders in Warschau, verspricht ihr einen Job, quasi direkt nach ihrer Ankunft. Sie fliegt rüber. Und eines Tages ist sie irgendwo in der Nähe des Warschauer Stadtzentrums unterwegs, überall sind Leute, die Sonne scheint, und sie entdeckt auf einer Wand ein frisch gespraytes, nagelneu funkelndes JUDEN RAUS. Und dann weiß sie, was sie vielleicht immer schon gewusst hat: Es gibt kein Zurück.

Eva Hoffman, die zwei Monate nach dem Krieg als Kind von Holocaust-Überlebenden in Polen geboren wurde, spricht von einem »Frontalzusammenstoß zweier martyrologischer Erinnerungen« an den Krieg auf polnischem Boden – der Zusammenstoß der polnischen und der jüdischen Erinnerung. Auf beide Seiten wirkt »die heftige Verteidigungshaltung und die Verbitterung in den gegenseitigen Anschuldigungen […] wie Hohn gegenüber der eigenen Tragödie und wie eine Travestie ihrer moralischen Wahrheit«.

In Australien, mit dem er nie seinen Frieden machte, erinnerte sich Jan an die Menschen, die sie in Warschau um sich gehabt hatten, ihren Freundeskreis, und er beklagte Veras

Bereitschaft, »ihre intellektuellen Ansprüche herunterzuschrauben«. Seine schraubte er nie herunter. Was fängt man mit der ganzen Ungerechtigkeit an? Sie hatte nicht nach Australien kommen wollen. Nach dem Krieg hatte sie sich nach Israel gesehnt, als Israel noch gar nicht Israel war. In den Fünfzigerjahren sehnte sie sich wieder danach. Beim ersten Mal hielt ihre Mutter sie zurück, beim zweiten Mal Jan. »Ich ziehe nicht aus einem totalitären Staat in einen anderen«, sagte er. Und so landeten sie – Vera, Jan, Veras Sohn aus erster Ehe und Veras Mutter – in Australien. Dass man, wie Jan, seine Ansprüche nicht »herunterschraubte«, wurde schon bald zur bekannten Tragödie der Intellektuellen im Exil, die mit dem neuen Land nie ganz ihren Frieden schließen konnten. Sie natürlich schon. Selbst auf dem Mars hätte sie das mit links geschafft, wie Matt Damon in dem Film *Der Marsianer*. Was war schon das Leben in Australien im Vergleich zu ihrer Kindheit? Vera schaffte es und blieb der Vera treu, die sie in Warschau geworden war. Wie viele können das von sich behaupten?

*

Zuerst gingen Vera und ich zu ihrem alten Metzger an der Ecke der Acland Street.

– Hallo. Schön, Sie wiederzusehen. Wie geht es Ihnen?

– Ich lebe noch, wie Sie sehen. Bin immer noch auf den Beinen.

– Ich lebe auch noch.

(Die Unterhaltung hatte nichts Morbides an sich, sondern war geradezu heiter.)

Anschließend kauften wir im Woolworth Medikamente gegen Erkältung und mehrlagiges Toilettenpapier – der Freund, bei dem sie in St. Kilda übernachtete, hatte Toilettenpapier, das man einfach so mit dem Finger durchstechen konnte. Danach gingen wir in einen jüdischen Feinkostladen in der Balaclava Road. Vera wollte gehackte Leber. Ich kannte die Inhaberin; unsere Töchter hatten in sonnigen, vorhormonellen Tagen miteinander gespielt. Ich umarmte sie. »Sie kommt ständig hierher«, sagte sie auf Russisch zu mir und sah zu Vera. »Sie ist eine gute Frau.« Ich war mir ziemlich sicher, dass Vera uns verstand, aber ich antwortete dennoch auf Russisch: »Sie hat eine ganze Menge durchgemacht.« – »Nun ja, alle meine Kunden haben viel durchgemacht«, sagte die Inhaberin. »Die mit einer tätowierten Nummer sind nach und nach fast alle gestorben, aber auch die, die heute noch herkommen, haben mehr als genug durchmachen müssen.« Das war die beste Unterhaltung, die ich bis dato mit der Inhaberin des Feinkostladens geführt hatte, stellte ich fest.

In einem anderen Laden – was haben wir dort gekauft … eine Kleinigkeit zu essen, glaube ich – wollte der Mann hinter der Theke wissen, ob wir verwandt seien, was heutzutage als Smalltalk gilt, eine Stufe über dem verrücktspielenden Wetter. »Wir sind befreundet«, sagte ich und hoffte, dass es nicht zu großspurig war, etwas zu behaupten, in das wir noch nicht hineingewachsen waren. »Sie ist meine Enkelin«, sagte Vera.

Einkaufen mit Vera: die Wildheit und das Ausmaß ihrer Ausbrüche selbst bei der banalsten, mikroskopisch kleinen Interaktion, wie wenn ein Knopf von einer Bluse abspringt und darunter ein Stück Haut zum Vorschein kommt, das von einem anderen, unergründlichen Leben erzählt.

Ich schreibe über Vera, weil sie sich von allen anderen überlebenden Kindern des Holocausts unterscheidet, die ich kennengelernt oder von denen ich gelesen habe. Sie trinkt, raucht, feiert und erwähnt beiläufig die Namen berühmter

Persönlichkeiten, die sie kennt. Das hat sie schon immer getan. Sie ist bissig. Sie hatte eine Menge Männer. Wenn die Leute über sie sprechen, verwenden sie in der Regel das Wort »ausschweifend«. Andere Überlebende halten für gewöhnlich Abstand zu Vera. Dennoch hat sie scharenweise Menschen in ihrem Dunstkreis. Ihre Abneigung gegen das Kleinbürgertum – noch so eine charakteristische Eigenschaft von ihr – hat schon beinahe etwas von Flaubert. Flaubert, der einmal eine Nachricht an seinen Freund Louis Bouilhet unterschrieben hat mit: *Gustavus Flaubertus, Bourgeoisophobus.* Man kann sich das gut in Großbuchstaben vorstellen:

VERA WASOWSKI.

BOURGEOISOPHOBUS.

Beim Marsch der Lebenden, einem drei Kilometer langen Gedenkmarsch von Auschwitz nach Birkenau, schaffte sie es doch tatsächlich, einen großen Teil der australischen Delegation zu verärgern, nicht nur weil sie sich einfach nicht benehmen wollte, sondern auch indem sie mehrfach ihre Liebe zur polnischen Küche und Landschaft kundtat. Die Liebe zu Polen – dabei spielte keine Rolle, wie kompliziert und widersprüchlich diese Liebe war, und auch nicht, dass Vera sie in einem neuen Jahrhundert verkündete – bleibt für viele Überlebende und deren Familien ein Tabu. »Wie Vera die Welt sah«, erzählte mir einer der Organisatoren des Marsches der Lebenden, »unterschied sich stark von der Sicht der meisten Teilnehmer.« Das waren konservative Menschen aus der Mittelschicht, die eine Verbindung zu ihrer Familiengeschichte aufbauen wollten. Vera: eine Fremde mitten unter ihnen. Die Organisatoren: frustriert? Ja, gegen Ende definitiv frustriert und auch verwundert, warum in aller Welt sie überhaupt dabei war. »Ich bin wegen des Antisemitismus in Polen hier«, erklärte Vera ihnen. »Ich will Widerstand leisten.«

In einem rührseligen Zeitungsartikel stoße ich erstmals auf Veras Namen. Ein Satz ganz unten springt mir ins Auge und ich weiß, dass ich sie finden muss. Wir haben ausreichend gemeinsame Bekannte, dass mich eine kleine Brücke aus Menschen direkt zu ihr führt. Sie lebte früher in Melbourne, mittlerweile nicht mehr, aber sie kommt mehrmals im Jahr hierher. E-Mail, Skype – das nutzt sie. Wir treffen uns, sprechen miteinander, und schon bald ist klar: Sie wird etwa ein Viertel meines Buchs in Anspruch nehmen. Meine Heldin. Mein Buch. Mein Buch …

Das Buch, das ich schreibe. Als ich mich auf die Suche nach Vera mache, bin ich überzeugt, dass ich in zwölf bis achtzehn Monaten fertig sein werde. Die Jahre verfliegen: 2011–12–13– 14–15–etc. Ich tröste mich mit dem Gedanken, dass Bücher nun einmal so lange dauern, wie sie dauern, das übliche Mantra, aber diesmal ist es etwas anderes. Diesmal habe ich das Gefühl, ich müsste mich zwischen dem Buch, das ich schreibe, und meiner Vorstellung vom Leben entscheiden. »Die meisten Leute wissen nicht, wer ich bin«, sagte Vera einmal zu mir, »und ich fange gar nicht erst damit an, ihnen zu erklären, wer ich bin, weil ich keine Lust dazu habe. Da hast du's.«

Da hast du's ist Veras Art, eine Geschichte zu beenden.

Genau wie *So ist das*.

Genau wie *Das ist das Ende der Geschichte*.

Man hört ihr zu und meint, ihre Geschichte käme jetzt so richtig ins Rollen, und dann quietschen auf einmal die Bremsen … *Da hast du's*. Das hat nichts mit Verwirrung zu tun und auch nicht damit, dass sie an der Geschichte zerbrechen oder daran zugrunde gehen könnte, sie kommt damit klar und (das dürfte helfen, sie einzuschätzen) ist wahrscheinlich schon immer damit klargekommen. Es geht um etwas anderes: vielleicht um das gleichzeitige, brutale Zerren zweier

Kräfte. Wenn die Geschichte unseres Lebens etwas ist, das wir tagsüber weben und nachts wieder auftrennen, wie Ovid über Homers Penelope schrieb: »ein langwieriges durch nächtliche List immer wieder aufgelöstes Gewebe«, dann steckt in Vera – in der Vera, die ich kenne – der Drang sowohl hin zur Geschichte als auch von ihr weg. Derselbe steckt auch in ihrem Memoir. In der Tatsache, dass die polnische Geschichte erzählt wird, die australische aber eher weniger, was verwunderlich ist. Man würde meinen, aufgrund des Traumas wäre es andersherum.

Ach, ja. Das Memoir. Es erscheint 2015. *Vera: Meine Geschichte*. Ein rot-weiß-schwarzer Einband mit Vera vorne drauf, die aussieht wie eine Sinti-Königin. In der Hand eine dicke Zigarre. Schon halb geraucht. Ich denke: Ich war so dicht dran. Dann weiß ich wieder: Nein, war ich nicht.

Auf dem Einband steht: »mit Robert Hillman«. Robert ist Veras materialisierter, offen kundgetaner Geist. Es war seine Entscheidung, in das Buch auch die Hinter-den-Kulissen-Randbemerkungen aufzunehmen, zum Beispiel darüber, dass sie ungehalten wurde, wenn er nicht schnell genug arbeitete – Warum dauert das denn so lange, Robert? –, und sagte, sie würde schließlich »nicht ewig leben«, also ja, Robert.

Ich lese das und denke: Sie meint nicht ihn, sondern mich.

Das Memoir wurde erdacht, besprochen, bis es Wirklichkeit wurde, geschrieben, verlegt, veröffentlicht, rezensiert und von den vordersten in die hinteren, dicht gedrängten Regale der letzten noch verbliebenen Buchhandlungen gepackt, während ich mit meinen zwanzigtausend unausgereiften Wörtern über Vera dasaß wie Ilja Muromez auf der *petschka*. Ich möchte zu Robert sagen: Lieber Robert, hören Sie nicht auf sie, hören Sie auf mich, Sie sind schnell und gut, und zwar auf wunderbare Weise.

Vera sagt, sie habe keine Lust, den Leuten zu erklären, wer sie ist, aber sie erzählt es ihnen doch; sie lässt andere an ihrer Geschichte teilhaben, sie macht sich die Mühe zu sprechen und vielleicht wünscht sie sich, es sei nicht notwendig, aber zugleich gibt es ihr Energie, oder vielleicht kommt es ihr quasi automatisch über die Lippen. Womöglich spricht sie aber auch, um eine andere Wahrheit zu schützen, weil sie nicht möchte, dass sie bemerkt oder ausgesprochen wird. Auch die Freude an der Aufmerksamkeit sollte nicht außer Acht gelassen werden. *Daran* ist Vera gewöhnt. Ihr ganzes Leben lang war sie genau *das*: unübersehbar und der Mittelpunkt in jedem Raum. Aber diese Freude ist nicht unkompliziert.

Ich gehe zur Buchpremiere in der Readings-Filiale in St. Kilda. Robert stellt Fragen, und Vera antwortet höflich, wenn auch ohne den Charme, der oft versprüht wird, wenn jemand Anekdoten über das eigene Leben zum Besten gibt. Sie sieht sich um. Als würde sie jemand Bestimmten erwarten. Jemanden, der nicht da ist. Sie berichtet trocken von der »Holocaust-Diät«: Unkraut essen, um zu überleben. Die Leute lachen erleichtert auf. Ihrer Kritik an genussfeindlichem, gesundheitsfanatischem Erste-Welt-Blödsinn könnte ich ewig lauschen. Selbst auferlegter Hunger – für jemanden, der als Kind hungern musste. Clean-Living-Wahnsinn – für jemanden, deren Leute man von ihrem ungezieferartigen Dasein reinigen wollte. Selbstbeherrschung light – wenn man eine historische Katastrophe erlebt hat. Der hintere Bereich des Ladens ist voll. »Sind wir fertig?«, fragt Vera Robert. Sie will runter von diesem Stuhl.

Der erste Satz des Memoirs: »Draußen in einem neuen Café in St. Kilda, hinter dem *Prince of Wales,* sprechen wir über Mord.« *Mord* = Juden und der Zweite Weltkrieg, *wir* = Robert und Vera, und Jahre zuvor – das Memoir stand noch nicht in Aussicht – saßen fünf Frauen an einem rechteckigen Tisch in einem anderen Café in St. Kilda. Vera trug ein leichtes, schwarzes Kleid mit hauchdünnen Spaghettiträgern. Grünschwarzen Schmuck. Ein Schultertuch. Sie sah besser aus als gut, aber nicht im Stil einer Taylor oder Gabor. Neunundsiebzig, und kein Zentimeter an ihr wirkte übertrieben geschminkt oder matronenhaft. »Wo hast du denn so ein edles Tuch her?«, fragte jemand. »Aus dem Aldi. Das ist ein großartiges Tuch für stillende Mütter«, antwortete sie. Als ich das Schultertuch das nächste Mal sehe, trägt Jane es. Jane – Veras gute Freundin und ehemalige Kollegin bei ABC, wo Vera erst als Maskenbildnerin und später als Produzentin arbeitete.

Ich erinnere mich nicht mehr, was alle anderen an dem Tag anhatten – wenn ich die Augen schließe, sehe ich nur Vera in Farbe –, aber ich weiß noch, dass ich das Café niedergehustet habe, der Auftakt einer einmonatigen Lungenentzündung mitten im Melbourner Sommer, und ich erinnere mich, dass Vera mit ihrem altgedienten Raucherhusten sagte: »Heute machst du mir aber Konkurrenz«, was sich beinahe wie ein Ehrenabzeichen anfühlte – so zu husten und trotzdem auf den Beinen und unterwegs zu sein und das Leben auszukosten –, denn mir waren schon diverse Berichte über Veras legendäres Stehvermögen zu Ohren gekommen. Eine Freundin in Byron Bay, wo Vera hingezogen war, nachdem man ihre Stelle bei ABC gestrichen hatte, schrieb mir: »Hatte am Freitag einen ausschweifenden Abend mit Vera. Sie hat mich unter den Tisch gesoffen und geraucht, und wir haben die ganze Nacht zu ihrer fantastischen Musiksammlung getanzt.« Diese Fähigkeit von Vera, länger durchzuhalten als so ziemlich alle anderen – meine Freundin war kein Pflänzchen –, wurde mir an jenem Tag von Sophie bestätigt. Es war das erste Mal, dass Sophie und ich uns trafen. »Vera konnte schon immer täglich rauchen und trinken, ohne Konsequenzen«, sagte Sophie. »Das kann sie immer noch. Sie sagt, sie sei müde. Das sind ihre Worte. Aber sie kann das: bis in die Puppen trinken und rauchen, und es geht ihr gut dabei.« Sophie ist Französin, nicht Polin, aber als junge Frau hat sie in Polen gelebt, und mit Vera spricht sie polnisch. Sie hatten sich vor langer, langer Zeit auf einer Party in Melbourne kennengelernt. Wie jung sie damals gewesen waren. Von weitem sah Vera lateinamerikanisch aus. Sie kamen ins Gespräch. Wo kommst du her? Polen. In welcher Stadt hast du gelebt? Warschau. In welchem Stadtteil? In welcher Straße? Bestimmt hatte Sophie die Geschichte, wie sie Vera kennengelernt hatte, schon eine Million Mal erzählt, aber sie enthielt mir die Pointe trotzdem nicht vor.

»Habt ihr in *derselben* Straße gewohnt?«, fragte ich.

»Noch besser. Im selben Haus.«

Jane, in das Stilltuch gehüllt – sie war an jenem Morgen nicht im Café an der Straßenecke in St. Kilda, aber ein Jahr nach der Veröffentlichung des Memoirs wird sie beim *Melbourne Jewish Writers Festival* dabei sein: in der ersten Reihe, Sophie zu ihrer Linken, die Lesung trägt den Namen »Vera Wasowski spricht Klartext (im Gespräch mit der Autorin Maria Tumarkin)«. Der Titel und der Werbetext sind von mir. Ich konnte die Organisatoren des Festivals überreden, mich als Gesprächspartnerin für Vera auszuwählen. »Bitte, nehmt mich. Ich kenne ihre Geschichte. Von vorne bis hinten. Ich weiß schon beinahe zu viel.«

Im Café klingelte ununterbrochen Veras Handy: Man wollte sie treffen, ihr Abendessen kochen oder ihr jemanden vorstellen. »Vera hat ein Talent dafür, Menschen zusammenzubringen und dafür zu sorgen, dass sie in Kontakt bleiben«, sagte Sophie. Ich erzählte ihr, dass ich über Vera schrieb, weil sie und ihre Geschichte etwas an sich hatten, das den mittlerweile sicher scheinenden Raum für Holocaust-Zeitzeugenberichte wieder gefährlich machte. Gefährlich fühlte sich richtig an. Sophie wusste, was ich meinte. In ihrem Blick lag Zustimmung.

Praktisch jede Person im australischen Teil ihres Buches, die nicht zur Familie gehörte, war, genau wie Mirka Mora und Hazel Hawke, berühmt. Auch Jan war berühmt gewesen – in Polen. Sophie ist nicht berühmt. Ich glaube nicht, dass sie gekränkt ist, weil sie nicht vorkommt, aber sicher bin ich mir nicht. Die beiden verbindet eine lange, innige Freundschaft. Sie wirkt liebevoll. Jung. Während die Leute bei der Buchveröffentlichung Schlange stehen, um ein Exemplar zu kaufen, diskutieren Sophie und ich über die Kritikerin, die das Memoir in der *Australian* größtenteils verrissen hat. Was für eine lächerliche Rezension. Sie hat Vera völlig falsch verstanden. Uns beiden gefällt das Buch. Im polnischen Teil schafft sie so viel mehr, als nur bekannte Bilder wiederzugeben: idyllische Kindheit in Polen, Wunderkind, eine von vielen angepassten jüdischen Familien, die nicht ahnten, was sie erwartete, der Krieg, erst sowjetische Soldaten, dann deutsche Soldaten, der Einmarsch in Lwow (Lwiw, Lwów, Lemberg), Ghetto, Aktionen, Kindheit vorbei, Tod an jeder Ecke, Angst, Hunger, Überleben, Betrug, noch mehr Tod und totale Finsternis auf der Welt … die Finsternis, die nicht endet, wenn der Krieg endet. In diesem Teil steckt überall Veras Humor, der jede Blase zum Platzen bringt, und auch ihre Verachtung für Beschönigungen. Die Weigerung, sich als etwas darzustellen (als Vorbild, als Weise), das sie nicht ist. Ihre unantastbare Gabe fürs Leben. Und ihr Appetit darauf.

Noch etwas, was das Wasowski/Hillman-Buch tut beziehungsweise nicht tut: Es lässt die Leserinnen und Leser nicht mit dem Gefühl davonkommen, sie wüssten, was Vera durchgemacht hat, jetzt, da sie die ganze Geschichte aufmerksam gelesen und sich durch den Kummer ein kinderfaustgroßes Geschwür haben wachsen lassen. Der Frage des Wissens widmete sich Charlotte Delbo in »O ihr Wissenden«. *Widmete sich*, das heißt, solange ihr Gedicht gelesen wird, macht sie es jedem, der diese Art des Überlebens nicht am eigenen Leib erfahren hat, unmöglich, sich einzureden, er wüsste, wie das war:

> O ihr Wissenden
> wußtet ihr, daß man seine
> Mutter tot sehen und
> keine Tränen haben kann
> […]
> O ihr Wissenden
> wußtet ihr, daß ein Tag
> länger dauert als ein Jahr
> eine Minute länger als ein
> Leben […]
> Wußtet ihr es
> ihr Wissenden

»Also, was mein hypothetisches Buch mit dem hypothetischen Vera-Kapitel betrifft«, sage ich zu Sophie, »das ist mittlerweile ein kompletter, nicht hypothetischer Reinfall. Vielleicht auch zu Recht.«

»Es ist nicht vorbei, Maria«, sagt Sophie. »Womöglich ist das, was du zu sagen hast, jetzt sogar noch wichtiger.«

Wir umarmen uns. Was habe ich denn zu sagen?

Sie ist nicht wütend auf dich, sagt Sophie, als wir bei unserem nächsten Treffen in ihrem geparkten Auto sitzen. Versteck dich nicht. Beim Festival der jüdischen Schriftstellerinnen und Schriftsteller ist sie in Melbourne, um über ihr Memoir zu sprechen. Setz dich dafür ein, dass du das Gespräch moderieren darfst.

Ich sehe nicht, was Sophie sieht, aber ich weiß auch nicht, was ich mit dem Vera-Kram in mir anfangen soll. Ich dachte, ich müsse es einfach hinter mir lassen. Mir wird klar, dass ich das nicht kann. Also schreibe ich eine E-Mail. Und ich bekomme eine Antwort: »Liebe Maria – hallo noch mal! Das ist eine wunderbare Idee. Ich muss das mit dem Rest des Komitees absprechen und sehen, wie das ins Programm passt … Ich melde mich dann schnellstmöglich.«

Nach ein paar Tagen findet das Komitee eine Lösung, wie *wir ins Programm passen*.

Ein Auszug aus meinem Werbetext:

Wasowskis Memoir … vermutlich anders als jedes Buch, das Sie lesen werden … hämischer, politisch inkorrekter, schwarzer Humor … Weigerung, sich an die Konventionen des Lebens und des Schreibens über das eigene Leben zu halten.

Meine Eltern, die das Buch gelesen haben und Vera hören möchten, sind im Publikum, meine Tochter ist da, mein Partner und meine Freundin Tali, die Teil des Festivalkomitees ist. Sophie, Jane. Ich überlege, mein Nicht-Buch zu erwähnen, diesen lächerlichen Fehlschlag, damit ich weniger als steife Moderatorin rüberkomme und mehr als nahbare Chaotin, ganz im Geiste von Veras niedriger Toleranzschwelle für den guten Ton, aber ich lasse es bleiben. Das tut nichts zur Sache. Vor der Lesung erzählt mir Vera, sie spüre allmählich ihr Alter. Erschöpft, sagt sie. Sie halte nicht mehr so viel aus.

Statt eines Einstiegs im Stil von »Hier kommt unsere Heldin Vera Wasowski« erzähle ich eine Anekdote, mit der Veras Memoir beginnt: Vera, die Robert gegenüber gegen die Fahrrad-Bourgeoisie in Lycra wettert. Mit promptem Übergang zu einer Schimpftirade über den kollektiven Schrecken der Bürger von Melbourne beim Anblick einer brennenden Zigarette. Verdammt guter Anfang für das Memoir einer Überlebenden. Ich überlasse Vera die Entscheidung, inwiefern wir über die Kriegsgeschichte sprechen. Sophie hat Tränen in den Augen. Ich verschütte Wasser auf meinen Stuhl. Jane steht auf und applaudiert Vera. Die Luft im Raum ist ein bisschen wie elektrisiert. Du hattest recht, Sophie. Sobald die Lesung vorbei ist, stelle ich Vera meiner Familie vor, und mir ist klar, dass sie ihre Namen und Gesichter sofort wieder vergessen wird, aber mein gut aussehender Partner fällt ihr auf.

Sehen Sie mich an – ich weide mich beinahe an meiner Unfähigkeit, Veras Geschichte zu erzählen. Wir können zusammen auf Lesereise gehen, falls Robert zu viel zu tun hat.

Herodot erzählt eine Geschichte über Histiaios, der im späten sechsten Jahrhundert vor Christus Milet regierte und, da er mit Aristagoras kommunizieren musste, einem zuverlässigen Sklaven den Kopf rasierte, eine Nachricht auf seine Kopfhaut tätowierte, wartete, bis das Haar nachwuchs, und ihn dann zu Aristagoras schickte. Der wiederum rasierte dem Sklaven den Kopf und entdeckte Histiaios' Nachricht, in der dieser ihn zu einem Aufstand gegen die Perser ermutigte, was Aristagoras offenbar in die Tat umsetzte. »Steganografie« kommt aus dem Griechischen und ist die Kunst, Nachrichten zu verbergen, im Gegensatz zur Verschlüsselung beispielsweise. Auf Griechisch heißt das Wort »bedeckt schreiben«. Meistens werden die Nachrichten in anderen, größeren, scheinbar harmlosen Textabschnitten versteckt. Die Existenz der geheimen Nachricht ist geheim. Wir wissen nicht, dass wir danach suchen müssen. Vielleicht ist Erzählen und Nicht-Erzählen nicht das, wofür wir es halten. Vielleicht kann man Erfahrung in einer Erzählung versteckt aufbewahren, heimlich, nicht um sie zu begraben oder unkenntlich zu machen, sondern um sie zu schützen, damit sie in einer anderen Geschichte enthüllt werden kann.

Ich gehe noch einmal ihr Memoir durch, es liegt praktisch ständig auf meinem Nachttisch. Langlebige, gelbe Haftnotizen als Abkürzung zu bestimmten Stellen – da ist die in wenigen Zeilen zusammengefasste Nachtclubszene, genau wie die Geschichte über das, was ihre Mutter getan hat, um ihrer beider Überleben zu sichern, ebenso die Frage ihres Vaters an die siebenjährige Vera, was er tun solle … Das haben die hinten auf den verdammten Einband gedruckt. Beim Schreiben über diese Zeit musste ich mich selbst als Autorin herausstreichen. Ich konnte meine ungewollten Ausschmückungen nicht ertragen – selbst mein Atmen ertrug ich nicht –, die sich einschlichen und ihre Erinnerung verfälschten. Es durften nur Veras Worte sein. Folgenden Abschnitt, den sie zu mir sagte, habe ich mir fast bis zum Ende meiner zwanzigtausend Wörter über Vera aufgehoben:

Um meine Mutter kümmerte sich mein Onkel, der sie regelmäßig vögelte. Das Versteck stand uns nur unter der Bedingung zur Verfügung, dass meine Mutter ihn sexuell befriedigte. Ihre Bedingung war, dass sie mich mitbringen durfte. Wenn es einigermaßen sicher war, schlief ich draußen. In dieser Zeit entwickelte ich eine Liebe zu Kakerlaken, weil die ganze Nacht Kakerlaken über mich krabbelten, während meine Mutter Sex mit meinem Onkel hatte.

Dann kam eines Tages mein Vater. Der Transport war fehlgeschlagen, das Ghetto war geschlossen, und er konnte nirgendwohin. Wir waren die einzigen, mit denen er Kontakt hatte. Und mein Onkel wollte ihn rauswerfen. Sie hatten einen hitzigen Wortwechsel auf Deutsch. Ich konnte ihn hören: »Raus! Raus! Hinaus mit dir!« Aber mein Vater, der sehr jüdisch aussah, konnte das Versteck nicht verlassen, man hätte ihn getötet. Inzwischen hatten wir Tütchen mit Gift bei uns: Mein Vater wollte sichergehen, dass wir diesen »kleinen Ausweg« hatten. Ich trug das Tütchen immer bei mir. Schnelles Gift gab es nicht mehr, an Zyanid kam keiner mehr ran, also hatten wir bergeweise Schlafpulver. Mein Vater erklärte mir, was ich zu tun hatte: Wenn mich jemand erwischte und es keine Möglichkeit gab, zu entkommen, sollte ich um ein Glas Wasser bitten.

Von diesem Pulver gab es viel. Er hatte offenbar die Hälfte davon mit einem Glas Wasser genommen und lag drei Tage lang bewusstlos in unserem Versteck. Dann wachte er auf und ich sollte zusehen, wie er von uns ging. Ich konnte seinen Urin riechen. Er bat mich um ein Glas Wasser. Ich wusste ganz genau, was ich tat. Ich ging los und holte ihm eines aus der Küche, kroch zurück ins Versteck und reichte es ihm.

Er sagte, dass ich ihn bald nicht mehr haben würde, nur noch die Mutter. Und dass er mich nicht mehr an die Sorbonne bringen könne, wenn ich groß bin, weil er dann nicht mehr da sein würde. Dann starb er. Er starb, und mein Onkel, den ich bis zum heutigen Tag abgrundtief hasse, obwohl ich weiß, dass man niemanden hassen soll, und dieser polnische Typ, der uns versteckte, rollten seinen Leichnam in eine Decke, hoben im Keller ein Loch aus und begruben meinen Vater. Als die Russen anfingen, Lwow zu bombardieren, mussten wir uns im Keller verstecken, und mir war vollkommen bewusst, dass ich auf meinem Vater stand. Als mein Vater sich das Leben nahm, wurde kein Wort gesagt. Es geschah, und so war das eben. Solange meine Mutter lebte, taten sie und ich, als wäre das alles nicht passiert, wir taten, als wäre alles normal, obwohl überhaupt nichts normal war. Und das ist das Ende der Geschichte.

Das habe ich mir für das nahe Ende meiner zwanzigtausend Wörter aufgehoben, weil ich mich im reinen Schwarz auf Weiß auflösen wollte. Ich wollte den Leserinnen und Lesern den Boden unter den Füßen wegziehen, sie sollen alles überdenken, was ich über Vera erzählt habe, alles, was sie letztlich geglaubt und sich vorgestellt haben – jetzt, da sie wissen, was ihr mit sieben Jahren passiert ist. Das war damals. Und jetzt? Jetzt bin ich diejenige, die alles überdenken muss, weil Veras Leben keine Geschichte ist, die ich erzählen kann, und doch scheint mir gerade das Nichtgeschichtenartige als zunehmend bedeutsam, als etwas, das unbedingt wahrgenommen werden muss.

Für uns dünnhäutige Bewohner des Westens ist ein bestimmtes Bild von Holocaust-Überlebenden (auch von anderen Überlebenden) zum Standard geworden: Ein moralischer und emotionaler Zwang bringt sie dazu, ihre Geschichte zu erzählen, *damit die Welt nicht vergisst,* manchmal wie Levi, Borowski, Frankl oder die nichtjüdische Delbo (die mit ihrer Veröffentlichung aber zurückhielt) direkt nach dem Krieg, häufiger aber später, sobald die Welt sich die Kirschkerne aus den Ohren gezogen und angefangen hat, zuzuhören. Aber die Überlebenden haben einen ebenso starken Drang zu schweigen. Wer überlebt, weiß, dass die Entscheidung zwischen Erzählen und Schweigen die Wahl zwischen Pest und Cholera ist; beides ist gleichermaßen hoffnungslos.

Man MUSS etwas sagen, denn wie sonst soll die Öffentlichkeit das, was einem und den eigenen Leuten widerfahren ist, als die Ungeheuerlichkeit begreifen, die es war, als das Ende der Welt, die es ist, wie sonst macht man den Menschen die Gräuel bewusst, wie sonst verhindert man, dass es sich in Zukunft wiederholen kann? Man nimmt wahr, wie unfassbar schnell die kollektive Erinnerung verblasst, und immer häufiger hört man: »Nein, so war das nicht.« Man muss etwas sagen, denn der Akt des Sprechens und die Geschichte, die man mit jedem Erzählen immer wieder aufs Neue gestaltet, halten einen am Leben, man klammert sich daran fest, weil diese Geschichte das Loch in einem abdeckt, wenn auch leider nicht vollständig. Man muss etwas sagen, denn wenn man nichts sagt, gewinnen die anderen. Wenn man nichts sagt, hat man aufgehört zu kämpfen, man hat aufgegeben.

Man DARF NICHTS sagen, denn eigentlich sind diese Gespräche sowieso nur mit einigen wenigen, die ebenfalls überlebt haben, möglich – nur dann fühlt sich das Erzählen und Zuhören nicht so stechend unwirklich an. Als ginge es um jemand anderen. Man darf nichts sagen, denn was man weiß, kann man unmöglich in Worte fassen, es lässt sich nicht übermitteln, und egal, was man sagt, es ist immer nur ein winziger Teil, und wenn man den ausspricht und die Leute glauben lässt, das sei alles, dann ist das ein Verrat am Andenken derer, die nicht für sich selbst sprechen oder schweigen können. Man darf nichts sagen, weil das Sprechen einem an die Substanz geht und einen auslaugt; die Last des Erinnerns und Berichtens ist zu groß und die Grausamkeit der Geschichte ist zu viel – man will sie nicht immer und immer wieder durchgehen, und wozu auch? Man darf nichts sagen, denn das eigene Leben ist so viel größer als das, dafür hat man gesorgt, das hat man allen Wahrscheinlichkeiten zum Trotz geschafft. Man darf nichts sagen, denn man hat schon genug gesagt.

1984 erschien in *The Paris Review* ein Interview mit Elie Wiesel aus dem Jahr 1978.

INTERVIEWER: Sie haben zehn Jahre gewartet, bis Sie bereit waren, in Ihrem ersten Buch, *Die Nacht*, über den Holocaust zu schreiben.

WIESEL: Ich wollte nicht die falschen Worte verwenden. Ich hatte Angst, dass meine Worte der Sache nicht gerecht werden. Ich habe gewartet. Ich bin mir immer noch nicht sicher, ob das der falsche Schritt war oder der richtige, die Entscheidung zwischen Reden und Schweigen.

Eine oder zwei Minuten später …

INTERVIEWER: Wie meinen Sie das, Sie wollten die Bücher nicht schreiben?

WIESEL: Ich wollte kein Buch über den Holocaust schreiben – ich musste es. Das war nicht freiwillig. Keiner von uns wollte schreiben. Daher spürt man immer eine Zwiespältigkeit, wenn man ein Buch über den Holocaust liest, das von einem Überlebenden geschrieben wurde. Einerseits fühlt er sich verpflichtet. Andererseits denkt er: Wenn ich das doch bloß nicht tun müsste.

Vera via Robert in dem Memoir …

»Du bist jüdisch und überlebst das Ghetto: Diese Geschichte erzählst du den Rest deines Lebens. Du musst daran glauben, dass das wichtig ist. Dem armen Primo Levi rauschte der gefliese Boden entgegen, und so geschah das, was den Nazis nicht gelungen war: Levi starb. Und warum? Weil er nicht mehr glaubte, dass das, was Robert von mir hören will, für die Zuhörer und Leser oder sonst jemanden eine Bedeutung hat … Eines Tages wird irgendwer zu mir sagen: ›Der Holocaust, ist das ein Film?‹, und genau wie Primo Levi werde ich den Boden sehen, der mir entgegenfliegt.«

Wäre das Leben nicht so, wie es ist, und könnte ich Bücher schreiben wie normale Menschen, dann hätte ich Vera ganz für mich.

Dann wäre zuerst mein Buch veröffentlicht worden.

Und nach einem angemessenen zeitlichen Abstand ihr Memoir mit Robert.

Wie Autoren das eben machen, hätte ich die Teile so zusammengefügt, dass eine möglichst große Wirkung entsteht, in der Hoffnung, die Leser würden sich vom Leben eines anderen Menschen mitreißen lassen. Ich hätte Veras Leben betrachtet und gedacht – mir gesagt und laut ausgesprochen: *Was für eine erstaunliche Geschichte. (Sieh dir das mal an!)*

Diesen Bereich zwischen Erzählen und Nicht-Erzählen, in dem ich gelandet bin, hätte ich mir in einer Million Jahren nicht ausgesucht.

»Lieber eine Meise in der Hand als ein Kranich im Himmel« – die Übersetzung klingt komisch, aber auf Russisch ist das eine alltägliche Redensart mit alltäglichen Vögeln. Man wächst damit auf, dass diese Vögel und Sprichwörter um einen herumschwirren. In den meisten Kulturen gibt es eine Variation dieses Sprichworts. Spatzen und Tauben, Hennen und Adler, Hühner, Gänse; auf Englisch geht es so: »Ein Vogel in der Hand ist mehr wert als zwei im Gebüsch.« Wenn man über das Leben eines Menschen schreibt, dann oft so, als läge es *in der Hand* des Schreibenden. Das tut's nicht. Es sind immer die beiden Vögel im Gebüsch. Das heißt, dass es nicht *eingefangen* werden kann – ein auf trügerische Weise freundliches Wort, um über das Leben anderer zu sprechen – und

auch nicht völlig *begriffen* werden kann, noch so ein scheinbar freundliches Wort dafür, tief in die Welt eines anderen
einzutauchen. Das Leben von jemandem, der den Holocaust
als Kind überlebt hat? Eher vier Vögel im Gebüsch. Ach,
kommen Sie, Sie wissen schon, was ich sagen will: Nur gut,
dass dieser eine weggeflogen ist.

*

Wissenschaftlern zufolge gibt es Kindheitsamnesie wirklich,
und sie passiert etwa im Alter von sieben Jahren. Kinder vergessen ihre frühesten Erinnerungen. Mitunter erinnern wir
uns später als Erwachsene an diese Momente, manchmal
ganzen Honigwaben gleich – die meisten sagen, ihre frühes-
te Erinnerung reiche bis zum Alter von drei oder vier zurück –, aber wir erinnern uns wie jemand, der noch keine
sieben ist. In Form von Eindrücken. Diese Erinnerungen sind
häufig körperlich, emotional, instinktiv und haben kein Nar-
rativ. »Mit sieben beginnt man, sich allmählich wie ein Erwachsener zu erinnern«, erklärt mir Paul Valent. »Man kehrt
gedanklich an einen bestimmten Moment zurück und erinnert sich sozusagen auf erwachsene Art.« Sieben kennzeich-
net den Beginn autobiografischer Erinnerung: Erinnerung,
die unser Ich-Empfinden organisiert, statt es indirekt zu un-
termauern. Außer im Falle eines Traumas, dann funktioniert
nichts wie gerade beschrieben.

Die Psychologin Vicki Gordon erzählt mir von einem Gespräch mit einem Mann, der als Kind den Holocaust überlebt
hat. Der Mann, ein hohes Tier in Medizinerkreisen, erinnert
sich an kaum etwas aus seiner frühen Kindheit. Aber die
traumatischen Erlebnisse hat er noch klar vor Augen.

Dasia Black ist im Nachtprogramm im Radio. Sie hat den

Zweiten Weltkrieg unter falscher Identität überlebt; sie wohnte bei einer polnischen, christlichen Familie als *arisches* Kind, betete zum richtigen Gott, kniete sich hin und hielt so krampfhaft an ihrer neuen Identität fest, dass sie sich eine Weile nicht an ihren richtigen Namen erinnern konnte. Ihre Eltern starben schon früh während des Kriegs. Schließlich wurde sie von ihrem richtigen Onkel und ihrer Tante adoptiert, und die drei landeten in Australien. Das Wort »Überlebende« gefällt Black nicht. Sie erklärt dem Radiomoderator, dass »da eine bestimmte Bedeutung mitschwingt, von Stärke oder etwas Besonderem, dabei lag das schlicht an den Umständen. Meine Eltern sind keine Überlebenden, sind sie deshalb weniger wert?«

Bis in die 1980er-Jahre betrachtete man die Kinder des Zweiten Weltkriegs nicht als Überlebende. Die Eltern dieser Kinder – die Eltern, die nach Kriegsende noch lebten – waren die Überlebenden, und selbst diese Erkenntnis ließ sich alle Zeit der Welt. Dann kam in den Siebzigern die Vorstellung von einer zweiten Generation auf, von Kindern, die nach dem Krieg zur Welt gekommen waren und die, so hieß es oft, die unheilbaren Narben trugen, ohne die Verletzungen selbst erlitten zu haben. Für sie war die Vergangenheit der Familie »eine Art extrem verdichtetes Kügelchen grundlegender Information [...], aus dem alles wächst oder explodiert oder entsteht, und man braucht ein ganzes Leben, um es zu entpacken und zu entschlüsseln«, schrieb Eva Hoffman, selbst Teil der zweiten Generation.

So weit zu ihnen, und indessen hielten sich diejenigen, die den Krieg als Kind überlebt hatten, nur mühsam über Wasser. Vier Jahrzehnte lang. Man nahm an, sie könnten sich nicht an das Geschehene erinnern. Und man glaubte, sie seien weder von der Erinnerung noch vom Wissen um die Art und das Ausmaß dessen, was ihnen widerfahren war, belastet und daher könne der Krieg sie nicht auf dieselbe Weise dauerhaft vereinnahmen, wie er es mit den Erwachsenen um sie herum tat. Ein Irrtum (offensichtlich – so viel hat man inzwischen herausgefunden und zugegeben).

Dasia Black wird gefragt, was ein kleines Kind wirklich begreifen kann – als der Krieg anfing, war sie dreieinhalb. Die erwachsene Black ist Kinderpsychologin. Die Frage hat also bewusst zwei Ebenen.

Ein Kind versteht, dass es bei einem Gestapo-Angriff schweigen und sich verstecken muss, antwortet sie, und es weiß, wie man so tut, als wäre man jemand anderes, und dass man alles geben muss, um die Familie, die einen aufgenommen hat, nicht zu verärgern, und dass man seine Eltern zurücklassen und immer weiterlaufen muss, selbst wenn jeglicher Instinkt, jedes Molekül und jedes bisschen Schwerkraft einen zu ihnen zurückdrängt. Was Orpheus beim Aufstieg aus der Unterwelt nicht gelang: mit dem Blick nach vorn gerichtet weitergehen, wo doch alles, was seiner Existenz Sinn verleiht, seine Eurydike, hinter ihm ist – ein Kind schafft das.

»Woran kann sich so ein Kind erinnern?«, fragt Phillip Adams Dasia Black im Radio.

»An das meiste«, antwortet sie.

»Weil meine Kindheit so war, wie sie war, konnte ich mein Leben ohne Angst beginnen«, sagte mir Vera eines Tages. »Und deshalb habe ich alles, was ich in meinem Leben getan habe, genau so gemacht, wie ich wirklich wollte.«

Eine Gesellschaft wie unsere, die den Schutz von Kindern als höchste moralische Aufgabe betrachtet, wäre gut beraten anzuerkennen, dass die Verletzlichkeit von Kindern auf ihrer Fähigkeit, zu wissen und zu handeln, basiert, nicht auf ihrem Unvermögen. Diese Fähigkeit, die manchmal außergewöhnlich ist, vor allem im Angesicht einer persönlichen oder öffentlichen Katastrophe, hat ihre Grenzen, doch diese Grenzen sind oft andere, als wir meinen.

Im Jahr 1942 kamen eines Tages auf einer Straße in Budapest zwei Männer in Trenchcoats auf Paul Valent und seine Eltern zu. Kurz zuvor hatten Paul, seine Mutter und sein Vater nachts die Grenze zwischen der Slowakei und Ungarn überquert. Der vierjährige Paul saß auf den Schultern seines Vaters. Andere Leute konnte er in ihrer Gruppe nicht sehen, aber er hörte Flüstern, das jedes Mal verstummte, wenn in der Ferne Hunde bellten. Paul wusste nicht, dass das Unternehmen seines Vaters enteignet worden war und dass in ihrem Land Juden, wozu die meisten seiner Verwandten gehörten, in Konzentrationslager deportiert wurden, aber er wusste sehr wohl, wie er sechzig Jahre später in dem Memoir *In zwei Seelen* schrieb, dass es bei diesem Fußmarsch »um Leben und Tod ging«. »Ich wusste einfach, dass ich absolut still sein musste. Ich wusste, dass ich nicht denken und nichts empfinden durfte.« Und als man ihm in Budapest eine neue Identität einbläute – christlich und ungarisch, schon seit vielen Generationen – und ihn ermahnte, niemand dürfe jemals seinen Penis sehen, da wusste er, dass er sich mit aller Kraft an diese neue Identität klammern musste. »Tief im Inneren begriff ich, dass ein Ausrutscher unvorstellbare Konsequenzen hätte. Ich war gerade mal vier, und drei Jahre lang unterlief mir kein Fehler.«

Zwei Männer im Trenchcoat. Ein sonniger Tag. Pauls Eltern sagten ihm, er solle warten. Sie würden mit »diesen beiden Herren« mitgehen und »ein Eis kaufen« und in zehn Minuten wären sie wieder da. Sie kamen nicht zurück, weder nach zehn Minuten noch nach zehn Tagen. Als sie die Straße entlanggingen, drehten sie sich nicht um, sie warfen ihrem

Sohn keinen Blick zu und gaben ihm kein Zeichen. (Wie viele dieser Geschichten gehen gut aus? Was glauben Sie, vielleicht 0,1 Prozent? Diese ging in der Tat gut aus: Pauls Mutter und Vater wurden festgenommen, zurück in die Slowakei geschickt, in einen Viehwaggon nach Auschwitz gesteckt und in letzter Minute rausgeholt, weil ein noch freier Verwandter die Wachen bestechen konnte. Nach ein paar Monaten fanden sie Paul, sie gingen als *arisch* durch und überlebten gemeinsam den Krieg. *Ging gut aus,* eigentlich trägt das dem Blick der Mutter nicht Rechnung – »sehnsüchtig, mitleidig, abwesend« –, als die drei wieder vereint waren, und auch nicht dem anschließenden Tod des Vaters, der noch in seinen besten Jahren an Krebs starb, und auch nicht Pauls ermüdender Distanziertheit als Erwachsener und der Gefühlstaubheit, über die Psychiater so gern Bücher schreiben. Trotzdem gehörten die Valents zu denen, die einen »guten Krieg« hatten, wie Hoffman beklemmend formulierte, sie wurden »nur von der Angst geplagt, entdeckt zu werden, nicht von körperlichen Qualen und Demütigungen«.)

In seinem Memoir erzählt Valent von einem anderen Erlebnis: Er ist Mitte fünfzig, Vater von drei Kindern, renommierter Psychiater, Autor und Gründer einer Melbourner Gruppe für Menschen, die als Kind den Holocaust überlebt haben. Er ist mit seinem Sohn in Ungarn. Es ist seine dritte Reise dahin zurück seit dem Krieg – erst ein Jahr zuvor war er mit seiner Tochter dort und in der Slowakei, sie fanden das Haus (es stand noch), ihr ehemaliges Versteck, und fuhren nach Auschwitz, wo der Großteil ihrer Familie ermordet worden war. Diesmal kehrt Paul mit seinem Sohn zu dem Haus zurück, in dem sie sich versteckt hatten, und ein anderer Drang überwältigt ihn. Er will die Straße finden, den Ort, wo er die vier Gestalten in dem Wissen hatte Verschwinden sehen, dass er sie gehen lassen musste und nichts sagen durfte. Den Namen der Straße kennt er nicht. Er hat nichts außer dem Bild von zwei Männern im Kopf, die Hüte und Trenchcoats tragen und mit seinen Eltern sprechen. In einem Schaufenster entdeckt er zufällig ein Buch. Er liest den Titel – ein Name darin löst etwas in ihm aus. Seine Eltern hatten oft über eine Straße gesprochen, die so hieß. Er sieht nach. Da ist die Straße, ganz in der Nähe des Ortes, wo sie gewohnt haben mussten.

Er eilt hin. Ruft sich in Erinnerung, dass er damals ein Kind war, kein Erwachsener. Er geht in die Hocke und lässt sich auf die Situation ein, damit sein Körper sich erinnern kann. Er prüft nach. Am Ende der Straße stand eine bekannte Eisdiele.

Bestimmt war seinen Eltern deshalb das Eis eingefallen.

Er geht zu der Stelle, kauert sich hin und erinnert sich daran, dass er zurückgelassen wurde, seine Mutter sich nicht noch einmal umdrehte und er sich fragte: Was habe ich falsch gemacht? Dann begreift er: »Meine Mutter konnte nicht zurückblicken, denn egal ob sie gelächelt oder geweint hätte, ich wäre ihr hinterhergerannt.« Der größte Verrat seines Lebens war ein Akt reiner Liebe. Er begreift, dass das Kind, das bereits damals so viel gewusst hatte und dem nicht ein einziges Mal ein Fehler unterlaufen war, das Wichtigste erst fünfzig Jahre später verstanden hat.

Ein Kind kann wissen, dass es still sein muss und dass es bei einem nächtlichen Fußmarsch über die Grenze in ein anderes Land um Leben und Tod geht, es kann wissen, dass ihm niemals sein richtiger Name rausrutschen und dass niemand es je nackt sehen darf. Aber vielleicht kann ein Kind einfach nicht verstehen, dass die Mutter ihm, indem sie weggeht, das Leben rettet. Vielleicht kann das nur ein Erwachsener begreifen.

Und dann ist der Krieg zu Ende. Das eigene Leben gehört nicht mehr *denen*. Und was dann. Die Lebenden werden vor der Herausforderung stehen, herauszufinden, wie man »das Überlebthaben überlebt«, schreibt Robert Krell, noch ein Psychiater, der den Holocaust als Kind überlebt hat. Aber wenn das Überleben des eigenen Überlebens zumindest zum Teil mit sich bringt, dass ein Kind sich wieder fühlt wie ein Kind, was bedeutet das dann für eins, das dem Bösen ausgesetzt war? Wenn sich wie ein Kind zu fühlen bedeutet, dass man (noch) nicht die ganze Last tragen kann, die eigenen Grenzen zu verteidigen, sollten wir uns dann wirklich inständig wünschen, traumatisierte Kinder mögen sich wieder wie Kinder fühlen? Wenn dieses Gefühl die Kinder verwundbar macht, sollten wir dann dafür kämpfen, als wäre es ein unveräußerliches Gut? Sollten wir dessen Ablehnung (oder die Unfähigkeit dazu) als großes Scheitern der Welt betrachten?

»Als wir uns versteckten, hörte ich auf, Kind zu sein«, erzählt mir Vera. »Ich begriff, dass ich Verantwortung für mich selbst und mein Leben übernehmen musste.«

– Hast du dich nach dem Krieg jemals wieder wie ein Kind gefühlt?

– Nein.

– War das Gefühl komplett weg?

– Ich glaube schon.

Wisława Szymborska, die zweite der polnischen Dichterinnen und Dichter, die im zwanzigsten Jahrhundert den Nobelpreis bekamen, Miłosz war der erste, schrieb ein Gedicht mit dem Titel »Autotomie«. Autotomie ist, wenn Tiere zur Selbstverteidigung einen Körperteil abwerfen wie die Seegurke in dem Gedicht:

Bei Gefahr zweiteilt sich die
Seegurke:
Einen Teil von sich überläßt
sie der Welt zum Fraß,
mit dem anderen flieht sie.

Der eine Teil ist Rettung und Hoffnung. Den anderen Teil kann man nicht retten. Den einen Teil lässt man sterben, damit der andere sich wiederherstellen und zu einem lebenden Ganzen wachsen kann. Ein Überlebender ist eine Seegurke. Das zu sagen bedeutet: Überleben ist nicht das Gegenteil von Sterben. In gewisser Hinsicht liegt Überleben vielleicht sogar näher am Sterben als am Leben. Jahre nach dem Krieg, ich spreche von Veras Krieg, sagt Mado – eine Freundin von Charlotte Delbo und ebenfalls Überlebende – zu Delbo: »Ich bin in Auschwitz gestorben, und niemand sieht das«, und Delbo selbst schreibt: »War das möglich, da lebend herauszukommen? Nein.«

Eine Überlebende lernt, wie man gleichzeitig am Leben und tot ist. Ein überlebendes Kind ist eine bestimmte Art Überlebender: ein Experte im doppelten Spiel. Und ein Kind, das wie Vera versteckt überlebt hat, fällt in eine eigene Kategorie.

Vicki Gordon hat Menschen interviewt, die wie ihre Eltern den Holocaust als Kind im Versteck überlebt hatten, ein halbes Jahrhundert später, und ihr fiel eine gewisse »Abgeschnittenheit« auf. Eine anhaltende Sachlichkeit in vielen Interviewpartnern. Eine Nüchternheit, ein Mangel »psychologischer Tiefe«. Wenn eine Erwachsene sich selbst als Kind betrachten kann – eine mitfühlende Erwachsene, die das leidende Kind sieht und Bedauern für das Kind empfindet, das sie selbst und zugleich nicht sie selbst ist –, dann brechen manchmal Gefühle hervor, aber die Gefühle gehören der Erwachsenen, nicht dem Kind. Versteckte Kinder überleben, indem sie stumm und unsichtbar bleiben. Um nichts bitten, nicht weinen, niemals weinen. Jede Emotion könnte die vorhandene psychische Stärke erschöpfen. Wenn man sich hinter einer falschen Identität versteckt, könnte jegliches Zeichen von Sorge oder Angst einen als jüdisch entlarven. Mangelnde Zurückhaltung könnte dazu führen, entdeckt zu werden. Als das Tonbandgerät endlich aus war, sagte einmal ein Überlebender zu Gordon: »Ich weiß, was Sie von mir wollen, aber das werden Sie nicht kriegen, selbst wenn Sie den ganzen Tag hier sitzen.«

»Ich war bei einem Handflächenleser in Byron Bay«, erzählt mir Vera auf Skype, »und er hat gesagt, solche Gene hätte er noch nie gesehen, so einen Schutz.«

Nach ABC landete Vera in Byron Bay, weil ihr Sohn dort wohnte – ihr mittlerweile verstorbener Sohn; er starb unerwartet in einer Sauna an einem Herzinfarkt, er war über fünfzig.

»Mein Sohn war ein außergewöhnlicher Bursche«, sagt Vera. »Mit achtzehn hat er uns den Rücken gekehrt. Er hat gesagt: Euer Kühlschrank und euer Auto sind mir egal, ich geh raus in die Wildnis. Ein ganz anderer Schlag Mensch als wir. Als ich anfing, mich nach dem Personalabbau bei ABC mit dem Buddhismus zu beschäftigen, habe ich ihn besser verstanden.« Personalabbau: klingt vielleicht trivial angesichts dessen, was sie sonst durchmachen musste.

Das war es nicht. Du startest mit dem Gefühl ins Leben, etwas Besonderes zu sein. So ein altkluges Kind, das der Vater an die Sorbonne bringen wird. Vielleicht nicht sofort, nicht während des Kriegs, aber selbst jetzt während der Besatzung Lwows hören sowjetische Soldaten dich Klavier spielen und wollen dich zum Musikstudium nach Moskau schicken. So gut bist du, und so schön, und dann erfährst du, dass du nichts bist, die Botschaft könnte nicht klarer sein, bis du dich aus den Bruchstücken wieder zusammenfügst und zur Überzeugung gelangst, dass du doppelt so besonders bist, ein Phönix. Und dann heißt es: *Sie arbeiten nicht mehr hier.* Was in deinen Ohren klingt wie: *Sie sind nichts.*

»Ich bin niemand, der herumläuft und sagt: Bitte versteht mich doch, ich hatte ein schreckliches Leben. So bin ich nicht. Für manche läuft das Leben so. Für manche läuft es anders.« Manchmal ist Vera niedergeschlagen, und dann sagt eine jüdische Freundin zu ihr: »Vera, sei doch froh, dass keine Nazis vor deiner Tür stehen.« Sie denkt darüber nach und ist froh. Sich suhlen, verharren, jammern, heulen – das tut sie nicht. Vorankommen, weitermachen, leben und lieben, was auch immer an dem Leben, das man führt, geliebt werden kann, verschlingen, sich freuen – das sind ihre Verben.

»So war meine Kindheit. Enge Freunde hatte ich nicht. Ich war sehr direkt. Schon damals hatte ich kein Verständnis für Dummheit. Besonders konventionell war ich nie. Mit siebzehn, achtzehn kam ich allmählich richtig gut bei Männern an, bei jungen Männern, weil ihnen auffiel, dass ich anders war und es sich lohnte, mich kennenzulernen.«

Diese Kindheit bedeutete zu wissen: Eine Garantie gab es nie – es könnte wieder passieren. Menschen, dressierte Papageien, rufen im Chor: *Nie wieder! Niemals!*, aber wenn man durchgemacht hat, was sie durchgemacht hat, fällt einem die Falschheit darin auf, und wenn das Nie-wieder doch wieder passiert, ist der Sprechchor überrumpelt. Schutzlos ausgeliefert. Bis sie verstehen, was los ist, ist es schon zu spät, und es lässt sich nicht mehr aufhalten. Die bedeutungsvollen australischen Namen, die Vera gern beiläufig erwähnt – die

»Topleute«, die »Elite«, wie in ihrem Warschauer Bekanntenkreis –, sind nicht bloß ein Symbol ihrer Ablehnung des australischen Kleinbürgertums oder ein Beweis, dass sie ihre im Nachkriegswarschau geformte Persönlichkeit nicht verrät. Sie haben einen praktischen Nutzen. Wenn nötig, kann sie bei ihnen Schutz finden. Zumindest einige wären in der Lage, sie zu beschützen. Noch immer schafft sie es, dass andere viel Wirbel um sie machen. Ich glaube nicht, dass sie etwas Bestimmtes tut, um zu diesem Wirbel beizutragen. Das liegt einfach an ihrer Aura.

»Es ist, als hätte der jüdische Gott Vera den höchsten Befehl zum Überleben erteilt«, sagt Sophie. »Und daraus hat sich alles andere entwickelt.«

Während Vera und ich miteinander sprechen und mein Buch flutscht, ruckelt, ihm Stalaktiten wachsen und es in immer weitere Ferne rückt, anstatt sich zu nähern, startet die *Königliche Kommission für institutionelle Reaktionen auf sexuellen Missbrauch von Kindern* und nimmt Fahrt auf. Täglich wird detailliert über brutale, ungestrafte und komplizierte Fälle von Kindesmissbrauch berichtet, die über lange Zeiträume hinweg stattfanden. Aktuelle Fälle, nur ein paar Jahre alt. In den Fernsehnachrichten sagen diese Kinder/Erwachsenen, die aussehen, als hätte die Vergangenheit sie aufgefressen: »Der Schmerz sammelt sich an wie Rost in einer Wasserleitung.« Wenn ich durch die Straßen meiner Stadt laufe, kann ich nicht anders, als mir missbrauchte Kinder in Erwachsenenkörpern vorzustellen. Ich will mir die Statistiken nicht ansehen. Bestimmt sind sie niederschmetternd. An einem schlechten Tag verkrampft sich mein Kiefer, wenn ich einen Bericht nach dem anderen lese und in meinem Kopf der Gedanke auftaucht, dass meine Kinder vergewaltigt werden könnten. Das ganze Gerede über Menschen, die ihre

Sicherheit, ihre Seele und sich selbst zurückwollen, und über Familien, die der Missbrauch zerstört hat, kommt mir so sinnlos vor, wie gegen einen Waldbrand anzupinkeln. »Manche bezeichnen sexuellen Missbrauch als ›Seelenmord‹. Dabei werden der Wert und die Würde eines Menschen richtiggehend zerstört«, sagt mir Paul Valent. »Auch über Generationen hinweg steht das der Liebe im Weg.«

Weshalb sexueller Missbrauch an Kindern in einer kinderzentrierten Welt so verbreitet ist und was dieser Missbrauch in einem Leben und darüber hinaus anrichtet, sind Fragen, denen wir weder mit an Paragrafen orientierter Wortwahl (»grober Verstoß der Kinderrechte«) noch mit journalistischem (»die Seele des Kindes wird gebrochen«) oder therapeutischem Jargon (»Beeinträchtigung der psychosozialen, sexuellen und seelischen Entwicklung der Kinder«) beikommen können. Unschuld – als definierendes Merkmal von Kindern, das ihnen durch ein Trauma entrissen wird … Mir gefällt, was die australische Philosophin Joanne Faulkner über Unschuld sagt. Ihr zufolge ist sie in dreierlei Hinsicht problematisch: Zunächst einmal ist sie eine eigennützige Fantasievorstellung von Erwachsenen, außerdem veranlasst sie Erwachsene, Kinder aufzugeben, von denen man meint, sie wären nicht mehr unschuldig, und schließlich verhindert sie die Teilnahme von Kindern an einem ethisch bewussten, bürgerlichen Leben.

Unschuld – Vera greift das Thema in ihrem Memoir auf. »In der modernen Psychologie heißt es, Kinder würden den Tod als temporär und umkehrbar betrachten, und das Bewusstsein eines Kindes sei nicht dazu ausgelegt, die Dauerhaftigkeit des Todes zu verarbeiten. Aber das gilt nicht für die Kinder aus dem Ghetto in Lwow. Wir wissen, dass man morgens am Leben und am Nachmittag tot sein kann.«

Jeder Max, jede Erika Mustermann im chemisch gereinigten Anzug kann Dietrich Bonhoeffer zitieren. »Die Moral einer Gesellschaft zeigt sich in dem, was sie für ihre Kinder tut.« Unmöglich, da zu widersprechen. Aber was ist mit den Erwachsenen, die als Kinder grässliche, unerträgliche Dinge mitansehen und erleiden mussten? Was tun wir für sie? Sie sitzen in jeder vollen Bahn und in jedem mittelständischen Unternehmen, überlebende Kinder im Körper von Erwachsenen. Wenn Sie sich zu erkennen geben wollen, oh, dann haben wir einen Job für Sie – Sie werden Hüter der Erinnerung, Sie werden Zeuge, Sie werden unermüdlicher Wahrheitsager, Sie werden moralischer Blitzableiter. Was halten Sie davon, lieber Überlebender? Lassen Sie den Rest von uns nicht vergessen oder träumen, das sei nie passiert. Laufen Sie doch bitte da auf dem öffentlichen Platz im Kreis, ja?

»Ist es wirklich *das*, was Sie mit uns machen werden?« – Imre Kertész (neun zu Beginn des Zweiten Weltkriegs), der Autor von *Kaddisch für ein nicht geborenes Kind* – »Wie konnten wir so etwas überleben und es dann auch noch verstehen?«

Ich spreche mit einer Frau, J, die als Kind auf jede erdenkliche Weise missbraucht wurde und die vor der Königlichen Kommission ausgesagt hat. Wie stark und wie verletzt sie ist. Es geht nicht nur um das Leben, das sie geführt hat, sondern auch darum, was sie ist. J sagt mir, sie bereue, ausgesagt zu haben. Nichts sei danach passiert, jedenfalls noch nicht, und die Wunde klafft weit auf; das zweite Mal damit zu leben, dass das Blut aus der Wunde alles volltropft, ist schwerer. Sie hat sich so angestrengt, sich zusammenzureißen. Vor allem für ihre Kinder, die bis vor kurzem nichts gewusst haben. Jetzt fragt sich J, ob sie nun wieder krank wird und alle um sich herum ebenfalls krank macht. Und wer will schon die Ungerechtigkeit noch einmal durchleben, und dann auch noch umsonst? In unserem Gespräch gibt es einen Moment – quäle ich sie mit meinen Fragen? Sollte ich aufhören? Oder lieber weitermachen? –, in dem etwas passiert. Etwas verändert sich. Ich weiß nicht, was. Ein oder zwei Tage später schreibt sie: »Hey, Maria, wollte kurz noch was erzählen. Am Ende unseres Gesprächs haben Sie gesagt: ›Denken Sie, wenn jemand gesagt hätte: Sie haben die Last schon so lange getragen …‹ – das war nicht Ihre genaue Wortwahl, ich weiß, aber während Sie gesprochen haben, ist mein Gehirn komplett abgedreht … schwer zu erklären … jedenfalls, puh, das Wort ›Last‹ hat mich echt aufgewühlt.«

Beim Lesen der E-Mail wühlt auch mich das Wort »Last« auf. Last zieht andere Wörter nach sich: Gewicht, tragen, anheben, ablegen und Erschöpfung. Wörter, die man den bekannten hinzufügen sollte: Aussage, Zeugin, zuhören, erzählen, lasst uns nicht vergessen, Geschichte und Weitergabe.

Die Last in den Mittelpunkt stellen. Der Körper – in seiner Ganzheit – wandert ebenfalls in die Mitte. Ich denke, Mist, genau das machen wir, oder? Wir – Autorinnen und Autoren. Wir heben ein bisschen an. Wir tragen eine Ecke ein Stück des Wegs. Ohne es auszusprechen, fragen wir: »Würde irgendetwas es leichter machen?« Wir fragen: »Wie können Sie ein bisschen Ruhe finden?« Wir sind kein Lachender Hans, eher lahmende Pferde oder Esel.

Vera sagt gern, sie sei ein »unbewältigtes Trauma auf zwei Beinen«, und mir fällt auf, dass sie besonders das Wort »unbewältigt« genießt.

*

Vera kehrt nach Lwow (Lwów, Lwiw, Lemberg) zurück. Ihr Enkel Pani, der in London lebt, begleitet sie. Ein paar Monate später skypen wir. »Die Reise ist so lange her, dass ich schon wieder alles vergessen habe«, sagt Vera.

Erst Warschau, dann Lwow. »Lwow ist eine wunderschöne Stadt«, sagt sie. »Du hast mir doch erzählt, dass du mal dort warst, oder? Nicht? Jedenfalls waren wir in Lwow und haben die Adresse in dem Ghetto gefunden, in dem wir gelebt hatten. Also sind wir dorthin gegangen. Alle haben unzählige Fotos geschossen, nur ich nicht, weil ich nie Fotos mache. Ich habe immer noch keine bekommen. Und ich konnte den Wohnblock ausfindig machen, in dem wir vor dem Krieg gelebt hatten. Das Gebäude steht noch. Das war also Lwow. Das Wetter war fantastisch.«

Skype rauscht. Wir trennen die Verbindung und rufen noch einmal ohne Video an.

»Auf dem Weg in die jüdischen Archive hatte ich zum ersten Mal seit dem Holocaust Tränen in den Augen, kannst du dir das vorstellen? Mein ganzes Leben lang konnte ich nicht weinen. Aber jetzt war das in Ordnung, irgendwie reinigend. Ich habe dort die Namen meiner Eltern, Großeltern und so weiter genannt und dachte, es würde Wochen dauern, aber am Freitag – am Samstag sind wir abgereist – wurden wir angerufen. ›Wenn Sie in einer halben Stunde hier sind‹, sagte die Frau, ›kann ich Ihnen erklären, wie Sie dorthin kommen.‹ Das war das Versteck. Und der verfluchte Taxifahrer hat große Reden geschwungen. Die ganze Gegend sei renoviert worden, hat er gesagt. Und das Haus, in dem wir uns versteckt hatten, war zwar zugemauert, aber noch da. Ich habe es gesehen. Da waren wir also. Und dann ging's nach Berlin. Berlin war noch einmal eine ganz andere Geschichte. Ich hatte Eintrittskarten für ein eigentlich ausverkauftes Konzert, bei dem

Daniel Barenboim dirigierte. Der Kerl, der uns die Karten besorgt hatte, bot mir an, mich mit Barenboim bekannt zu machen. Und ich habe gesagt: ›Wozu das denn bitte? Damit ich hinter die Bühne gehen und Hände schütteln kann?‹ Ich wusste nicht, wozu das gut sein sollte.«

Hat War es schwer, in Lwow zu sein? Zum ersten Mal als Erwachsene. »Ich dachte, dass ich traumatisiert sein würde«, sagt Vera, »aber das war ich nicht. Nichts daran war schwer. Wundervolle Restaurants. Ausgezeichneter Kaffee. Nur die jüdische Bevölkerung unterscheidet sich von der von vor dem Krieg. Und mehr kann ich dazu nicht sagen, meine Liebe. Lwow ist traditionell eine Intellektuellenstadt. Große Universität. Als ich dort war, fand gerade ein Literaturfestival statt. Ich habe jemanden getroffen, der wegen des Festivals dort war und sich in mich verliebt hat. Er ist in Lwow geboren und lebt in den USA. Er hat mir sein Buch mit einer wundervollen Widmung geschenkt. Das war's. Schnell. Flüchtig. Also, da hast du's.«

Da hab ich's. 2011–12–13–14–15–16–17–etc.18.

MAN KANN
NICHT ZWEIMAL
IN DENSELBEN
FLUSS STEIGEN

2.

Wir haben in einem Park in der sowjetischen Enzyklopädie gelesen. In der aus der Zeit, als Stalin noch lebte. In der Ausgabe deiner Mutter. Offenbar war der Vater aller Nationen neben seinen ganzen anderen Fähigkeiten auch noch ein großartiger Wissenschaftler. Begabt in allem Streben und Trachten – so war er eben. Wir kicherten. Unser verrücktes Land mit seiner verrückten Geschichte. Die verrückteste überhaupt. Helllichter Tag, überall Leute. Plötzlich waren wir umzingelt. Einer von ihnen musste wohl einen Ring getragen haben. Noch Wochen später zuckte ich zusammen, wenn ich in der Straßenbahn oder in einem Oberleitungsbus eine Männerhand mit einem Ring sah. Meine Eltern sagten zueinander, und vielleicht wollten

Okay, bei folgender Geschichte meint mein Gedächtnis es gut mit mir: Zwei jüdische Mädchen gingen durch einen Park, sie hatten ein dickes philosophisches Lexikon aus den Sechzigern dabei. In diesem Lexikon war so einiges absurd, und sie wollten sich im Schatten eines Baumes ein paar lustige Stunden machen. Als sie da vergnügt saßen, kamen zwei oder drei junge, nicht ganz nüchterne Mistkerle auf sie zu. Vielleicht gefiel den Mistkerlen das Lachen der Mädchen nicht, oder vielleicht waren auch die nicht slawischen Gesichtszüge der Mädchen nicht nach ihrem Geschmack. Könnte gut beides gewesen sein. Möglicherweise gab es eine kleine »ideologische« Zankerei zwischen uns und ihnen – an den Teil kann ich mich nicht

sie, dass ich es hörte: »Deshalb machen wir das.«

mehr erinnern. Woran ich
mich noch erinnere, und
zwar ganz genau, ist die
Machtlosigkeit und das Gefühl, nichts wert zu sein, als
sie dich vor meinen Augen
auf den Kopf schlugen, und
an den Satz, den du auf dem
Heimweg zu mir gesagt hast:
»Das ist passiert, damit ich
von jeglicher Vaterland-Nos-
talgie geheilt werde.« Ich
erinnere mich – seltsamer-
weise – an die exakte Stelle
auf der Sumskaja, wo du das
zu mir gesagt hast. Genau an
der Kreuzung zur Uliza Pe-
trowskogo.

3.

Manchmal konnten wir uns nach der Schule einfach nicht
verabschieden, und dann standen wir in unseren bescheuer-
ten devoten Uniformen unter dem Baum auf der Tscherny-
schewskaja. Das Braun der Winteruniform sah aus wie [ver-
vollständige den Satz]. Wie Regenwürmer, die sich tief im
Schlamm durch Schokokuchen fressen. Eigentlich will ich
sagen, dass wir stundenlang unter diesem Baum standen,
aber mir ist bewusst, dass zeitliche Wahrnehmung vom
Alter abhängt blabla und vom Kontext bla, dreifaches Blabla,
Blubbediblubb. Jedenfalls fühlte es sich an wie Stunden.
Oder wir verabschiedeten uns, eilten nach Hause – deines,

voll mit anderen Familien, war dem Baum näher; ich musste an dem Buchladen Akademkniga vorbei, in dem deine Mutter arbeitete, um zu meinem zu kommen –, und wir riefen uns sofort an. Jetzt ziehe ich beim Telefonieren Grimassen, um es einigermaßen zu ertragen. Ich bin der Typ Mensch, der sich lieber persönlich oder per Mail austauscht: vollkommene Anwesenheit oder vollkommene zeitliche und räumliche Trennung.

4.

Dein Sechzehnter. Meine Blumen, so groß wie du, vielleicht sogar größer. Umarmungen, Gekicher. Die Blumen sehen aus wie »betrunkene olympische Schwimmer«, haben wir gesagt. *Grausamer Optimismus* – hast du das schon einmal gehört?

5.

Nina Sergejewna, als Lehrerin unbrauchbar, aber holla, diese dunklen Locken und Augen. Außerdem gut gekleidet. Lach nicht. Aber trotzdem, was für eine blöde Kuh. Wollte mich auf keinen Fall neben dir sitzen lassen. Jedes Mal hat sie mich in die letzte Reihe geschickt, wo nie jemand saß. Das wurde zum Ritual. Und du, du warst nicht auf sie sauer, sondern

Wer ist Nina Sergejewna? Doch nicht etwa unsere Englischlehrerin? Kann mich kaum noch an sie erinnern. Aus irgendeinem Grund waren damals alle Englischlehrerinnen so eingebildete, aufgetakelte Fräuleins mit perfekter Maniküre. Wenigstens beherrschte sie die Sprache.

auf mich, stimmt's? Du wolltest nicht so viel Theater, nicht so viel Drama, du fandst meinen Widerstand allmählich lächerlich. Wofür genau habe ich eigentlich gekämpft? Ich weiß nicht, was in mich gefahren war, aber ich hatte nicht vor aufzugeben. Ich war bereit, ewig so weiterzumachen. Wie ein selbst ernannter Sisyphus. Zweimal die Woche pflanzte ich mich neben deinen Tisch und wartete darauf, von ihrer gelangweilten Stimme zur Ordnung gerufen zu werden. Ich dachte, ich würde das durchziehen, bis jemand stirbt oder die Schule vorbei ist, bis sie nachgibt oder ich ohnmächtig werde.

6.

Manchmal konnten wir uns nach der Schule einfach nicht verabschieden. Oder wir verabschiedeten uns, eilten nach Hause – ein Treppenlauf für dich, einer für mich, eine »zu neutralisierende«

Welches Jahr war das, als du mich angerufen hast, nachdem du das Internet nach mir durchforstet hattest? 2003? 2005? Ich weiß nicht mehr, in welcher der Dutzend Mietwohnungen, die ich in mei-

große Schwester für dich, eine »zu neutralisierende« große Schwester für mich, die Eltern bei der Arbeit und erst in ein paar Stunden zu Hause, im besten Fall waren die Schwestern mit Liebeleien beschäftigt –, und wir riefen uns sofort an. Jetzt bin ich der Typ Mensch, der sich fragt, wer gestorben ist, wenn abends das Telefon klingelt.

nem Nomadendasein bezog, mich dein Anruf erreichte. Damals hatte ich noch kein Handy. In meinem gesamten Erwachsenenleben habe ich nur vier besessen. Meinen ersten Computer habe ich 2008 gekauft. Hässlich, klobig, mit so einem glubschäugigen Monitor. Ein echtes Schrottteil. Hat mich so glücklich gemacht. Weißt du noch, wie ich dir immer zu Hause geschrieben, den Text auf einen USB-Stick kopiert habe und dann in ein Internetcafé gelaufen bin, um ihn dir zu schicken.

7.

Letztens schickte mir mein Vater einen wissenschaftlichen Aufsatz, in dem (unter anderem) unsere (deine und meine) Freundschaft erörtert wird. Die Literaturwissenschaftlerin lobt mich dafür, dass ich »große Gefühle ungeniert zulasse«. Zwischen den Zeilen (aber nicht missbilligend): wie ausgesprochen unangelsächsisch. Sie zitiert Beispiele meiner »emotionalen Intensität«, die für die Zeit und den Ort meiner Kindheit und Jugend bezeichnend sind. Schreckliches, kitschiges Geschwurbel aus dem dritten Buch. Hänge ich mein Innenleben an die große Glocke? Sieht ganz so aus. Außerdem frage ich mich, ob es Malern auch so in den

Augen brennt, wenn sie zufällig auf eine alte Leinwand stoßen.

Ich sehe gerade deine ganzen Briefe aus den ersten Jahren durch – 1990, 91, 92 – und danach: nichts. Hast du aufgehört, mir zu schreiben? Hat alles aufgehört? Hast du DA beschlossen, dass alles vorbei ist? Ich erinnere mich: *Uns bleibt nichts als die Vergangenheit und das reicht nicht.*

»Irgendwo habe ich Zwetajewas Tagebücher ausgegraben. Hör dir das mal an: ›Lieben – einen Menschen so sehen, wie Gott ihn gemeint hat und die Eltern nicht haben formen können. Nicht lieben – einen Menschen so sehen, wie ihn seine Eltern geformt haben. Aufhören zu lieben: statt seiner einen Tisch, einen Stuhl sehen.‹«

(Wir waren beste Freundinnen.) Ich habe über uns geschrieben. Ich schrieb, dass wir mit einer alten sowjetischen Enzyklopädie auf dem Schoß auf einer Parkbank saßen. Ich schrieb, dass wir uns neunzehn Jahre später vor Ort gemeinsam daran erinnerten:

»Nein«, sagt Sasha. »Es waren nur drei Kerle, die uns drangsaliert haben, aber einer hat dir auf den Kopf geschlagen.«

234

»Wie kann es sein, dass ich die Anzahl verdreifacht, aber einen Schlag auf den Kopf vergessen habe?«

»Da soll mal einer schlau draus werden«, sagt Sasha.

Ich schrieb über diesen Tag, Tag X, sechzehnter Geburtstag, dein Eintritt ins Erwachsenenalter: *Hätte ich ihr hundert dieser Blumen schenken können, hätte ich sie mit einem Blumenmeer umgeben können, ich hätte es getan.*

Ich bin mir nicht sicher, ob das meine Absicht war, aber ich habe uns ins Licht der Öffentlichkeit gerückt.

10.

CNN Live, Stuart Loory zu Larry King:

Larry, Sie können sich gar nicht vorstellen, was sich in diesem Raum abgespielt hat. Ganz gelassen kam Michail Gorbatschow rein und hat sich an den Tisch gesetzt; vor ihm lag eine schlichte, grüne Mappe mit ein paar Blatt Papier. Das waren seine Rede und die Unterlagen, mit denen er die Macht übertragen würde ... Hier, das ist der Stift [hält ihn in die Kamera], mit dem er als Staatspräsident der UdSSR abgedankt

»Hallo, meine Verschwindende ... Mit jedem Tag rückst du in weitere Ferne, und ich ertrinke in diesem ganzen banalen Quatsch um mich herum. Ich habe Angst, dich zu verlieren, das einzig wirklich ECHTE, das ich je hatte. Ich habe Angst, hörst du? Natürlich hörst du. Du hörst mich immer, wenn ich dich rufe. Tätest du das nicht, wäre das von Seiner Seite eine gigantische Grausamkeit. Reicht es Ihm nicht, dass ich dich schon seit vierzehn Monaten nicht mehr gesehen

hat. Nach der Rede musste er das Dokument unterzeichnen, aber sein Stift schrieb nicht. Tom Johnson, der Präsident von CNN, stand mit am Tisch. Er lieh Michail Gorbatschow diesen Stift. Gorbatschow hat unterschrieben. Tom wollte den Stift zurückhaben, und er hat mir erlaubt, ihn mitzubringen und den Zuschauern zu zeigen, Larry.

habe? Und weißt du, was mir am meisten Angst macht? Ich gewöhne mich an ein Leben ohne dich. In den ersten Monaten habe ich ständig geweint. Ich dachte, ich würde das nicht durchstehen. ›Die Zeit heilt …‹, das klingt nach bitterem, beißendem Spott. Sie soll mich nicht heilen … Okay, genug davon, aber … eins noch: Lass den Schmerz zu.«

(*Die Portokosten sind gestiegen; auf dem Umschlag – drei zusätzliche identische Briefmarken: eine Harfe und ein Federkiel in Grün und Grau.*)

11.

Larisa Petrowna, unsere Klassenleitung in der Vierten, hat immer hinter einem Baum geraucht. Sie lebte allein. Ihr Verstecken und Rauchen, ihr Rauchen beim Verstecken, war das Einzige, was ich an ihr interessant fand – die Flecken an den Fingern, die rauchgebeizten Zähne, was ist daran so inter-

Deine Schwester kam zur Abschlussfeier, sie war zu Besuch, weißt du noch? Sie hat mir eine Perlenkette umgelegt und einen Otto-Katalog geschenkt (deutsche Modekataloge waren damals der letzte Schrei). Ich trug einen Rock, der aus dem Hochzeitskleid meiner Schwester geschneidert war, einen

essant? Wenn sie im Klassenzimmer geraucht hätte, das wäre interessant gewesen. Sie war klein und schmächtig und hatte kurze Haare. Sie unterrichtete Algebra und Geometrie: Ersteres lag mir, Letzteres nicht (im Kopf eine dreidimensionale Figur drehen? Ciò non è possibile! Sorry!). Als erste aus Larisa Petrownas Klasse schwamm ich *an die andere Küste*.

schlichten weißen Blazer und ein schwarzes Oberteil. Und die Perlen von deiner Schwester. Meine Mutter hat gesagt, ich würde auf rührende Weise rein aussehen, eine Unschuldige inmitten der ganzen aufgetakelten, aufgebrezelten Mädchen in unserer Klasse. Die Abschlussfeier selbst – grau, grau und nochmals grau. Larisa Petrowna (lieb und teuer) hat sich volllaufen lassen (bis oben hin) und uns alle um vier Uhr morgens an den Dzierżyński-Platz gezerrt, um mit uns den Sonnenaufgang anzusehen. Dort faselte sie absoluten Blödsinn, und dann gingen alle, genervt und übermüdet, ihrer Wege.

12.

(Wir waren beste Freundinnen. Ich habe über uns geschrieben, auch im Mea-culpa-Stil …):
Meine Kindheitsfreunde aus der Ukraine hatte ich fast zwei Jahrzehnte lang nicht gesehen; an sie und besonders an meine beste Freundin, die an dem Tag sechzehn wurde etc. etc. … *nichts weniger als* etc. etc. etc. … *Neunzehn Jahre habe ich gebraucht* etc. *kam zurück, um schreiben zu können* etc. etc.

In einer Rede, die ich mal gehalten habe, sagte ich, ich hätte meine damals zwölfjährige Tochter als »menschlichen Schild« genutzt, um zurückzukehren. Ich habe nicht gesagt: »zu dir zurückzukehren«.

13.

Jahre nach ihrer Einwanderung betrat Dina Rubina eine Buchhandlung in Moskau: »Was für ein furchtbarer Schock das war. Ich begriff, dass alle Bücher bereits geschrieben worden sind. Sie wurden alle schon veröffentlicht. Da waren so viele, dass es überhaupt keinen Grund gab, noch mehr Bücher zu schreiben. Wenn man beschließt, etwas zu schreiben, muss man bereit sein, einen Krieg für seinen Leser zu führen. Man muss bereit sein, sich nicht zurückzuhalten.« Wir sehen uns Rubinas Interview am selben Tag an – ich hier/dort, du dort/hier.

14.

Wir waren beste Freundinnen. Ich habe über uns geschrieben und dass wir dachten, das sei die Endstation. Aber einen Monat zuvor war die Berliner Mauer gefallen, und ein bisschen mehr als ein Jahr später »zerfiel« (wie die offiziellen Übermittler der Kunde sagten) unser Land, und es schien nicht mehr so unumgänglich, dass Die, Die

Ich habe dich gebeten, dass wir uns vor meiner Alma Mater in Charkiw treffen – vor der Staatlichen Kulturakademie in der Bursazky uswis. Ich war eine halbe Stunde zu früh da und ging zuerst ins Büro des Dekans. Tränen, zitternde Hände. Ich habe mich zusammengenommen und kam beinahe beherrscht heraus (dachte ich

Gegangen Sind, nie wieder mit Denen, Die Geblieben Sind, an einem Tisch sitzen würden. Neunzehn Jahre später haben wir uns wiedergesehen, 2008, und davor hast du gesagt: »Lieber nicht. Das ist nicht nötig, das bringt nichts.« Ich habe gesagt: »Gib mir eine Stunde.«

zumindest). Dann: durch die Stadt schlendern, zusammen mit der fröhlichen Italienerin Marina, unser Ausflug zum Pionierhaus, Fotos dort, Eis in einem Café, ihr tauscht eure signierten Bücher aus, die Fahrt zur anderen Seite der Stadt in einem schmutzigen Kleinbus, Tee und Kuchen, wie in einem Traum … Meine lächerlichen Stiefel mit dem zehn Zentimeter hohen Absatz, die offensichtlich nicht für lange Stadtspaziergänge gemacht waren … Ich habe sie in meinem ganzen Leben vielleicht drei-, viermal getragen, nicht öfter! Sie hängen noch immer in einer Abstellkammer an einem vorsichtig angenähten Faden (damit um Himmels willen der handbestickte Schaft nicht zerknittert). Die nächste Nacht verbrachte ich schlaflos in jemand anderes Küche (du weißt noch, wo und mit wem ich zusammenlebte), die Zigarettenpackung war fast leer (die ganze Wochenration! Scheiße!).

15.

Manchmal treffe ich in meinem neuen Leben Leute, die von
dir wissen (Fragen stellen etc.), und ich bin verwundert,
irritiert – wie um alles in der Welt …?

16.

Die Fotos von 2008, die habe ich gelöscht. Ich hätte dich
gern ausgeschnitten und behalten, aber das bringt Unglück.
Ich kann's nicht ertragen, mein Gesicht zu sehen. Das vom
Schmerz dieser Zeit verzerrte Gesicht.

17.

»Hallo, meine Freundin. Die Kälte ist wieder da.
Draußen rund fünf Grad minus, drinnen nicht mehr
als fünfzehn über null. In der Küche und im Bad –
zehn. Sich ausziehen und waschen ist eine Helden-
tat. Sobald es draußen zehn Grad minus sind, sind es drinnen zwölf und in der Küche acht. Man muss auf die Flasche
klopfen, um das Duschgel rauszubekommen, und es in der
Hand anhauchen, um es etwas anzuwärmen. Das Haus lässt
sich einfach nicht heizen. Unter dem Küchenboden ist eine
meterlange Hohlstelle, durch die der Wind saust. Eigentlich
sollte das Loch mit Steinen oder Kies gefüllt sein, aber es ist
leer. Ich habe einen Trick: Wenn ich durchgefroren bin, gehe
ich zehn, fünfzehn Minuten in die Küche. Wie gut es tut,
danach zurück in die ›Wärme‹ zu kommen. Der Temperatur-
unterschied wirkt Wunder, zwar nicht lange, aber lang genug. Ich habe schon eine ganze Weile keine Angst mehr vor
dem Tod, im Gegensatz zu meiner Mutter, die ständig

Angst ausstrahlt – das ertrage ich nicht. Ich habe vor etwas anderem Angst, und zwar davor, dass meine Zeit hier bedeutungslos ist. Im Sinne von: Was zum Teufel soll das Ganze?«

18.

Freitagabend geht mein Sohn zu seinem Vater. *Was, wenn er nicht zurückkommt?* Solche Fragen stelle ich mir wirklich. Fünf Jahre lang diese Freitage. Folgendes habe ich versucht: trinken, schlafen, arbeiten und spazieren gehen. Wir kriegen ihn am Montag zurück, und bis Mittwoch/Donnerstag kommt er endlich wieder zur Ruhe. Der Freitag rückt an wie eine Armee.

Die Samstage sind am schlimmsten. Die Ängste und Sorgen überrollen mich wie eine Lawine. So ist das schon seit zehn Jahren. Diesen Samstag habe ich im Bett verbracht; ich habe es nicht einmal geschafft, mir die Haare zu waschen. Ab und zu bin ich aufgestanden und in die Küche getaumelt, um mir eine Tasse Tee zu holen. Hab mir den ganzen Tag Kriegsfilme angesehen. Trotzdem würde ich mich lieber wie »hohler Bambus« fühlen als wie eine »Schüssel Grießbrei«.

19.

Du empfiehlst die Lyrikerin Vera Pavlova. Aus ihrem Notizbuch (veröffentlicht und ins Englische übersetzt) –
    »Leser: Sie wollen also, dass *ich* das Gefühl habe, einen Brief zu lesen, der an jemand anderen geschrieben wurde?

Dichterin: Ich will, dass Sie das Gefühl haben, *ich* hätte einen Brief gelesen, den jemand anderes an Sie geschrieben hat, und würde schamlos daraus zitieren.«

Ich empfehle die Lyrikerin Wisława Szymborska.

20.

»Den wahren Freund erkennt man in der Not« – mit der Muttermilch aufgesaugt, vorkognitiv aufgenommen. Du doch auch, stimmt's? Liegt im Kopf wie ein Ziegelstein. Zusammen mit: »Die Katze weiß, wessen Fleisch sie gefressen hat.« Und wenn du dir bei einem bestimmten Menschen nicht sicher bist, geh mit ihm »hoch in die Berge« [W. S. Wyssotskij]; und wenn ihr wieder unten seid, denkt daran, zusammen ein »Pfund Salz« zu verdrücken. Beachte, dass es Salz ist, weißes Gift, nicht beispielsweise Getreide oder lebensverlängernder Wiesen-Sauerampfer, und oben in den Bergen dürfen die zu Prüfenden übrigens schlecht gelaunt oder reserviert sein,

Letzte Nacht hatte ich einen Traum: Wir schwimmen in einem Fluss, er ist ziemlich dreckig, wahrscheinlich der Nil, der für seine Verschmutzung bekannt ist ... Gerade als uns die Kraft ausgeht, treibt ein leeres Boot auf uns zu. Wir gehen an Bord, obwohl wir wissen, dass es uns das Leben kostet, wenn wir erwischt werden. Wir segeln ruhig dahin, bis wir von Räubern verfolgt werden. Du und ich, wir sind keine Meisterinnen im Rudern, machen wir uns nichts vor, und sie sind uns dicht auf den Fersen. Ich rufe: »Wir heben ab«, und ich steige schnell hoch in die Luft. Du zögerst kurz, aber dann folgst du mir. Jetzt fliegen wir durch den Himmel, aber viel länger halten wir es

solange sie zwar »aufstöhnen« [W. S. Wyssotzkij], wenn du stürzt, dich aber an den Armen oder Beinen packen und festhalten. Und wenn schon nicht hoch in die Berge, dann geht's mit Partisanen hinunter in den Wald – Alexijewitsch sagt, die einzige Sprache, die wir sprechen können, sei die Sprache des Krieges – kannst du diesem Menschen dein Leben anvertrauen? Mach ein psychologisches Experiment, dann weißt du Bescheid. Ist das normal? Für mich ist es sowieso zu spät. Von dem Pfund Salz bekomme ich bestenfalls eine Prise runter (klar, bei manchen Leuten weiß man *schneller*, schnell Bescheid), aber wenn B nach Hause kommt und fröhlich verkündet: »Ich habe mich gerade in dem Laden mit einer Verkäuferin angefreundet« (sie sehen sich nie wieder), sollte ich dann lieber nichts sagen?

so weit oben nicht aus. Ich entdecke ein Flugzeug bei voller Geschwindigkeit und springe hinein, hoffentlich machst du das auch … Aber du verpasst den richtigen Moment und stürzt in die Tiefe. Dorthin, wo die Räuber auf uns warten. Ich stecke den Kopf aus der Flugzeugtür und rufe panisch: »Hoch!!! Du musst HOCHFLIEGEN!!!!!« Ich wache schreiend auf. Es ist drei Uhr morgens.

Die *Special Monitoring Mission to Ukraine* liefert täglich neue Informationen zu Verstößen gegen den Waffenstillstand / zum Beschuss und zu zivilen Opfern / zu Abrüstungen / zu gepanzerten Kampffahrzeugen und Flugabwehrkanonen in der Sicherheitszone / zu unterbrochener Wasserversorgung / zu Minen, einem Minengefahrschild, Sprengfallen und Blindgängern (UXO).
Man kann das einfach so im Netz lesen. Frei zugänglich.

Letzte Nacht war ich bei einer Freundin zu Hause. Sie musste weg und hatte niemanden, der auf ihre Jungs aufpassen konnte. In der Nacht toste ein schrecklicher Sturm. Es donnerte und blitzte. An Schlaf war nicht zu denken, und kurz nach drei Uhr morgens hagelte es. Der achtjährige Stas, der jüngere Sohn, fragte in schicksalsergebenem Ton: »Werden wir bombardiert?« (Armes Kind, ein Opfer des Kabelfernsehens ☺.) Dafür hatte Vlad, der Zehnjährige, nicht viel Verständnis: »Wenn jemand den Befehl gegeben hätte, uns zu bombardieren, dann wären wir schon längst hinüber.«

Fußballspiel der U10-Jugend, Lord Reserve, »Ich bin ein menschlicher Schild« – mein Sohn als Innenverteidiger, an niemand Bestimmten gerichtet.

23.

Ich erinnere mich an niemand anderen an dem Tag. Ich dachte, es seien nur du und ich gewesen. Vor unserem Treffen hast du geschrieben: »Alles Gute zum Geburtstag. Wir sollten uns nicht mehr sehen.« Geburtstage sind schon unser Ding, oder?

Ich habe sämtliche Briefe von dir verloren und alle Fotos aus der Zeit vor 2005. Eine Tasche mit Fotoalben ist bei einem Umzug verschwunden. Als wäre das Absicht. Als hätte man mir auf einen Schlag meine ganze Vergangenheit abgeschnitten.

24.

Jamala, »1944«, 534 Punkte. Du schaust nicht zufällig zu?

25.

Guten Morgen. Die Hose passt wie angegossen (siehe Foto). Tausend Dank, und wow!!! Klasse, klassisch. Dank ihr – dank dir! – wirkt mein Hintern nicht grenzenlos wie unser unbesiegbares Vaterland, sondern schlank und elegant eingegrenzt wie Holland zwischen Belgien und Deutschland.

Danke für deine Neujahrswünsche. Ein kleines »Aber« – »ein bisschen weltliche Liebe« ist nichts für mich. Ich brauche etwas Außergewöhnliches, beinahe Magisches, und auch davon gern mehr als ein bisschen.

Fünfundsiebzig Jahre – das Alter meiner Mutter, das Leben meiner Mutter –, so lange ist es her, und ich brauche dir nicht zu erzählen, wie viel in der Zwischenzeit passiert ist, wie viele weitere Belagerungen, aber es ist immer noch da, wenn auch nicht so, als wäre es erst gestern passiert, sondern als könnte uns nie genug Zeit (auf der Welt?) davon trennen.

Hab alles angeschaut, was YouTube zu bieten hat. Ich war geradezu körperlich gefesselt, nicht nur seelisch. In einem Video haben sich Leute um einen gefrorenen Spatz gestritten, der auf den Boden gefallen ist. Die »Siegerin« hat ihrem kranken Sohn eine Spatzensuppe gekocht.

27

Als der Zug losrollte, erst langsam, als hätte er geahnt, dass die Leute einander nicht loslassen können, klammerte ich mich an deinem Mantel fest und du dich an meinem – weißt du noch? – und wir kniffen die Augen so fest zu, wie wir nur konnten. Und falls wir uns beide benahmen, als

würden wir ertrinken, dann weil wir wirklich *ertranken*, und jetzt, da wir wissen, wie lange es dauerte, bis wir uns wiedersahen, wundert es mich, dass wir überhaupt losgelassen haben. Ich trug ziemlich viel Wimperntusche.

Tag der Abreise … mein Sechzehnter … gelbe Rosen von dir für mich … Eine der Rosen steckten wir in den Schnee neben den Eingang zu deinem Wohnblock in der Garschina, in memoriam. Als der Zug sich in Bewegung setzte, rannte ich die Gleise entlang, vor allen, den Leuten, die sich von dir verabschiedeten, und den Fremden, die sich von Fremden verabschiedeten. Rannte und schrie: BLEIB HIER. Schreckliches Rennen – hysterisch, verzweifelt. Dann brachte mich jemand zurück auf den Bahnsteig, und zu dritt gingen wir zu deiner Wohnung und holten die Grebenschtschikow-Schallplatten, die du für mich dagelassen hast, und einen Chemiebaukasten.

Jemand hat gesagt, ich solle mir die Wimpern tuschen, weil ich dann nicht so schlimm weinen würde. Du hast damals kein Make-up verwendet. Die Fotos danach, auf denen du geschminkt warst, kamen mir immer komisch vor. Du warst von Natur aus schön, obwohl man uns beigebracht hat, jüdische Mädchen wie wir könnten zwar »umwerfend« oder »attraktiv« sein, aber nicht »von Natur aus schön«. Die slawischen Mädchen, die menschlichen Birken, die schon. Wir nicht. Doch, du auch.

Die gelbe Rose verbrachte die Nacht im Schnee vor der Tür zu deinem Wohnblock. »Deinem« Wohnblock.

Ich erinnere mich an niemand anderen an dem Tag. Ich weiß, dass nicht nur du und ich da gewesen sein können.

»Immigration, das sind die eigenen Eingeweide auf dem Bürgersteig. Das ist Harakiri« – wir sehen uns Rubinas Interview am selben Tag an. Ich/du hier/dort.

29.

Wir waren beste Freundinnen. Ich habe über uns geschrieben. Ich schrieb – danke, dass du nicht gestorben bist. Aber das war nur an dich, in einer privaten Nachricht.

30.

Hast du das eigentlich irgendwann einmal gelesen?

»Sie assistiert uns selten
bei mühsamen Tätigkeiten,
wie Möbelrücken,
Kofferschleppen
oder beim Fußmarsch in engen Schuhen.

Beim Ausfüllen von Fragebogen
und beim Fleischhacken
hat sie in der Regel frei.«

»Ich will dir erklären, wie das geht. (Hallo, meine
Kleine.) Nehmen wir beispielsweise eine Fünfund-
dreißigjährige und geben ihr das Bewusstsein wieder, das sie als Fünfzehnjährige gehabt hat. Die
Fünfzehnjährige soll sich dann wohl an ihr Leben in den
nächsten zwanzig Jahren ›erinnern‹ können. Okay, das habe
ich vielleicht nicht so gut erklärt, aber hast du es verstanden? Ansatzweise? Jedenfalls habe ich beschlossen, dass ich
wieder fünfundzwanzig werde, damit ich mich an mein Leben der letzten neun Jahre ›erinnern‹ kann. Ich bin also
durch einen langen Korridor gegangen, überall Rauch, vorne
irgendwo Licht; schließlich ein Ruck und ich habe mich in
einem Zimmer materialisiert (ganz von transparentem
Rauch eingehüllt). Drinnen, ein Gefühl: noch ein Augenblick und dann sehe ich alles und … Du machst das auch, ja?
Sehen wir mal, ob wir dann beide wieder im selben Zimmer
sind. Hey, und entschuldige bitte meine (höchstwahrscheinlich) schlimme Handschrift. Ich lungere gerade auf dem Bett
herum. Was für ein bescheuerter Brief das geworden ist,
aber ist ja nicht so schlimm, oder?«

Vor unserem Treffen hast du gesagt: »Wir sollten uns nicht
mehr sehen. Das ist nicht nötig, das bringt nichts.« Ich habe
gesagt: »Gib mir eine Stunde.« Ich meinte nicht eine Stunde.
Ich meinte für immer.

DANKSAGUNG

Auf Russisch sprechen wir von einer »innigen Verneigung«, wenn wir besonders große Dankbarkeit ausdrücken möchten. Dankbarkeit von Kopf bis Fuß. Man kann das auch als »tiefe Verbeugung« übersetzen, denn man verneigt sich so weit und so tief wie möglich, doch auf Englisch, nicht aber auf Russisch, schwingt in »tiefer Verbeugung« Unterwürfigkeit mit.

Ich verneige mich innig vor allen, über deren Leben und Welten ich schreibe, egal ob in einem Kapitel oder in einem Satz. Ich werde euch nicht alle in einem atemlosen Satz auflisten, denn aus Sicherheitsgründen wurden einige Namen geändert, Nachnamen oder ganze Namen wurden weggelassen, und daher würde sich meine kleine Parade nicht richtig anfühlen. Manche von euch habe ich jahrelang begleitet, ich habe eure Tagebücher gelesen und euch Fragen über die schlechtesten Zeiten (hoffentlich auch über die besten) gestellt, wir haben geredet und geredet und geredet, und dann habe ich für dieses Buch so lange gebraucht, dass früher oder später die meisten von euch, die sich überhaupt noch an mein Projekt erinnerten, überzeugt waren, es würde niemals fertig werden. Auch eine Entschuldigung liegt in meiner tiefen Verbeugung.

Bei der Recherche habe ich Gespräche geführt, die mir die Augen öffneten, und ich habe versucht, die meisten in das Buch einfließen zu lassen. Ich hoffe, dass ihr, meine weisen Beraterinnen und Berater, euch in diesen Seiten wiedererkennt und meinen Respekt sowie meine Dankbarkeit für das spürt, was ihr mir anvertraut und gezeigt habt.

Sam Cooney, mein Verleger – ich würde gern sagen, dass du, deine Verbündeten und Kollegen bei *The Lifted Brow* und jetzt bei *Brow Books* die Zukunft der Verlagsbranche in diesem Land seid, aber natürlich seid ihr auch jetzt schon die beeindruckende Gegenwart. Ich freue mich wahnsinnig, eure bislang älteste Autorin zu sein. Vielen Dank auch an Brett Weekes für das Gestalten und Setzen dieses Buchs, sogar über Weihnachten. Vielleicht verbaue ich mir damit etwas (ist aber nicht mit Absicht, wie meine Kinder sagen würden), aber von allen meinen Buchcovern ist dieses das erste, das mir gefällt.

Meine Freundinnen und Freunde, die mein Buch gelesen haben: Melinda Harvey, Ellena Savage, Zoe Dzunko, Billie Tumarkin* (*Tochter) und Geordie Williamson, der eine Zeit lang mein Verleger werden sollte, aber erst habe ich zu lang gebraucht und dann musstest du dich wieder dem Schreiben deiner eigenen Bücher widmen – ein ganz großes Dankeschön fürs … Lesen. Das war der größte Dienst, den du mir erweisen konntest.

Danke an meine Agentin Clare Forster von Curtis Brown. Manche Autorinnen sind nicht so gewinnbringend wie andere (von mir wird wohl eher nichts verfilmt), aber du warst die ganze Zeit über auf meiner Seite, ehrlich, klug, mit klarem Verstand und bereit, mir aus der Patsche zu helfen, wenn's chaotisch wurde – und ja, mit mir wird's chaotisch.

2013–14 habe ich das *Sidney Myer Creative Fellowship* erhalten und irgendwann auch ein *Creative-Victoria*-Stipendium. Kein Geld = keine Bücher. Besonders das *Sidney Myer* war eine unvorstellbare Rettung. Zwei Jahre ohne Geldsorgen, ist das zu glauben?

Vielen Dank, lieber Rai Gaita – ich verdanke dir so viel meiner Fähigkeit, als Schriftstellerin und Denkerin mit Würde in dieser Welt zu überleben.

Meine Freundinnen Alexandra Anenska, Jessica Little, Nina Purdey, Deb Anderson, Aneta Podkalicka, Sarah O'Donnell, Katia Margolis, Perrie Ballantyne, Jen Vuk, Jo Case und Emily Potter – vielen Dank für eure Freundschaft. Was für einen Sinn hat alles – und da schließe ich Bücher mit ein – ohne Freundinnen wie euch?

Seit 2016 unterrichte ich Kreatives Schreiben an der Universität Melbourne. Noch nie habe ich mit einem besseren Team zusammengearbeitet. Mir ist klar, wie vage das klingt, als würde ich auf einer Liste einen Punkt nach dem anderen abhaken. Wie wäre es damit: Alle sind authentisch, freundlich, talentiert, witzig und engagiert, es gibt kein Mobbing, keine Hackordnung, keine passive Aggressivität, keine Bürokraten, die Leute arbeiten sich zwar den Arsch ab, bleiben aber großmütig und außerordentlich kollegial. Vielen Dank, meine Kolleginnen und Kollegen. Hoffentlich wird es immer so bleiben!

Meine liebe, wunderbare Familie, vielen Dank für eure Geduld und euer Verständnis – Billie, Miguel, meine Eltern Marian und Svetlana, meine Tante Lina. Charlie. Ach, ihr alle habt mir so viel mehr gegeben als nur Geduld und Verständnis.

Mein Mann (wir sind nicht verheiratet) und Lektor Christian – die Danksagung kippt schnell ins Kitschige, wenn Schriftsteller über ihre bessere Hälfte schreiben. Zu persönlich und gleichzeitig selbstgefällig, man hört förmlich die Geigen. Sobald ich da ankomme, sehe ich weg – Fremdschämen nennt man das wohl; nicht, dass ich besonders oft Danksagungen lesen würden. Christian, was ich sagen will: Du bist ein genialer Autor und genialer Lektor und du hast mir und diesem Buch so viel gegeben, dass ich (davon hältst du überhaupt nichts, und du wirst auch versuchen, diese Stelle rauszuredigieren, was unschön werden könnte, ein Gerangel ...) am liebsten auch deinen Namen auf den Einband schreiben würde. Egal wie dieses Buch durch die Welt treiben und stolpern wird, für mich ist und bleibt es immer unseres, nicht meins.

ZITIERTE ÜBERSETZUNGEN

Giorgio Agamben, *Was von Auschwitz bleibt. Das Archiv und der Zeuge,* übersetzt von Stefan Monhardt.

Joseph Brodsky, *An Urania,* übersetzt von Birgit Veit, Sylvia List, Felix Philipp Ingold und Curt Meyer-Clason.

Raymond Carver, *Worüber wir reden, wenn wir von Liebe reden,* übersetzt von Klaus Hoffer.

Charlotte Delbo, *Trilogie. Auschwitz und danach,* übersetzt von Elisabeth Thielicke und Eva Groepler.

Gilles Deleuze, *Differenz und Wiederholung,* übersetzt von Joseph Vogl.

Joan Didion, *Das Jahr magischen Denkens,* übersetzt von Antje Rávic Strubel.

Nathan Englander, *Worüber wir reden, wenn wir über Anne Frank reden,* übersetzt von Werner Löcher-Lawrence.

Péter Esterházy, *Harmonia Cælestis,* übersetzt von Terézia Mora.

Péter Esterházy, *Verbesserte Ausgabe,* übersetzt von Hans Skirecki.

Tony Judt, *Wenn sich die Fakten ändern,* übersetzt von Matthias Fienbork.

Sören Kierkegaard, *Die Wiederholung. Drei erbauliche Reden 1843,* übersetzt von Emanuel Hirsch.

Karl Ove Knausgård, *Spielen,* übersetzt von Paul Berf.

Primo Levi, *Die Untergegangenen und die Geretteten,* übersetzt von Moshe Kahn.

Ossip Mandelstam, *Tristia. Gedichte 1916–1925,* übersetzt von Ralph Dutli.

Czesław Miłosz, *Verführtes Denken,* übersetzt von Alfred Loepfe.

Steven Pinker, *Das unbeschriebene Blatt. Die moderne Leugnung der menschlichen Natur,* übersetzt von Hainer Kober.

Philip Roth, *Portnoys Beschwerden,* übersetzt von Werner Schmitz.

Antoine de Saint-Exupéry, *Der kleine Prinz,* übersetzt von Grete und Josef Leitgeb.

Warlam Schalamow, *Über die Kolyma. Erinnerungen,* übersetzt von Gabriele Leupold.

Wisława Szymborska, *Die Gedichte,* übersetzt von Karl Dedecius.

Wisława Szymborska, *Der Augenblick/Chwila,* übersetzt von Karl Dede-cius.

David Foster Wallace, *Der Planet Trillaphon im Verhältnis zur Üblen Sache,* übersetzt von Ulrich Blumenbach.

Adam Zagajewski, *Solidarität und Einsamkeit,* übersetzt von Olaf Kühl.

Marina Zwetajewa, *Auf eigenen Wegen,* übersetzt von Marie-Luise Bott.